Émile Durkheim zur Einführung

Heike Delitz

Émile Durkheim zur Einführung

JUNIUS

Junius Verlag GmbH
Stresemannstraße 375
22761 Hamburg
www.junius-verlag.de

Umschlaggestaltung: Florian Zietz
Titelbild: © akg-images
Satz: Junius Verlag GmbH
Printed in the EU 2013
ISBN 978-3-88506-0-68-0

Bibliografische Information der Deutschen Nationalbibliothek
Die Deutsche Nationalbibliothek verzeichnet diese Publikation in der Deutschen Nationalbibliografie; detaillierte bibliografische Daten sind im Internet über <http://dnb.d-nb.de> abrufbar

Zur Einführung …

… hat diese Taschenbuchreihe seit ihrer Gründung 1977 gedient. Zunächst als sozialistische Initiative gestartet, die philosophisches Wissen allgemein zugänglich machen und so den Marsch durch die Institutionen theoretisch ausrüsten sollte, wurden die Bände in den achtziger Jahren zu einem verlässlichen Leitfaden durch das Labyrinth der neuen Unübersichtlichkeit. Mit der Kombination von Wissensvermittlung und kritischer Analyse haben die Junius-Bände stilbildend gewirkt.

Seit den neunziger Jahren reformierten sich Teile der Geisteswissenschaften als Kulturwissenschaften und brachten neue Fächer und Schwerpunkte wie Medienwissenschaften, Wissenschaftsgeschichte oder Bildwissenschaften hervor. Auch im Verhältnis zu den Naturwissenschaften sahen sich die traditionellen Kernfächer der Geisteswissenschaften neuen Herausforderungen ausgesetzt. Diesen Veränderungen trug eine Neuausrichtung der Junius-Reihe Rechnung, die seit 2003 von der verstorbenen Cornelia Vismann und zwei der Unterzeichnenden (M.H. und D.T.) verantwortet wurde.

Ein Jahrzehnt später erweisen sich die Kulturwissenschaften eher als notwendige Erweiterung denn als Neubegründung der Geisteswissenschaften. In den Fokus sind neue, nicht zuletzt politik- und sozialwissenschaftliche Fragen gerückt, die sich produktiv mit den geistes- und kulturwissenschaftlichen Problemstellungen vermengt haben. So scheint eine erneute Inventur der Reihe sinnvoll, deren Aufgabe unverändert darin besteht, kompetent und anschaulich zu vermitteln, was kritisches Denken und Forschen jenseits naturwissenschaftlicher Zugänge heute zu leisten vermag.

Zur Einführung ist für Leute geschrieben, denen daran gelegen ist, sich über bekannte und manchmal weniger bekannte Autor(inn)en und Themen zu orientieren. Sie wollen klassische Fragen in neuem Licht und neue Forschungsfelder in gültiger Form dargestellt sehen.

Zur Einführung ist von Leuten geschrieben, die nicht nur einen souveränen Überblick geben, sondern ihren eigenen Standpunkt markieren. Vermittlung heißt nicht Verwässerung, Repräsentativität nicht Vollständigkeit. Die Autorinnen und Autoren der Reihe haben eine eigene Perspektive auf ihren Gegenstand, und ihre Handschrift ist in den einzelnen Bänden deutlich erkennbar.

Zur Einführung ist in der Hinsicht traditionell, dass es den Stärken des gedruckten Buchs – die Darstellung baut auf Übersichtlichkeit, Sorgfalt und reflexive Distanz, das Medium auf Handhabbarkeit und Haltbarkeit – auch in Zeiten liquider Netzpublikationen vertraut.

Zur Einführung bleibt seinem ursprünglichen Konzept treu, indem es die Zirkulation von Ideen, Erkenntnissen und Wissen befördert.

Michael Hagner
Ina Kerner
Dieter Thomä

Inhalt

I Einleitung. Der französische Klassiker der Soziologie

»Eine Gesellschaft ist ein mächtiger Herd intellektueller und geistiger Tätigkeit, der weithin ausstrahlt.«
(Durkheim 1967 [1906]: 113)

»Eine Gesellschaft ist das mächtige Bündel aus physischen und moralichen Kräften, das uns die Natur bieten kann.«
(EF 596)

Émile Durkheim (1858–1917) ist der Schlüsselautor der französischen Soziologie. Er beansprucht, eine ganze neue Wissenschaft zu begründen – und löst diesen Anspruch exemplarisch und organisatorisch ein. Dabei war er und ist er bis heute nie unumstritten, zumal in der französischen Wissenschaftslandschaft wurde er oft angefeindet. Sein Vorhaben war wohl zu herausfordernd. So gilt er nur allzu oft als der merkwürdig umständliche und langweilige Autor der *Regeln der soziologischen Methode*; als Begründer der empirischen Sozialforschung, der es um ›abhängige‹ und ›unabhängige‹ Variablen in einer richtiggehend rechnerischen Thesenprüfung geht, als Zwangsdenker der Institutionen, als Verfechter der Ordnung und Priorität der Gesellschaft gegenüber den Einzelnen. Seine biologischen und physikalischen Metaphern – er vergleicht etwa Gesellschaften mit ›Ringelwürmern‹ und stellte ihre ›Dichte‹ und ›Druck‹ in Rechnung – klingen antiquiert und scheinen dem Stand einer unreifen Wissenschaft zu entsprechen, die spätestens durch den Strukturalismus auf ganz neue Füße gestellt wurde. Dabei verdankt gerade dieser Durkheim viel, wie insgesamt die französische und internationale Soziologie in gesellschaftstheoretischer und analytischer wie in methodischer, erkenntnistheoretischer und terminologischer Hinsicht gar nicht ohne Durkheim zu denken sind. Durkheim hat (nicht nur) der französischen Soziologie ihre Begriffe gegeben. In ihm, durch ihn und zugleich gegen ihn denkt sie.

Das Durkheim'sche Werk ist bemerkenswert vielschichtig. Und es ist bemerkenswert modern, obwohl es oft totgesagt, angefeindet und kritisiert wurde – und trotz oder vielleicht gerade wegen der Probleme, die seine Begriffe bergen. Durkheim sah sich nämlich immer von Neuem gezwungen, seine begrifflichen und methodologischen Konzepte umzuformulieren, abzusichern, verständlich zu machen. Die diversen und notorischen Missverständnisse also, die dem polemischen Charakter seiner Schriften geschuldet sind, der Auseinandersetzung mit Gegnern, gegen die er um die ›richtige‹ Soziologie ringt, führten ihn dazu, die Kernsätze immer wieder neu zu formulieren: jene Sätze, die sich darauf beziehen, wie die ›Gesellschaft‹, das ›Ganze‹ zu denken ist; wie eine ›Gesellschaft‹ funktioniert, worauf sie basiert, was sie voraussetzt; und wie die Soziologie vorgehen muss, will sie wirklich soziale Tatsachen und nicht deren subjektives Bild erfassen. In Frankreich gibt es ein *Vocabulaire* zu Durkheim (Keck/Plouviez 2008), das hilft, ihn hier recht und mitunter besser zu verstehen, als er sich selbst verstanden haben mag. Wegweisend war das Durkheim'sche Werk auch in der Diagnose der funktionalen Differenzierung der modernen Gesellschaft, ihres ›Kults des Individuums‹, in der ›soziozentrischen‹ Theorie der unhintergehbar *sozialen* Konstitution der Wirklichkeit und ihrer Subjekte. Soziozentrismus nennen Durkheim und Marcel Mauss ihren Ansatz, nach dem es die Gesellschaft (und nicht mehr der Mensch) ist, die sich in den kulturellen respektive den religiösen Phänomenen objektiviert. Aber man kann auch die ›soziale Morphologie‹ mit ihrer Berücksichtigung der Dinge im Sozialen für aktuell halten – ebenso wie diejenige theoretische Perspektive, nach der Kollektive zu ihrer Existenz allerlei Symbole brauchen, in denen sie sich veranschaulichen. Dies alles wird in dieser Einführung anhand der Werke zu erklären sein.

In neueren angloamerikanischen und französischen Debatten wird zudem Durkheims Ruf als Zwangsdenker, Holist und Kollektivist revidiert, wo andere hingegen – im Kern seines Werkes – eine ›Praxis-Theorie‹ der Emergenz sozialer Ordnungen oder der *Institutionen* entdecken. Überhaupt lohnt es sich, das Thema der Institutionen, der ›sozialen Tatsachen‹, wie Durkheim sagt, noch einmal aufzurollen, jenseits des Dualismus von Individuum und Gesellschaft, des Zwangs auf die Einzelnen: in ihrem einrichtenden, produktiven Charakter. Die Institutionen definieren sich, vielleicht schon bei Durkheim, in jedem Fall aber seinen Nachfolgern, »eher über ihren wörtlichen Sinn von *Einrichtung* als ein kunstvolles Gefüge bzw. Arrangement: es sind Zusammensetzungen heterogener Elemente, die auf diese Weise vorher nicht da waren und deren Aufbau sowie Erhalt einer gewissen Anstrengung bedürfen«. Sie sind erfinderisch, erfinden »Probleme (und deren Lösungen)« (Seyfert 2011: 15). Auch wenn seine Begriffe geradezu das Gegenteil zu beinhalten scheinen, hätte Durkheim die Formulierung geteilt, dass die Institutionen nicht etwa eine spezielle ›soziale‹ Sphäre jenseits des Biologischen, Physischen, Psychischen begründen, sondern deren Elemente auf spezielle Art zusammensetzen.

Durkheim konzeptualisiert diese ›Synthese *sui generis*‹ immer dort, wo er vom ›Ganzen‹ spricht, das ›mehr‹ sei ›als die Teile‹ –

in den emergenztheoretischen Passagen, die zu den zentralen des Werkes gehören. Es ist die bleibende Grundfrage der Soziologie, die er hier aufwarf: *Was ist das Kollektiv, was ist eine Gesellschaft jenseits der Einzelnen* (und der Dinge, die er aus heutiger Sicht sicher noch nicht wichtig genug nimmt)? Den produktiven Charakter der Institution, die Tatsache, dass diese die Subjekte, deren Verhalten, Gefühle und Gedanken formt, kanalisiert, eben einrichtet, hat Durkheim besonders fulminant im Spätwerk, der kühnen Interpretation der totemistischen Gesellschaften, konzeptualisiert – ebenso wie die Tatsache, dass sich Gesellschaften stets symbolisch repräsentieren müssen, um den Einzelnen gegenwärtig zu sein und über sie hinweg auf Dauer zu existieren. Cornelius Castoriadis hat diese Einsicht 1975 (dt. 1984) kongenial unter dem Titel *Gesellschaft als imaginäre Institution* formuliert. Im Grunde findet sich dasselbe Konzept bereits in Durkheims frühen Schriften. In ihnen lässt es sich jedenfalls vorausahnen, es gibt hier nur wenige Brüche. Es stimmt also: »Durkheim hat das Konzept der Institution als erster und am radikalsten zur Spezifik und zur Universallösung der Soziologie gemacht.« (Seyfert 2011: ebd.)

Ähnliches gilt für Arnold Gehlen, dem es – in den 1950er Jahren – weniger auf die Disziplin Soziologie ankam, wenn er seine Theorie der Institutionen als ›Philosophie‹ beschreibt. Das kann freilich nicht darüber hinwegtäuschen, dass gerade bei ihm und Durkheim kongeniale soziologische Theorien der Institutionen vorliegen. Zwar wird immer wieder von Neuem darüber gestritten, wie der berühmte Satz aus den *Regeln* (man müsse die sozialen Tatsachen ›wie Dinge‹ betrachten) recht verstanden ist und ob Durkheim die Individuen damit nicht doch zum Außen der Institutionen macht. In jedem Fall aber teilt er (so wenig wie Gehlen) die beißreflexartige Kritik eines Adorno, nach der Institutionen per definitionem Zwangseinrichtungen sind, ›Entfremdungsmaschinen‹. Und dies gilt gerade gegen Durkheims eigene Begriffswahl, wenn er vom Zwang (*contrainte*) des Sozialen spricht. So wie Adorno lasen und lesen diesen Satz viele: »Die gesellschaftliche Tatsache schlechterdings ist ihm [...] der übermächtige, jeglicher subjektiv verstehenden Einfühlung entzogene soziale Zwang.« (Adorno 1967: 12) Man kann ihn hier besser verstehen.

Das aktualisierbare Theoriepotenzial des Klassikers Durkheim hat hierzulande Niklas Luhmann gewürdigt (in seiner Einleitung in die Übersetzung der *Arbeitsteilung*), trotz mancher Kritik an einer in Hinsicht auf die Begriffe der ›Gesellschaft‹ und des ›Kollektivbewusstseins‹ »zu hoch aggregierten« Sozialtheorie. Dabei versucht Luhmann gar nicht erst,

> »zu rekonstruieren, wie man Durkheim im Jahre 1893 lesen konnte. Wir lesen ihn als Klassiker. Das heißt gerade nicht: ihn historisch interpretieren. Klassisch ist eine Theorie, wenn sie einen Aussagenzusammenhang herstellt, der in dieser Form später nicht mehr möglich ist, aber als Desiderat oder als Problem fortlebt. Die Bedingungen dieser Form sind historische, sie können als solche ermittelt werden. Was aber der Klassiker selbst den Späteren zu sagen hat, liegt auf der Ebene der Theorie. [...] Der Text bleibt aktuell, solange seine Problemstellung kontinuierbar ist. Er bleibt maßgebend in einem ambivalenten Sinne: Man kann an ihm ablesen, was zu leisten wäre; aber nicht mehr: wie es zu leisten ist.« (Luhmann 1988 [1977]: 19f.)

Interessant ist diese Einleitung auch, weil Luhmann Durkheim nicht unkritisch gegenübersteht, aber Kritik und Polemik auseinanderhält. Ein problematischer Punkt ist für ihn unter anderem die Theorie der modernen Arbeitssphäre, der Ökonomie: Durkheim habe völlig übersehen, dass hier das Thema Geld entscheidend ist – es ist das gesuchte Bindemittel, nicht eine neue Moral. Luhmann weiß natürlich zweitens auch, dass Durkheim

Konflikte schlecht denken kann, ein Harmonist ist, ein Denker der ungeteilten Gesellschaft. Auch hier muss man ihn nicht gleich als reaktionär verstehen – die »Lust des Bösen« findet einfach »keinen Platz in der Theorie« (ebd. 21).

Wie dem auch sei – ganz anders liest sich jedenfalls die polemische Schrift Adornos, der, zehn Jahre vorher, in einer sogenannten ›Einleitung‹ in Durkheim (das heißt in die Übersetzung der Aufsatzsammlung *Soziologie und Philosophie*) vor allem das Ziel verfolgte, den Autor zu erledigen. In einer brieflichen Korrespondenz schrieb er, man könne aus Durkheim keinen »scharfsinnigen Denker« machen; er sei eine »sonderbare Mixtur von bedeutender Einsicht und törichter Pedanterie« (Adorno 2003: 571, 595), seine Soziologie eine einzige »Pedanterie«, und dies zu zeigen sei der ganze Zweck seines Textes. Durkheim sei, als Pedant, ein »Archetyp der bürgerlichen Gesellschaft«, »eingeklemmt zwischen dem Habitus von Freiheit und Ungebundenheit, den der Feudalherr sich erlaubt, und dem expansiven Habitus des Unternehmers«. Pedanterie drücke also den »*horror vacui* des zur Macht aufsteigenden Bürgertums aus« (Adorno 1967: 33). Durkheims »intellektueller Gestus schließt Daumen und Mittelfinger zu einem Kreis zusammen und vollführt mit diesem hackende Bewegungen«. In ihm zeige sich mustergültig die »Affiliation von wissenschaftlichem Scharfsinn und Borniertheit« (ebd.: 30 f.). Auch Durkheims Methode, die vergleichende Gesellschaftstheorie, zieht den Zorn Adornos auf sich: Sie ist keineswegs politisch neutral, wie Durkheim vorgibt, oder »gar kritisch«, wie Adorno verlangt (ebd.: 13). Durkheim ist weit davon entfernt, ein ›richtiger‹ Soziologe zu sein, da er das Bestehende konservieren wolle. Durkheim, der Reaktionär, der Ordnungsdenker, der Befürworter der Institutionen – das ist ein wuchtiger Topos, auf dessen französische Erfinder, die Verächter Durkheims, wir noch zu sprechen kommen.

Adornos ›Einleitung‹ wird an der Situation der deutschen Durkheim-Forschung nicht unbeteiligt gewesen sein: daran, dass Durkheim zwar bekannt ist und Stoff jedes Grundlagenseminars der Soziologie, aber gleichwohl wenig intensiv gelesen wird. Man ruht sich eher bei dem Bild aus, das man einmal von ihm gewonnen hat. Durkheim wurde zudem hierzulande von Beginn an nur wenig rezipiert. 1908 gab es zwar eine erste Übersetzung der *Regeln*, diese blieb aber folgenlos. In den 1920er Jahren kannte man ihn nur oberflächlich, als »Dürckheim« (Jerusalem 1926: VII), dessen Begriffe in deutschen, an den Sound der Subjektphilosophie gewöhnte Ohren befremdlich klangen. *Dürckheim* betone stets, dass die Gruppe sich kognitiv »betätigt«. Zudem hatte man den Eindruck, er betrachte die Gesellschaft als etwas von ihren Mitgliedern Verschiedenes. Deutschsprachigen Denkern müsse dies »absurd und widersinnig« erscheinen (ebd.). Erst jüngst ist eine erste deutschsprachige Durkheim-Einführung erschienen, die sich – in der Reihe ›Klassiker der Wissenssoziologie‹ – auf den wissenssoziologischen Aspekt konzentriert (Suber 2011). In ihr werden auch der politische Kontext sowie die verschiedenen Werkphasen nachgezeichnet. Erschienen ist zudem ein erster deutschsprachiger Sammelband, der die aktuellen internationalen Debatten um Durkheims Werk hierzulande sichtbar macht (Bogusz/Delitz 2013).

Natürlich gab es auch hierzulande Autoren, die ihn lasen. Dies allerdings weniger, um diese Soziologie als solche zu aktualisieren, zu betreiben oder zu vertiefen, sondern vielmehr mit der Absicht, sie für eigene Konzepte zu verwenden. So hat Jürgen Habermas den religions- und moralsoziologischen Durkheim als Kritiker der »funktionalistischen Vernunft« in seine *Theorie des kommunikativen Handelns* eingebaut – als jenen Autor neben Mead, der den Paradigmenwechsel zum »kommunikativen Handeln« eingeleitet habe (Habermas 1981: 9). Allerdings versteht Habermas Durkheims Modellierung der ›kollektiven Erregung‹

in den *Elementaren Formen des religiösen Lebens* evolutionistisch, als überholte Stufe der Vergesellschaftung. Es handele sich um einen Mechanismus, der eine Lücke im ›phylogenetischen‹, ›stammesgeschichtlichen‹ »Übergang von der symbolisch vermittelten zur normengeleiteten Interaktion« fülle (ebd.: 10). Aus dieser Sicht trifft Durkheims Theorie der Selbstsakralisierung des Kollektivs nur auf ›vorrationale‹ Gesellschaften zu. Einen konträren Gebrauch Durkheims macht dagegen Hans Joas, indem er ihn »am besten verstehen« will als Antwort auf die *»Frage nach der Entstehung einer neuen Moral«*. Durkheim sei kaum ein Theoretiker der Ordnung und Normativität, auch nicht der »Anomie, des Funktionalismus oder der fortschreitenden Arbeitsteilung«, sondern der sozialen Kreativität, der Entstehung neuer Ordnungen (Joas 1997: 77f.). Richard Münch zog, vermittelt über Pareto, Durkheim und Weber zusammen (1982), Hans-Peter Müller betont den politischen Durkheim gegenüber Parsons, von dem er ihn befreien will (1983, 2009), Wolf Lepenies interessierte sich für die wissenspolitischen Kontexte, in denen Durkheim zu Durkheim wurde, für den Kampf von positiver Wissenschaft versus literarische Intelligenz, Modernismus versus Traditionalismus, Antiklerikalismus versus Klerikalismus, Republikanismus versus Antirepublikanismus (1988 [1985]). Gemessen an der internationalen Rezeption mit ihren gefühlten tausend Sekundärwerken gibt es gleichwohl kaum eigentliche Forschungsliteratur.

Das mag auch am Begründer der deutschen Durkheim-Rezeption, an René König, liegen. Seine Verdienste sind zweifellos groß: Er hat dezidiert dem autoritätsgeladenen »zänkischen Gegeifere« Adornos widersprochen, nicht nur weil dieser ein »totale[s] Unverständnis« für Durkheim habe, sondern auch, weil er alle negativen Klischees reproduziere (König 2013 [1973]: 197, 189). König ist es zu verdanken, dass Durkheim überhaupt gegenwärtig war, mit der von ihm initiierten Neuübersetzung der *Regeln* 1961 und des *Selbstmordes* 1973 (die Übersetzung der *Arbeitsteilung* folgt 1977, die der *Elementaren Formen* 1981). Sehr informativ ist sein früher Text zur ›Bilanz der französischen Soziologie um 1930‹, der dem deutschen Publikum erstmals die Durkheim-Schule präsentiert. Inhaltlich interessiert sich König einerseits für den empirischen Sozialforscher Durkheim. Genial ist für ihn die *Selbstmord*-Studie, da sie theoretische und empirische Soziologie untrennbar verbindet und die quantitative, hypothesenprüfende Forschung begründet, die mit ›Variablen‹, ›Koeffizienten‹, ›Raten‹ und statistischen ›Wahrscheinlichkeiten‹ operiert – und dies ausgerechnet beim Thema des Suizids, den allersubjektivsten Motiven und einsamsten Handlungen der Individuen! Genial ist diese Studie für König auch, weil sie eine ›gesunde Skepsis‹ gegenüber den Daten behält. Es sind nur »Zeichen«, die man deuten muss, ohne Theorie fehlt ihnen »jede Aussagekraft« (ebd.: 210). Damit ist Durkheim das »Vorbild aller ernst zu nehmenden Soziologie« (König 2013 [1958]: 96).

Zum anderen machte König Durkheim als ›Moralisten‹, als politisch Interessierten sichtbar, dessen Wissenschaft »existenziell« getragen sei von einem Krisenbewusstsein – anders als es die kanonischen Darstellungen von Raymond Aron und Steven Lukes suggerierten. So habe Durkheim stets nur ein Ziel gehabt: die »Veränderung der Welt, die er als in einer tiefen Krise befindlich interpretiert« (König 1976: 318). Noch weitere Linien des Interesses an Durkheim von König ließen sich ziehen. So ist er einer der wenigen deutschen Soziologen, die sich für die Ethnologie interessierten. Insgesamt aber scheint für ihn die Soziologie erst angekommen zu sein, wenn sie sich ganz von der Philosophie befreit. König teilt jenen Positivismus, für den sich in der Konzentration auf die Empirie die »Reife« einer Wissenschaft ausdrückt, die »es nicht mehr nötig hat, in jedem einzelnen Werke mit der Diskussion allgemeinster Prinzipien zu beginnen, sondern sich unbekümmert darum der Förderung einzelwissenschaftlicher Aufgaben widmen kann« (König 2013 [1931/32]: 24).

Dabei sind doch die grundlegenden Fragen der Soziologie stets neu zu stellen, diejenigen, die Durkheim vielleicht erfand – mit den Begriffen *lien sociale*, Solidarität, Moral, *conscience collective* als Konzeptualisierungen der Frage, was die Einzelnen zu einer ›Gesellschaft‹ zusammenhält. Es geht um die Grundprobleme soziologischer Theorie: Was ist eine Gesellschaft, wie stellt sie sich her und auf Dauer? Aus welchen *socii*, welchen Gefährten besteht das Kollektiv? Ist etwa, wie Durkheim mit dem Religionswissenschaftler Albert Réville sagt, die ›Tierform die Grundform‹ (EF 101 f.)? Gehören Tiere zu den Akteuren, oder hat man es mit »anthropistischen« Gesellschaften zu tun, für die nur Menschen Gruppenmitglieder sind (Seyfert 2011: 180-187)? Oder handelt es sich um »animistische« respektive »analogistische« Gesellschaften, deren Kollektive aus ganz eigenen Elementen bestehen, neben den Menschen (Descola 2011)?

Es könnte sich lohnen, Durkheim gerade hierzulande noch einmal neu einzuführen – mit seiner Methodologie, der Bestimmung, was eine ›soziale Tatsache‹ und was die ›Gesellschaft‹ ist; mit der gesellschaftsvergleichenden Methode; mit seinem Wildern in anderen Disziplinen, deren Gegenstände grundlegend *soziologisiert* werden. Wissen, Moral, Religion, Recht, Ökonomie, Geschichte, Sprache, Subjekt sehen wir seit Durkheim mit anderen Augen – und dies durchaus auch, wenn wir sein Vorgehen nicht kritiklos teilen. Zumindest eine Facette im Werk muss gerade bei uns noch einmal neu gelesen werden: Durkheim hat in seinem Spätwerk auch eine Theorie der nicht planbaren *Emergenz* des Sozialen im Kult, Situationen kollektiver Erregung (*effervescence collective*) entfaltet. Hierzulande verbindet sich mit Thesen über den vitalistischen, eigendynamischen Charakter des Sozialen oft der Argwohn gegenüber einer ›irrationalen‹ Denkweise oder ›irrationalen‹ Praxen. Durkheim entfaltet zugleich eine These über die soziale Konstruktion des Wissens (von Welt und Selbst) sowie über die Entstehung religiöser Überzeugungen in der Autodivination, der Selbstvergottung der Gesellschaft. Adorno hatte auch dafür nur Häme übrig. Statt die Religion als »gesellschaftliche Projektion« zu entzaubern, mystifiziere Durkheim, angesteckt vom Denken der »unterentwickelten« Völker, die Gesellschaft (Adorno 1967: 14 f.)! Fruchtbarer lesen ›die Franzosen‹ diesen Durkheim. Der Historiker Marcel Gauchet etwa setzt die These unmittelbar fort: Die Gesellschaft gründet sich stets von woanders her, sie scheint sich nur von ihrem Außen her denken zu können (den Ahnen, Gott) – selbst die Moderne. Ihr Außen sei die Verfassung (Gauchet 2005 [1977]).

Auch die *Selbstmord*-Studie (es gebe ›normale‹ Selbstmordraten der Gesellschaften) sowie die funktionale Betrachtung des Verbrechens in den *Regeln* (Verbrechen seien gesellschaftlich nützlich) erregten Aufsehen. Durkheim, das ist schließlich auch der große Moralist und Pädagoge Frankreichs, der die Soziologie ebenso zu einer positiven Moralwissenschaft, einer *Physik der Sitten und des Rechts* machen wollte, wie er mit ihr eine Gesellschaftstherapie verband: die Begründung einer neuen Solidaritätsform der modernen französischen Republik, entsprechend der Diagnose ihres ›Übels‹, ihrer ›Pathologie‹. So kennzeichnet sich diese französische Soziologie auch durch eine eigene Art der *Gesellschaftskritik*, die von der These geleitet wird, man könne gesellschaftlich ›Normales‹ vom ›Pathologischen‹ trennen, indem man statistische Normalmaße ermittelt, Häufigkeiten misst und zum Sprechen bringt. Für Georges Canguilhem war diese Vorstellung Anlass einer tiefgreifenden Kritik der positivistischen Soziologie: Wer das Normale mit dem Normativen gleichsetzt, verkennt, dass man es beim Sozialen mit einer Suche nach Werten zu tun hat und nicht mit fixen ›Normalwerten‹. So ernst der Einwand zu nehmen ist, so schwach Durkheims Begründung der Kritik ist – gegenüber anderen Klassikern der Sozialwissenschaften hat er zumindest den Vorteil, eine genuine *Soziologie* geschaffen zu haben, die die Gesellschaft nicht auf einen »Tausch- und Handelsapparat« reduziert, wie Durkheim mit Blick auf alle Rational-Choice-Theoretiker *avant la lettre* und auf jede ökonomiezentrierte Theorie schrieb (Durkheim 1986 [1898]: 55).

Durkheim war nicht nur der Pionier der kühlen Rechnung im Bereich der sozialen Tatsachen, nicht nur der Erfinder der soziologischen Beobachtung der Moral. Er hat wesentlich auch zur Etablierung der *Ethnologie* beigetragen. Seine Schule hat ethnografische Forschungen erstmals methodisch ernst genommen und aus ihnen gesellschaftstheoretische Schlüsse gezogen. Die vergleichende Methode, fortgeführt von Marcel Mauss, André Leroi-Gourhan, Claude Lévi-Strauss bis zu Philippe Descola, hat gerade die französische Ethnologie oder Anthropologie zu einer gesellschaftstheoretisch fruchtbaren Disziplin gemacht. Andererseits konnten Kritiker wie A.L. Kroeber den Durkheimiens wirkmächtig vorwerfen, sich nie in die Feldforschung gewagt zu haben (Kroeber 1935: 560). Sie waren *armchair anthropologists*, Sonntagsethnologen. Aus ethnologischer Sicht hatte Durkheim wohl nicht immer eine glückliche Hand in der Wahl seiner Bezugsautoren, etwa, wenn er Robertson Smith zum Totemismus konsultiert (so Evans-Pritchard 1981: 153f.). Eine weitere Kritik an der Ethnologie-Soziologie Durkheims wurde seitens der Autoren des *Collège de Sociologie* formuliert: Sie habe sich nur aus der Distanz für den sozialitätsstiftenden Kult interessiert, am Beispiel anderer Gesellschaften – was für eine »feige, bürgerliche« Auffassung soziologischer Forschung. Und überhaupt, wie kann man das Soziale objektiv betrachten wollen, statt in ihm zu leben! (Vgl. Moebius 2012: 782) Nun, abgesehen davon, ob Durkheim seine Informanten klug wählte – inspirierend war er umgekehrt allemal, auch für die *Collègiens* Georges Bataille, Michel Leiris, Roger Caillois.

Bei aller theoretischen Originalität war er zugleich der Stratege, der die Soziologie zielgerichtet disziplinierte. Und er war ein Streithansel – gerade die Umstrittenheit seiner Konzepte erklärt sich daraus, aus der ständigen Polemik:

> »Fortwährend dazu gezwungen, sein Werk in dem objektiven Rahmen zu betrachten, der ihm von seiner universitären Umgebung und dem gesamten intellektuellen Kräftefeld aufgedrängt wurde, wurde Durkheim dazu gebracht, gleichzeitig heftig gegen die Fehlinterpretationen seiner *Règles de la méthode sociologique* durch die spiritualistischen Philosophen zu protestieren [...] und im Gegensatz hierzu in eine Polemik zu verfallen und – als Herausforderung und aus Ärger – derart extravagante und provokative Versionen seiner Ideen vorzutragen [...], daß sie in den Augen eines oberflächlichen Lesers dem Werk ein veraltetes Äußeres geben; oder er mußte das, was die Hypothese des Kollektivbewußtseins ehedem an wichtigen Ergebnissen erbracht hatte, in spiritualistische Begriffe rückübersetzen.« (Bourdieu/Passeron 1981 [1967]: 504)

Die polemische Absicht muss man daher immer präsent halten, namentlich im Fall des *Selbstmordes* und der *Regeln*. Bei Letzeren sieht sich Durkheim 1901 zu einem neuen Vorwort genötigt, in dem er sich gegen die notorischen Missverständnisse wehrt. Ein zweites Vorwort erhielt auch die Dissertation *Über die soziale Arbeitsteilung*. Noch deutlicher zeigen die über 800 oft gnadenlos kritischen Besprechungen in der *Année sociologique* Durkheims kriegerischen Geist gegenüber all jenen soziologisierenden Dilettanten, die es nicht schaffen, etwas ›objektiv‹ zu ›beweisen‹, ›rational‹ zu denken, sich um ›Tatsachen‹ zu kümmern, die zu viel ›Phantasie‹ haben, mit denen die ›Imagination‹ durchgeht.

Im Zusammenhang der strategischen Etablierung einer neuen Disziplin muss man natürlich auch Durkheim, den Initiator und *maître* einer ›Schule‹, erwähnen (u.a. Clark 1973), der viele Studien seiner Mitstreiter angeregt hat und umgekehrt von ihnen profitierte. Sie sind oft nicht weniger interessant als seine Schriften. Wenn man von Durkheim schreibt, muss man deshalb auch von Marcel Mauss, Maurice Halbwachs, Henri Hubert, Marcel Granet, Paul Fauconnet, François Simiand, Georges Davy, Céléstin Bouglé oder Lucien Lévy-Bruhl schreiben.

Ebenso wenig ist Durkheim ohne seine Gegner zu denken, die ihn zum ›Durkheim-Werden‹ drängten: die ›Psychologisten‹, ›Biologisten‹ und ›Mystiker‹. Daher handelt es sich bei einer Einführung in Durkheim eher um die Einführung in den *Durkheim'schen Moment* – in den nicht nur die Schüler und Kollegen, sondern ebenso die Gegner und Rivalen Durkheims gehören, die ihn explizit oder implizit in die Richtung der ›objektiven‹ und soziozentrischen (nicht individualistisch ansetzenden) Soziologie trieben. Man muss hier von Gabriel Tarde schreiben, der meinte, dass sich die sozialen Phänomene durch individuelle psychologische Prozesse erklären (vgl. unten). Und man muss über Bergson schreiben, von dem sich Durkheim und die Durkheim-Schule ebenso abstießen, weil sie ihn als Denker des ›inneren Lebens‹ und insgesamt als Irrationalisten verstanden (vgl. dazu Delitz 2013: Kap. I).

Es lohnt sich umgekehrt auch, die Aversionen gegen Durkheim wahrzunehmen, die Ablehnung derjenigen, die sich in der Durkheim-Feindschaft definierten, die Existentialisten und Marxisten, Paul Nizan und auch Sartre, der einmal sagte, die Soziologie Durkheims sei »tot: die sozialen Dinge sind keine Dinge, sie haben Bedeutungen« (Sartre 1947 [1943]: 171 f.). Sein Erfolg, der Erfolg des Existentialismus, bedeutete den Niedergang des Durkheimismus. Mit ihm geriet die Soziologie als Fach in eine ›strukturelle Verachtung‹.

Positiv sind ohne Durkheim demgegenüber viele heute berühmte französische Soziologen und Ethnologen nicht zu denken. Ihr Werk ruht auf seinem, auch wenn sie es vielfach kritisieren und mit ihm über es hinausgelangten. Lévi-Strauss widmet Durkheim nicht ohne Grund eine Hommage, während er seine Perspektive durchaus auch als eine gegenteilige darstellt (›Der Totemismus von innen‹ in: *Das Ende des Totemismus* 1962, dt. 1965). Auch Pierre Bourdieu verdankt Durkheim einiges: die rationalistische Haltung, die empirische Beobachtung, die szientifische Passion; eine strukturale und historische Soziologie; die indirekte, ethnologische Beweisführung (Wacquant 1995). Die französische Wissenssoziologie ist generell ein Erbe von Durkheims und Mauss' Analyse der Klassifikationen von 1903 (Durkheim/Mauss 1993). Pierre Bourdieu und Luc Boltanski etwa (1974) gaben diesem Durkheim eine »marxistische Drehung«, indem sie ›Klassifikationskämpfe‹ in den Klassifikationen sahen (Thevénot 1995: 1). Auch die aktuelle Anthropologie interessiert sich für diesen Text. Bourdieu und Jean-Claude Passeron, die Durkheim seit den 1960er Jahren für die Soziologie rehabilitierten, sagten gar, es ›lebten‹ »alle Wissenschaften vom Menschen im Hause Durkheims« (Bourdieu/Passeron 1981: 501). Sie meinten damit all jene, die (in der Soziologie, Anthropologie, Psychologie, Linguistik) eine ›Philosophie ohne Subjekt‹ vertraten. Selbst Georges Canguilhem und Michel Foucault teilen daher einige Themen mit Durkheim – bei allen Unterschieden in theoretischer und politischer Hinsicht.

Ähnlich sind seine Einflüsse überall in der französischen Soziologie, Anthropologie, Sozialphilosophie und -psychologie zu finden, etwa bei Bataille, Caillois, Clastres, Castoriadis. Auch gilt dies für viele Soziologen jenseits Frankreichs, die aufzulisten hier gar nicht versucht wird. Wie Daniel Suber in seiner Durkheim-Einführung schreibt, steht jeder Versuch, die Rezeption zu erzählen, nicht nur vor einem quantitativen Problem, sondern auch vor einem inhaltlichen, weil Durkheim für konträre Positionen benutzt wurde und man es stets mit einem anderen Durkheim zu tun hat (Suber 2011: 116). Wirkmächtig war hier Talcott Parsons, der seit 1937 eine kanonische Lektüre entfaltet: Durkheim im Dreigestirn ›Pareto Weber Durkheim‹ als Klassiker der Soziologie; Durkheim neben Weber als Hauptgründer der soziologischen Theorie; Durkheim als derjenige Autor, der das ›hobbessche Problem‹ der sozialen Ordnung theoretisieren will, in der »Frage, was Gesellschaften zusammenhält« (Parsons 1979: 118f.). Fraglich nur, ob Durkheim wie Hobbes anfängt, der den Kampf aller gegen alle fabuliert – eher fürchtet er isolierte Monaden. Noch eine kanonische Lektüre stammt von Parsons: Durkheim als jener Autor, dessen Werk sich in einen frühen Positivisten und einen späten Normativisten spalte. Überhaupt gibt es in der angloamerikanischen Rezeption viele unterschiedliche Durkheims (vgl. dazu Smith/Alexander 2005), den jeweiligen Anschlusspunkt konnte man sich dann wählen. So verstand sich etwa Erving Goffman als ›Schüler‹ Durkheims, da er dessen Tabu- und Ritualtheorie aufgriff (Goffman 1974) und es ihm um das Soziale als Realität *»sui generis«* ging, »as He (sic!) used to say« (Goffman 1966: 133). Das macht ihn aber kaum zu einem Durkheimianer.

Wirklich inspiriert waren von Durkheim berühmte angloamerikanische Ethnologen und Ethnologinnen, wenn auch nicht kritiklos: Bronislaw Malinowski, Alfred R. Radcliffe-Brown, Victor Turner, Edward Evans-Pritchard. Mary Douglas schloss an Durkheim an, als sie die *natural symbols* der Gesellschaften zu finden hoffte, Klassifizierungen, die sich stets auf dieselbe Weise vollziehen (Douglas 1986 [1970]). Auch in der Linguistik gibt es ein tiefes Durkheim-Erbe, bei Ferdinand de Saussure und Antoine Meillet, die oft »ihre Übereinstimmung mit und ihre Schuld gegenüber Durkheims Lehre bekannten« (Lévi-Strauss 1954 [1947]:

505). Meillet hatte seinen Klassiker *Comment les mots changent de sens* in der *Année sociologique* veröffentlicht. Er beginnt wie folgt: Die Sprache hat als erste Bedingung die »Existenz der Gesellschaften, von denen sie ihrerseits das unentbehrliche [...] Instrument ist. [...] Die Sprache ist also eine eminent soziale Tatsache«, sie »existiert unabhängig von jedem derjenigen Individuen, die sie sprechen« (Meillet 1905/06: 1). Lévi-Strauss verstand dann die Sprache auch als von den jeweiligen Kollektiven unabhängig – eine Radikalisierung, keine Abkehr von Durkheim. Dasselbe kann man von Jacques Lacans Suche nach dem Unbewussten sagen.

Kurz, das Unternehmen Durkheims war in seinem gesellschaftsvergleichenden Zug wie hinsichtlich seines symbol-, mentalitäts- und kultursoziologischen Ansatzes wegweisend. Es war jene »Zauberwerkstatt«, in der nicht nur die Soziologie und die Ethnologie einen »Teil ihrer Ausrüstung« erhielten (Lévi-Strauss 1967 [1958]: Motto). Durkheim ist – nicht ohne seine Kollegen, seine Schüler, seine Erben und Verfechter, nicht ohne seine Gegner und Verächter und nicht ohne die zahlreichen Klischees – der französische Klassiker der Sozialwissenschaften. Seine Themen, seine methodischen und theoretischen Ideen sind in unseren Blick auf die Gesellschaft, auf uns selbst eingegangen. Als solcher, als veritabler Klassiker der Sozialwissenschaften ist er stets aktuell.

II Leben, Denken und Weiterdenken: Durkheim und die Durkheim-Schule

Durkheims akademisches Leben

Durkheims Leben als ›Soziologe‹ beginnt mit der Inauguralvorlesung in Bordeaux 1887. Hier schlägt der junge Doktorand der Philosophie vor, aus der Soziologie die ›Matrix aller Sozialwissenschaften‹ zu machen: »Ich glaube, mit ziemlicher Genauigkeit eine gewisse Anzahl spezieller Fragen, die untereinander verknüpft sind, auf eine Weise stellen zu können, daß daraus eine Wissenschaft inmitten der anderen echten Wissenschaften wird. Um diese Probleme zu lösen, werde ich Ihnen eine Methode anbieten, die wir zusammen ausprobieren werden.« (Durkheim 1981 [1887]: 26)

Zunächst seien die wichtigsten Eckdaten zu diesem Leben genannt – einem Leben, das sich ganz auf die Universität konzentriert. David Émile Durkheim, Sohn eines Rabbiners, wird am 15.4.1858 in Épinal geboren. Er tritt 1879 gemeinsam mit Jean Jaurès, Maurice Blondel, Pierre Janet in die *École Normale Supérieure* ein, wo er unter dem Einfluss einiger französischer Philosophen steht, die hierzulande nicht gut bekannt sind – insbesondere von Emil Boutroux und Charles Renouvier. Auch zeigt er sich inspiriert von dem Philologen und Kenner der antiken

Gesellschaften Numa Fustel de Coulanges. 1884 hält er als Absolvent der Philosophie von 1882 eine erste überlieferte Lehrveranstaltung an einem Pariser Gymnasium, den *Cours de philosophie* am *Lycée de Sens*. Ist dieser Kurs noch ganz klassisch der philosophischen Tradition gewidmet, so wird Durkheim bereits ein Jahr später soziologische Texte besprechen; zunächst, mangels Alternative, noch in einer philosophischen Zeitschrift, der *Revue philosophique de la France et de l'étranger*. Seit einer Reise im selben Jahr, bei der er einige deutsche Universitäten besucht, konzentriert sich Durkheim dann zunächst auf deutschsprachige sozialwissenschaftliche, genauer: moralwissenschaftliche Texte. Es ist dies – die kritische Besprechung all jener Texte, die sich der (neuen) ›Sozialwissenschaft‹ zurechnen oder zurechnen lassen – eine Tätigkeit, die ihn auch weiterhin fesselt.

1887 erhält Durkheim dann seinen ersten Lehrstuhl in Bordeaux, wo er die erste offizielle Lehrveranstaltung Frankreichs in den ›Sozialwissenschaften‹ abhält – auf einem Lehrstuhl für Pädagogik und Sozialwissenschaft, wo er Alfred Espinas folgt, der 1877 eine Theorie der ›Tiergesellschaften‹ veröffentlicht hatte. Es ist dies eine Theorie der sozialen Solidarität oder ›Sympathie‹. Espinas kommt »nicht umhin, der Sympathie und der wohlwollenden Thätigkeit den ersten Platz« unter den »Ursachen der Geselligkeit der Thiere« einzuräumen. Ohne Sympathie gibt es keine Gesellschaft – anders als jede Theorie meint, die diese auf ein Nützlichkeitskalkül zurückführt, und damit anders, als jede Rational-Choice-Theorie *avant la lettre* annimmt (Espinas 1879: 534f.).

Es gibt mithin zunächst den Hochschulpädagogen Durkheim. Er wird alsbald ein beachtliches Lehrspektrum entfalten. In der Erziehungswissenschaft lehrt er etwa die Geschichte der Erziehungstheorien, die der moralischen Erziehung, der pädagogischen Psychologie. In der Soziologie lehrt er so unterschiedliche Themen wie Soziologie und Geschichte der Familie, Kriminal-, Rechts-, Religionssoziologie, Geschichte der Soziologie, aber auch die des Sozialismus sowie die ›Physik‹ (die empirische Betrachtung) der Sitten und des Rechts. Die Eröffnungsvorlesungen in Bordeaux heißen *La Solidarité sociale* und *La Famille: origines, types principaux*. 1902 wird Durkheim zunächst vertretungsweise und 1906 ordinär auf den Lehrstuhl für Erziehungswissenschaft an die Sorbonne berufen, den er 1913 in einen Lehrstuhl für Erziehungswissenschaft und Soziologie umbenennen lässt. 1902/1903 hält er hier Vorlesungen zur Familie und zur Moralerziehung, die zu öffentlichen Ereignissen werden. 1905/1906 folgt die Vorlesung zu *Formation et développement de l'enseignement secondaire en France*, die er oft wiederholen wird, 1906/1907 eine über *La Religion. Les origines*.[1] Deutlich ist die Nähe von Forschung und Lehre, der Zusammenhang mit seinen Schriften.

Bevor wir uns mit ihnen beschäftigen, sei Durkheims Leben jenseits der Akademie kurz gestreift. Es scheint, außerhalb der Universität, der er sich absolut widmete, keine Sensationen bereitgehalten zu haben. Von Durkheim könne man »nur sagen, daß sein Leben sein Werk ist« (König 1976: 314). So sahen es viele seiner Biografen. Andere suchten, seinem Leben unbekannte Seiten hinzuzugewinnen: Ivan Strenski (2006) will gar einen ›neuen Durkheim‹ gefunden haben – den Familienmenschen, den Neurastheniker, den politischen Denker, den Juden. Das ist, abgesehen vom Ertrag, nicht ganz einfach, da Durkheim selbst sich kaum autobiografisch äußerte und seine Korrespondenz und Manuskripte im Zweiten Weltkrieg von ›den Deutschen‹ vernichtet wurden. Wir wollen nur so viel erzählen: Durkheim war Sohn eines Rabbiners aus der Provinz, aus Épinal. Dazu ausersehen, auch Rabbiner zu werden, konnte er seinem Vater diesen Wunsch erfolgreich ausreden. Durkheim war verheiratet und hatte zwei Kinder: Marie, 1888, und André, 1892 geboren. Den Tod seines Sohnes –

wir greifen vor – hat er nicht überlebt. Nachdem André im Ersten Weltkrieg als verschollen gemeldet wurde, brach sein Lebenswille, wie man in den Briefen an Marcel Mauss nachlesen kann. André verschwindet am 2.1.1916, Émile stirbt am 15.11.1917. Bereits zuvor waren einige seiner engsten Mitarbeiter gefallen. Mauss hat sich ihrem Andenken und Werk gewidmet, er hat seine Tatkraft zum Teil an deren und Durkheims unveröffentlichte Texte gewendet. Sich selbst hat Durkheim einmal als ›Subjekt der Neurasthenie‹ bezeichnet. Sein psychisches Leben fiel, ähnlich wie jenes Max Webers, immer wieder in depressive Krisen, vor allem um 1900.

Was war Durkheim für ein Mensch? Nach allem, was die Zeitgenossen über ihn zu berichten wissen, scheint er etwas eigen gewesen zu sein. Henri Bergson (von dem man nicht gerade sagen kann, er sei sein Freund gewesen) hat ihn als »Metaphysiker« und »atemberaubenden Dialektiker« erlebt, der die Welt aus ein paar Prämissen hervorzaubere, als »Abstraktions-Krämer« (zit. in Maire 1935: 142 ff., 52). Durkheim sei, so sagte Bergson weiter, eine Art »Automat der supermenschlichen Schöpfung«, der für jede Frage eine vorgefertigte Antwort parat halte (zit. in Chevalier 1959: 47). Die ebenso wenig freundlich eingestellten Schüler der Sorbonne, die unter dem Pseudonym Agathon schrieben (vgl. unten), stellten ihn als einen Tyrannen dar. Noch andere (C. Bouglé, zit. in Besnard 2003: 275) sprachen spöttisch vom ›großen Manitou des Klan Tabu-Totem‹.

Von den Mitstudenten an der *ENS* wird Durkheim als reifer und fleißiger Student wahrgenommen, stets auf der Suche nach einer Theorie, die er lehren könnte. Man nennt ihn ›Metaphysiker‹ oder ›Shopen‹ – wegen seiner offenbaren, in den Texten nicht mehr recht zu findenden Begeisterung für den deutschen Philosophen. Zugleich war er politisch interessiert, verwickelte sich enthusiastisch in Debatten unter Mitstudenten, unter ihnen politische Genies wie Jean Jaurès. Schien es zunächst, dass Durkheim »sein Leben teilen müsse: eines der reinen Wissenschaft gewidmet, das andere der Politik«, so wurde er einfach Soziologe, um beides zu tun (Halbwachs 2001 [1918]: 11). Insgesamt galten die *Normaliens* zudem als Nerds, wie wir heute sagen würden, als ›biedere Pedanten‹, wie Zola vermerkte (zit. in Suber 2011: 18). Und Durkheims Freunde? Sie beschrieben ihn als pflichtbewusst, konsequent, ernst, begeistert nur für die Idee, außerordentlich streng zu sich selbst. Den Seinen war er ein ›Besorgter‹, ein ›Zarter‹, so Georges Davy. »Drei Worte drücken am treuesten [...] den Grund seines Charakters und die Maxime seines Lebens aus: Arbeit, Pflicht, Gerechtigkeit.« Physisch scheint sich Durkheim, so erinnert sich sein Mitschüler Holleaux, nie verändert zu haben: ›Schon immer hatte er diesen schweren Ton‹, mit dem er mit »leidenschaftlicher Lust und beeindruckender Entschiedenheit sprach. Man konnte nicht an seiner Überlegenheit zweifeln.« (Davy 1960: 6 ff.) Diese eher akademische als private Biografie, untrennbar verknüpft mit den Werken, kann detailliert bei Steven Lukes (1973) und noch detaillierter bei Marcel Fournier (2007) nachgelesen werden.

Eine Frage wird allerdings auch dort nicht beantwortet, auf die die Durkheim-Forschung sich noch konzentrieren wird: *Was kommt vor Durkheims Soziologie, woraus schöpft er, was sind seine Quellen?* Man muss Durkheim, wir sagten es, in seiner Epoche lesen. Bücher wie die *Arbeitsteilung* und der *Selbstmord* sind in vielen Passagen wenig verständlich bis erstaunlich, wenn man die Debatten nicht mehr kennt, etwa die mit Tarde. Durkheim ist natürlich nicht der einzige Gelehrte Frankreichs, der am Ende des 19. Jahrhunderts auf die Idee kommt, die Soziologie wissenschaftlich zu machen. Obgleich die ›Durkheimologie‹ enorme Ausmaße erreicht hat (in Großbritannien und den USA, zunehmend auch in Frankreich), weiß man doch noch relativ wenig darüber, was diesseits der Schriften liegt: über die Genese dieses Denkens. Wenn Durkheim ein Beginn (der ›wissenschaftlichen Soziologie‹) ist, so ist er auch ein Endpunkt (der ›unwissenschaftlichen Soziologie‹). Er kommt nicht aus dem Nichts. Bekanntlich stammt der Begriff Soziologie von Auguste Comte. Weniger bekannt ist die ganze Generation von Autoren zwischen 1840 und 1880, die sich als Soziologen verstanden. Durkheim hat sich immerhin vor seinen philosophischen Lehrern verneigt, indem er ihnen seine Bücher widmete: Numa Fustel de Coulanges und Émile Boutroux. Letzterem verdanke er, so sagt er es in einem seltenen autobiografischen Dokument, die Differenz von Soziologie und Psychologie. Boutroux sagte den *Normaliens* oft, so Durkheim, »dass jede Wissenschaft sich durch ›eigene Prinzipien‹ erklären muss [...] Ganz durchdrungen von dieser Idee, habe ich sie auf die Soziologie angewandt.« Und weiter: »Ich wurde durch die Lektüre Comtes in dieser Methode bestätigt, da für diesen die Soziologie irreduzibel auf die Biologie ist (und daher auch auf die Psychologie), ganz wie die Biologie sich nicht auf die physikalisch-chemischen Wissenschaften reduziert.« (Deploige/Durkheim 1907: 613 f.) Manche (Bouglé 1996 [1924]; Stedman-Jones 2001: Kap. 4) sehen die Basis von Durkheims Denken in der Philosophie Charles Renouviers – die Konzeption, der zufolge das ›Ganze mehr ist als die Teile‹; die Begriffe der ›Repräsentation‹ und des ›Dings‹. Durkheim betont mit ihnen den immateriellen und emergenztheoretischen Charakter des Sozialen. Die Durkheim-Forschung steckt hier noch in den Anfängen. Deutlich ist die Spur Comtes und Spencers, bei denen Durkheim oft selbst erklärt, was er übernimmt (bei Comte unter anderem eben die Auffassung, es brauche eine eigene Wissenschaft des Sozialen; bei Spencer unter anderem die Theorie der Ausdifferenzierung des Sozialen). Ebenso verhält es sich mit Montesquieu, zu dem Durkheim seine lateinische *thèse* schrieb. Dieser habe 1748 in *De l'Es-*

prit des Lois den Grundstein der Soziologie gelegt. Zwar habe er dabei

> »nicht alle gesellschaftlichen Phänomene behandelt, sondern nur eine besondere Art, die Gesetze. Jedoch läßt sich die Methode, nach der er die verschiedenen Formen des Rechts interpretiert, auch auf die anderen Einrichtungen des gesellschaftlichen Lebens übertragen [...] So muß er, um das Wesen des Privatrechts zu erklären, um zu zeigen, wie die Gesetze mit der Religion, der Sitte usw. übereinstimmen, die Familie, die Religion, die Sitten untersuchen. Das Ergebnis war, daß er tatsächlich eine Abhandlung über die Gesamtheit sozialer Phänomene geschrieben hat.«

Ungeachtet mancher ›Fehler‹ adelt Durkheim Montesquieu: Er sei am weitesten zur »eigentlichen Sozialwissenschaft« vorgedrungen. Niemand habe wie er erkannt, »welche Voraussetzungen zur Gründung dieser Wissenschaft notwendig sind« (Durkheim 1981 [1892]: 87f.).

Ein anderes Rätsel der Durkheimologie ist die Frage, weshalb Durkheim Max Weber nie wahrgenommen hat (im Gegensatz zu Georg Simmel und Ferdinand Tönnies). Die Franzosen selbst hat dieses Problem nicht losgelassen. Von Raymond Aron bis zu Raymond Boudon haben sie Weber benutzt, um einen Antagonismus zu Durkheim aufzubauen, Webers phänomenologische Soziologie in einen Gegensatz zur strukturalistischen oder holistischen Soziologie Durkheims gebracht. Eine briefliche Äußerung Webers (von 1920) lässt dies nicht unplausibel scheinen: »[W]enn *ich* jetzt nun einmal Soziologe geworden bin (laut meiner Anstellungsurkunde!), dann wesentlich deshalb, um dem immer noch spukenden Betrieb, der mit Kollektivbegriffen arbeitet, ein Ende zu machen. Mit anderen Worten: auch Soziologie kann nur durch Ausgehen vom Handeln des oder der, weniger oder vieler Einzelner, strikt ›individualistisch‹ in der Methode also, betrieben werden.« (Weber 2011: 946) Um das ›Rätsel‹ ein wenig aufzuhellen, muss man sagen, dass Weber erst posthum als Soziologe ersten Ranges anerkannt wurde, während er zu Lebzeiten weithin als Ökonom galt und als solcher auch in der *Année sociologique* besprochen wurde. Im Übrigen führte niemand anders als der Durkheimianer Maurice Halbwachs Weber als Soziologen in Frankreich ein (in einer Besprechung der *Protestantismus*-These: Halbwachs 1925).

Die Werke

Was Durkheims Werke anbelangt, gibt es zunächst die leicht identifizierbaren *Hauptwerke*, fünf Monografien, von denen jede eine stringente, prägnante Idee verfolgt. Von ihnen war die zuerst erschienene sicher am wenigsten einflussreich. Sie ist indes interessant für die Selbstpositionierung Durkheims in der Geschichte der ›richtigen‹ Soziologie: die lateinische *thèse Quid Secundatus Politicae Scientiae Instituendae Contulerit* (1892). Ein Jahr später folgt die französische *thèse De la division du travail social : étude sur l'organisation des sociétés supérieures*, 1902 ergänzt um ein neues Vorwort (*Quelques Remarques sur les groupements professionels*) (*Über soziale Arbeitsteilung. Studie über die Organisation höherer Gesellschaften*). 1894 erscheint zunächst in der *Revue philosophique* und 1895 als Buch Durkheims *›discours de la méthode‹* der Soziologie: *Les Règles de la méthode sociologique* (1901 in zweiter Auflage, ergänzt um ein neues Vorwort). Im zweiten Vorwort der *Arbeitsteilung* heißt es rückblickend, es gelte vor allem, sich von den gewohnten Ansichten auf die Gesellschaft zu befreien, sich dem methodischen Zweifel zu unterwerfen, es auf sich zu »nehmen, keine Erklärung anzuerkennen, die nicht auf authentischen Beweisen beruht«, und in den sozialen Tatsachen ein »Element (zu) finden, das eine exakte Bestimmung und wenn möglich eine meßbare Größe enthält« (AT 81). 1897 folgt die exemplarische Durchführung dieses Programms: *Le Suicide – étude de sociologie* (*Der Selbstmord*). Hier wird Durkheim sich den scheinbar individuellsten, emotionalsten, geheimsten Motiven des Subjekts widmen und sie mit einer ›objektiven‹, mit statistischen Daten hantierenden Erklärung versehen. Man bringt sich eher um, wenn die Bindung an die Gesellschaft zu lose oder aber zu stark ist.

In dem vielleicht einzigen autobiografischen Text nennt Durkheim seine Lehrveranstaltung über die Religion von 1895 die »Demarkationslinie in der Entwicklung seines Denkens«. Die hier ›entdeckte‹ Totemismustheorie des Orientalisten W. Robertson Smith sei eine »Offenbarung« gewesen, die ihm erstmals das Mittel einer soziologischen Untersuchung der Religion geboten habe (Durkheim in Deploige/Durkheim 1907: 613). Wie tief auch immer die ›Offenbarung‹ war (die These der sozialen Funktion des Religiösen liegt in Ansätzen 1893 vor): Hier hat Durkheim wohl – darin zudem beeinflusst von Marcel Mauss – endgültig die Ethnologie gegenüber den Vergleichen mit antiken Gesellschaften schätzen gelernt. Von nun an wird er sich insbesondere für die fremden Kulturen interessieren, vor allem die totemistischen.

1898 erscheint der erste Band des Jahrhundertprojekts *Année sociologique*, zu der Durkheim die Idee hat und die er herausgibt. Wir werden sie unten, im Abschnitt über die Mitarbeiter, eingehender vorstellen. Ebenfalls 1898 erscheint der Aufsatz *Représentations individuelles et représentations collectives*, in dem Durkheim den Begriff ›Kollektivbewusstsein‹ erklärt und in dem er sich mit dem psychophysischen Reduktionismus auseinandersetzt; zudem *De la définition des phénomènes religieux*, in dem die Soziologisierung der religiösen Phänomene (als obligatorischen Arten des Handelns und Denkens) vorweggenommen ist; 1900 der zuerst auf Italienisch erschienene Artikel *La sociologia e il suo dominio scientifico* (dt. 2009); 1901 der Besprechungsessay des Buches von Spencer und Gillen über die Arunta, aus dem Durkheims Theorie der ›elementaren Formen des religiösen Lebens‹ schöpfen wird: *Sur le totémisme.* 1903 schreibt er mit Mauss den Aufsatz *De quelques formes primitives de classification: contribution à l'étude des représentations collectives*, in dem zum ersten Mal seine soziologistische These in nuce enthalten ist sowie die spezifisch französische Wissenssoziologie (dt. 1993). 1905 publiziert er im selben Rahmen seiner Ethnologie-Soziologie und Religionstheorie *Sur l'organisation matrimoniale des sociétés australiennes.* 1909 folgt ein Text, der weitgehend als Einleitung der *Elementaren Formen* fungieren wird: *Sociologie religieuse et théorie de la connaissance.* In dem nicht übernommenen Schlussteil legt Durkheim seine Auffassung über das Verhältnis der Soziologie zur Philosophie (der alten Königswissenschaft) offen: Jene wird dieser die »Basis« schaffen, die »ihr unentbehrlich ist und die ihr momentan fehlt«, die soziologische Reflexion werde von selbst in eine philosophische Reflexion münden (Durkheim 1909: 758). Im selben Text rückt Durkheim, der ›Antipsychologe‹, sein Verhältnis zur Psychologie gerade: Seine Soziologie sei, indem sie die Mentalitäten der Kulturen differenziert, eine richtigere Psychologie. Denn wenn der »Mensch ein Produkt der Gesellschaft ist, muss er durch sie erklärt werden. Weit entfernt also, dass die Soziologie der Psychologie fremd wäre, führt sie selbst in eine Psychologie, in eine, die viel konkreter und komplexer ist.« (ebd.: 755)

In der Vorlesung *Pragmatismus und Soziologie* wird diese Debatte 1913/1914 fortgeführt, in Auseinandersetzung mit zwei offenbar eng verwandten, dominanten Philosophien: Pragmatismus und Bergsonismus. Angloamerikanische, aber auch französische Durkheim-Forscher sehen gerade hier seine Aktualität, da sie im Pragmatismus eine ›praxistheoretische‹ Konzeption des Sozialen sehen, welche die Ebene zwischen Individuum und Gesellschaft thematisiert. Durkheim selbst hat den Pragmatismus als Erkenntnistheorie diskutiert, für die nur das »*wahr ist, was nützlich ist*« (Durkheim 1993: 15). Der Pragmatismus sei die »einzige zur Zeit existente Wahrheitstheorie«, und wenn in ihr zwar auch der »Sinn für das *Leben* und für das *Handeln*« stecke (wie in der Soziologie), so müsse man doch in die entgegengesetzte Richtung gehen (ebd.: 11). Seit Kurzem kennt man eine Mitschrift der ersten Sitzung, wo es heißt, der Pragmatismus bedrohe die französische, rationale Kultur (Durkheim 2013 [1913/14]). Die Vorlesung läuft zudem nicht zufällig auf eine Kritik Bergsons hinaus, der *vis à vis* Durkheims am *Collège de France* lehrt und nicht nur die Studenten der Sorbonne affiziert. Die Eröffnungssitzung enthält aber auch einen Seitenhieb auf Tarde sowie eine Erklärung, warum sich Durkheim der Religion widmet: Sie umfasst alle bisher von der Philosophie beanspruchten Phänomene, »Gedanken, Glaubensinhalte, Mythen«, die Künste, die »Masse organisierter Repräsentationen«, »alles, was das Leben eines Volkes ausmachte« (ebd.: 462).

1912 veröffentlicht Durkheim sein fulminantes Werk *Les Formes élémentaires de la vie religieuse: le système totémique en Australie* (*Die elementaren Formen des religiösen Lebens*), eine Religions- und eine Wissenssoziologie. Deutlicher als seine bis dato veröffentlichten Schriften enthält es eine Theorie der symbolischen Konstitution der Gesellschaft – oder der »Gesellschaft als imaginärer Institution«, wie Castoriadis (1984 [1975]) sagen wird. Was Durkheim dabei von den ethnografischen Schilderungen der Riten der Arunta übernimmt, führt ihn zu der berühmten These der gemeinsamen emotionalen Erregung, der ›Efferveszenz‹, in der die Kraft des Kollektivs fühlbar wird – eine Kraft, die dann in die Götter oder Totems projiziert wird:

»Sind die Individuen einmal versammelt, so entlädt sich [...] eine Art Elektrizität, die sie rasch in einen Zustand außerordentlicher Erregung versetzt. Jedes ausgedrückte Gefühl hallt ohne Widerstand in dem Bewußtsein eines jeden wider, das den äußeren Eindrücken weit geöffnet ist. Jedes Bewußtsein findet sein Echo in den anderen. [...] Und da diese starken und entfesselten Leidenschaften nach außen drängen, ergeben sich allenthalben nur heftige Gesten, Schreie, wahrhaftes Heulen, ohrenbetäubendes Lärmen [...]

Man kann sich leicht vorstellen, daß sich der Mensch bei dieser Erregung nicht mehr kennt. Er fühlt sich beherrscht und hingerissen von einer Art äußeren Macht, die ihn zwingt, anders als gewöhnlich zu denken und zu handeln. Ganz natürlich hat er das Gefühl, nicht mehr er selbst zu sein. Er glaubt sogar, ein neues Wesen geworden zu sein. Die Verkleidungen, die Masken [...] drücken wirklich diese innere Verwandlung aus, mehr noch: sie tragen dazu bei, sie hervorzurufen. Da sich aber zur gleichen Zeit auch seine Genossen auf die gleiche Weise verwandelt fühlen und ihr Gefühl durch ihre Schreie, ihre Gesten und ihre Haltung ausdrücken, so geschieht es, daß er sich wirklich in eine fremde, völlig andere Welt versetzt glaubt als die Welt, in der er gewöhnlich lebt, in eine Umwelt voller intensiver Kräfte, die ihn überfluten und verwandeln.

Wie sollen solche Erfahrungen [...] nicht die Überzeugung stärken, daß es wirklich zwei verschiedene und miteinander nicht vergleichbare Welten gibt? [...] Die erste ist die profane Welt, die zweite die Welt der heiligen Dinge. In diesem gärenden sozialen Milieu und aus dieser Gärung selbst scheint also die religiöse Idee geboren worden zu sein.« (EF 297, 300 f.)

Anschließend wendet sich Durkheim anderen Themen zu. Erneut schreibt er einen Artikel zur ›recht verstandenen‹ Soziologie, in einem Band des *Ministère de l'Instruction publique et des Beaux-Arts* für die Weltausstellung in San Francisco. Noch einmal unternimmt er hier seine Geschichte der Soziologie, die mit Blick auf Tarde moderater ausfällt, dem er nun eine gewisse Rolle in der Entfaltung der Soziologie zuschreibt. Um dessen Bedeutung

»recht zu verstehen, muss man ihn in seinem Kontext sehen: den Moment, in dem die kriminologische Schule Italiens aus dem Positivismus eine materialistische Metaphysik machte, die überhaupt nichts Wissenschaftliches hatte. Tarde offenbarte die Dummheit dieser Theorien und erinnerte an den essentiell spirituellen Charakter der sozialen Phänomene. Wenn Tarde also die comtesche Soziologie kritisierte, so um in der Tat ein Werk der Soziologie vorzulegen.« (Durkheim 1915: 46)

Der Artikel erscheint 1915. Nicht zufällig beginnt er mit der patriotischen Feststellung: »Den Anteil bestimmen, den Frankreich an der Konstitution und Entfaltung der Soziologie hat, heißt [...] die Geschichte dieser Wissenschaft schreiben.« (Ebd.: 39) Im selben politischen Kontext stehen die Schriften *Qui a voulu la guerre? Les origines de la guerre d'après les documents diplomatiques* (mit Ernest Denis), *L'Allemagne au-dessus de tout: la mentalité allemande et la guerre* (dt. Durkheim 1995), worin Durkheim die deutsche Mentalität ergründen will, indem er Heinrich von Treitschke liest und daraufhin ›den Deutschen‹ insgesamt eine ›morbide Hypertrophie des Willens zur Macht‹ attestiert, und die *Lettres à tous les Français* (mit Ernest Lavisse). Der erste und der vorletzte ›Brief‹ stammen von Durkheim: *Patience, effort, et confiance* und *Les forces françaises*. Im ersten fordert er von den Bürgern neue Pflichten: Angesichts der Investition an Material und Soldaten in diesem Ersten Weltkrieg gelte es durchzuhalten, bis sich die Waagschale endlich zu einer Seite neigt. Da der »Wille eines Volkes« aus dem Willen eines jeden bestehe, hätten die Zivilisten ihren Anteil am Sieg, sie führten den moralischen Zustand herbei, von dem er »abhängt«. Auch die Nichtkämpfenden haben ihre Schlachten zu schlagen – »gegen unsere Nerven, gegen alle Gründe, die unser inneres Gleichgewicht und das der Nation gefährden« (Durkheim/Lavisse 1915).

Die *Briefe* illustrieren das Engagement Durkheims in diesem Krieg, ein quasi-militärisches Engagement. Weitab der Front verstand er sich als Erzieher des ›Vaterlandes‹. Es gibt eben auch den politischen Durkheim, so, wie es den politischen Kontext seiner Soziologie gibt. 1898 wird er, in der Dreyfus-Affäre, Sekretär der *Ligue de defense des droits de l'homme et du citoyen* in Bordeaux. In diesem Zusammenhang entsteht der Aufsatz *L'individualisme et les intellectuels*, der auf die anti-dreyfusianische Kritik antwortet, welche den Intellektuellen die Untergrabung des Zusammenhalts vorwarf. Der ›Kult des Individuums‹ ist, so Durkheim (1986 [1898]), für moderne Gesellschaften notwendig – es ist ihr höchster Wert.

Um aber die Reihe der Publikationen zu vervollständigen: Posthum folgen die von C. Bouglé herausgegebene Anthologie *Sociologie et philosophie* (1924; dt. 1967 mit Adornos ›Einleitung‹) sowie unveröffentlichte Fragmente, etwa die zu dem letzten großen Buchvorhaben über die Moral (Durkheim 1986 [1917]) oder die Vorlesungen, die er in Bordeaux und Paris hielt: *Leçons de sociologie: physique des moeurs et du droit* von 1890 bis 1900 (dt. *Physik der Sitten und des Rechts*, 1991), *L'éducation morale* von 1898 bis 1900 (dt. *Erziehung, Moral und Gesellschaft*, 1999), *L'évolution pédagogique en France* von 1904 und 1905 (dt. *Die Entwicklung der Pädagogik. Zur Geschichte und Soziologie des gelehrten Unterrichts in Frankreich*, 1977), *Education et sociologie* (dt. *Erziehung und Soziologie*, 1972), eine Anthologie von 1922 sowie, bereits erwähnt, *Pragmatisme et sociologie* von 1913/1914. Unter den posthum veröffentlichten Texten ist noch der Briefwechsel mit Mauss zu erwähnen (Durkheim 1998). Das Werk, das Durkheim selbst noch veröffentlichen wollte, war neben der *Moral* ein Buch zur *Familie*. Es scheint ihm ebenso am Herzen gelegen haben – er wollte die *Moral* »kürzen«, um den »Rest seines Lebens« an die vergleichende Institutionenanalyse von Familie und Ehe zu »verschwenden« (Mauss 1925: 13). Hinzu kommen weitere Lehrgebiete: die Geschichte der politischen Ideen, des Sozialismus, Arbeiten zum Inzuchtverbot oder zur Reform des Bildungssystems.

Durkheims Mitarbeiter: die durkheimianischen Werke, das Paradigma

Die Durkheimschule besteht aus einem engen und einem weiteren Kreis von Kollegen und Schülern, zentriert um die *Année sociologique*, die von 1898 bis 1912 erscheint – die zweite Serie, besorgt von Marcel Mauss, 1925 bis 1927, die dritte seit 1949. Die Zeitschrift ist das stupende Ergebnis einer unermüdlichen Arbeit, deren Anstrengung in den Briefwechseln nachvollzogen werden kann. Sie dient der Besprechung und, genauer, der Sortierung der ›schlecht‹ und ›recht‹ verstandenen Soziologien. Gegründet wurde sie von Durkheim,

> »um uns und ihm zu gestatten, unsere Sichtweise über alle Arten von soziologischen Themen systematisch zum Ausdruck zu bringen. Aber sehr schnell sollte sie für uns alle etwas anderes bedeuten, weder die Reklame für eine Methode noch eine Gegenüberstellung der unterschiedlichen wirtschaftswissenschaftlichen Schulen, der Religionshistoriker, der Rechtstheoretiker, etc. Unter der Leitung von Durkheim und ein wenig aufgrund meines Impulses [...] versuchten wir, nicht nur einfach Ideen zu ordnen, sondern vor allem Tatsachen.« (Mauss 2006 [1930]: 349f.)

In der *Année* besprach sich Durkheim gelegentlich sogar selbst. Über lange Jahre war sie das Zentrum seiner Arbeit, ihr widmete er sich mit dem Geschick eines Kenners der Institutionen und ihrer Gründung (vgl. dazu Besnard 1979). Insgesamt werden in der *Année* 4800 Bücher besprochen: Arbeiten der Religionsgeschichte, der Geschichte der moralischen, ökonomischen und rechtlichen Institutionen, der Moralstatistik, der Kriminologie und ›Anthropologie‹. Die Formierung der Gruppe um diese Zeitschrift ist, so Durkheim, ein Ereignis: Erstmals sehe man Soziologen zusammen arbeiten und erstmals handele es sich um ›wirkliche Soziologie‹ (Durkheim 1975 [1897]).

Nachdem er den Verleger Alcan überzeugt hat, beginnt er, seine Mitarbeiter zu rekrutieren. Bald muss er wie alle anderen erkennen, wie enorm die Aufgabe ist; des Öfteren denkt er über eine Verkleinerung der Zeitschrift nach. Zunächst allerdings müssen die Mitstreiter überzeugt werden – seit Erscheinen der *Regeln* hatten etwa Célestin Bouglé und Paul Lapie Durkheim kritisiert, namentlich wegen des Status' der Psychologie in diesem Buch. 1897 aber ändert sich der Ton in der künftigen Mannschaft, mit Erscheinen des *Suicide*. Nun waren sie wirklich beeindruckt, affiziert von der wissenschaftlichen Strenge und den erzielten Ergebnissen. So schreibt Lapie an Bouglé, er habe das Buch mit großem Vergnügen gelesen, wobei ihm besonders das Geschick in der Interpretation der Daten imponierte (Lapie 1979: 40). Dominique Parodi ist noch enthusiastischer: »Endlich ein wirkliches Buch der Soziologie, das die ewigen Fragen der Methode überschreitet! [...] Ich glaube mehr und mehr an die Soziologie.« (Parodi 1979: 43) Im Lauf der Jahre ebneten sich die Differenzen zunehmend ein. Durkheim und seine Kritiker fanden in der gemeinsamen Arbeit zueinander. Ungeachtet der Rigidität mancher Positionen von Durkheim honorierten namentlich Bouglé und Lapie es, dass seine Theorie die fruchtbarste war, um aus der Soziologie eine »lehrbare Materie zu machen, sie in das Feld der Wissenschaft zu überführen, eine Brücke zwischen der Welt der Natur und der der Menschen zu bilden« (Häuser 1903: 73).

Das Schlüsselmoment von Durkheim als ›dem‹ Gründervater der Soziologie ist dann weder allein seine Bemühung um universitäre Legitimation noch seine stringente theoretische Position. Es ist eben vor allem (so Mucchielli 1995a: 62 ff.) diese geschickte Versammlung einer arbeitswilligen Mannschaft. Bouglé zeigt sich als einer der Ersten interessiert; er bringt seine Freunde Lapie und Parodi mit sowie seinen Kollegen Henri Muffang. Marcel Mauss, der ebenso loyale wie kreative Neffe Durkheims, überzeugt seinen ›Arbeitszwilling‹ Henri Hubert, seine Freunde Paul Fauconnet und Albert Milhaud sowie seine Schüler an der *EPHE* (Henri Beuchat, Maxime David, Georges Davy, Philippe de Felice, Louis Gernet, Henri Jeanmaire, Jean-Paul Lafitte, Jean Marx, Jean Reyruer, Pierre Roussel). Ähnlich verhält es sich mit Robert Hertz. Abel Aubin, Robert Hourticq, Marcel Foucault und Charles Lalo wiederum sind Schüler Durkheims. Kurz, er findet auf sozial kluge Weise ihm treue Gefolgsleute. Auch achtet Durkheim unermüdlich darauf, den Laden zusammenzuhalten. Er spart wirklich nicht mit Befehlen an seine Mitarbeiter, insbesondere nicht an seinen Neffen. Die Stimmung zwischen beiden war im Übrigen mehr als einmal gespannt (so Moebius/Nungesser/Papilloud 2012: 18 ff.):

»[...] in diesem Jahr vor allem, wo du viel zu tun hast, muss man auf diese Weise verfahren. Willst du endlich einmal meinen Anweisungen folgen? Du wirst dann leicht einsehen, dass du dir zu viel vornimmst. Man muss die Sachen in der Reihenfolge ihrer Bedeutung angehen; keine neue beginnen, als wenn die dringendste bereits fortgeschritten ist, anstatt alles zugleich zu machen, wie du, oder mit dem zweitwichtigen zu beginnen.« (Durkheim an Mauss, Durkheim 1998: 101)

Der Erfolg der Zeitschrift war überwältigend – fast zu überwältigend. Die zunächst kontingenten Unterteilungen der Gebiete soziologischer Forschung seien seither sklavisch übernommen worden, so Mauss. Die *Année* habe den Status eines »regelmäßig aktualisierte[n] Handbuch[es] der neuesten und der wichtigsten Wissenschaften« erhalten. Hier füllten Durkheim und seine Mitarbeiter die soziologischen »Felder mit Tatsachen«, hier stimulierten sie die Erforschung neuer Gebiete, hier stuften sie die »falsch klassifizierten Tatsachen neu ein« und analysierten diejenigen neu, die »falsch beschrieben« waren (Mauss 2006 [1930]: 351 ff.).

Und hier entsprang die ›französische Schule der Soziologie‹ (so tituliert sie Malinowski im Artikel ›Social Anthropology‹ der *Encyclopædia Britannica* 1929), die sich für Durkheim als die *einzige* französische Soziologie darstellt. Ihre Arbeit kennzeichnet er rückblickend als die Erfüllung der Ambition Comtes, die ›Ära der Spezialität‹ zu erreichen: »Eine veritable Arbeitsteilung organisierte sich. Drei Gruppen an sozialen Tatsachen wurden untersucht: die religiösen, die moralischen und rechtlichen, die ökonomischen; und – statt eine allgemeine Soziologie zu verfolgen – widmeten sich die einen der Religionssoziologie, die anderen der Moral- und Rechtssoziologie, die dritten der Wirtschaftssoziologie.« (Durkheim 1915: 44)

Durkheim nennt folgende Arbeiten: Zunächst die eigenen, *Die elementaren Formen*; den *Selbstmord*; seinen Text über das Inzestverbot *La prohibition de l'inceste* (eine Interpretation der Genese der australischen Klassifikation der Gruppen in acht Segmente durch eine matrilineare Verwandtschafts- und eine patrilineare territoriale Verteilung); ähnliche Studien Durkheims über die Verwandtschaftsstrukturen; die wissenssoziologische Arbeit *De quelques formes de classification. Contribution à l'étude des représentations collectives* von ihm und Mauss (1903); den *Esquisse d'une théorie generale de la magie* und den *Essai sur la nature et la fonction du sacrifice* von Henri Hubert und Mauss (1902/03); die *Étude sommaire de la représentation du temps dans la religion et la magie* (1905) von Hubert, der im Übrigen auch Archäologie und Historiker war und vor allem über die Kelten arbeitete; Celestin Bouglés *Essai sur le régime des castes* (1908); von François Simiand die Wirtschaftssoziologie in *Le salaire des ouvriers des mines de charbon en France: contribution à la théorie économique du salaire* (1907); von Maurice Halbwachs die Studie *La classe ouvrière et les niveaux de vie. Recherches sur la hiérarchie des besoins dans les sociétés industrielles contemporaines* (1912).

Hinzuzufügen ist als paradigmatisches Werk des Durkheimismus natürlich noch der berühmte *Essai über die Gabe* von Mauss mit der These des ›totalen sozialen Phänomens‹ und der nichtutilitären, gegenseitige Solidarität stiftenden Funktion der Gabe. Das Vertragsrecht und die ökonomische Leistung, die der *potlatsch*, und allgemeiner, der Gabentausch der ›primitiven‹ Gesellschaften von Nordamerika bis nach Polynesien enthält (mit der Verpflichtung, die Gabe zu erwidern), enthüllt einen

> »Komplex außerordentlich vielschichtiger Tatsachen. Alles, was das eigentliche soziale Leben der Gesellschaften ausmacht, die den unseren vorausgegangen sind [...] ist darin verwoben. In diesen [...] ›totalen‹ sozialen Phänomenen kommen alle Arten von Institutionen gleichzeitig [...] zum Ausdruck: *religiöse*, *rechtliche* und *moralische* – Politik und Familie fallen hier zusammen; *ökonomische* – [...]; ganz zu schweigen von den ästhetischen Phänomenen, in welche jene Tatsachen münden, und den *morphologischen* Phänomenen, die sich in diesen Institutionen offenbaren.« (Mauss 1989 [1923/24]: 12)

Es sind Kollektive (und nicht Individuen), die sich im Tausch von Gaben und Leistungen »gegenseitig verpflichten« (ebd.: 14). Durkheimianisch ist der Essay in dieser Annahme, aber auch, da Mauss evolutionistisch von einer Vorform der eigenen Gesellschaft ausgeht, die man in den fremden Kulturen vor sich habe. Durkheimianisch ist der Essay auch, da er den Vorschlag einer neuen Moral unterbreitet: Das Gabentausch-System der »totalen« Leistungen ist die »Basis, auf der sich die Moral des Geschenktauschs erhebt. Und eben dies ist der Typus, auf den wir unsere eigenen Gesellschaften – nach ihren eigenen Proportionen – gerne würden zusteuern sehen.« Mauss spricht hier auch vom »Felsen« der Zivilisation, der Basis jeder Gesellschaft (ebd. 128). Nicht minder durkheimianisch ist auch sein Vortrag zu den »Körpertechniken« mit der kühnen Idee, die Arten, sich des Körpers zu bedienen, seien gesellschaftlich bestimmt: Schwimmen, Schaufeln, Marschieren, Essen, Schlafen etc. (Mauss 1989 [1935]). Ähnliches gilt für Mauss' Texte insgesamt, selbst wenn sie Durkheim in Details (etwa der Magie-Theorie) widersprechen und auch wenn Mauss zweifellos ein eigenständiges Werk vorlegt (siehe v.a. Mauss 2012): Sie haben am Paradigma teil, das sich eben mit dem Namen ›Durkheim‹ verbindet, auch wenn es die gedankliche Frucht mehrerer Köpfe ist.

Ebenfalls religionssoziologisch sind die Texte von Robert Hertz – etwa die Untersuchung über die *kollektive Repräsentation des Todes*, in der Hertz unsere Art und Weise, den Tod zu denken, durch Beispiele aus Indonesien zunächst entselbstverständlicht und dann soziologisiert. »Für das kollektive Bewusstsein ist der Tod [...] ein zeitweiliger Ausschluss des Individuums aus der menschlichen Gemeinschaft, der dazu führt, dass es von der sichtbaren Gesellschaft der Lebenden zur unsichtbaren Gesellschaft der Vorfahren übergeht.« Letztlich besteht der Tod als »soziales Phänomen aus einem zweifachen und beschwerlichen Prozess mentaler Desintegration und Synthese. Erst wenn dieser Prozess abgeschlossen ist, kann die Gesellschaft, ihren Frieden wiedererlangt, über den Tod triumphieren.« (Hertz 2007 [1907]: 167 f.). Oder die Untersuchung über die *Vorherrschaft der rechten Hand*, in der es heißt:

»So vollkommen doch die Ähnlichkeit unserer beiden Hände auch ist, so frappierend ist die Ungleichheit, die zwischen ihnen herrscht. Die rechte Hand hat all die Vorteile, sie erntet Lob und wird bevorzugt. Sie ist es, die nimmt, anordnet, *handelt.* Im Gegensatz dazu ist die linke Hand schlecht angesehen und wird auf eine bescheidene Hilfsrolle beschränkt. [...] Woher kommt der Adelstitel der rechten Hand? Und woher kommt die Leibeigenschaft der Linken? Jede soziale Hierarchie versucht sich auf das Wesen der Dinge [...] zu stützen. Von dort aus kann sie sich als ewig gebärden [...].« (Hertz 2007 [1909]: 181)

Religionssoziologisch – und damit auch allgemein gesellschaftstheoretisch, sofern die Religion in nicht-modernen Gesellschaften die Matrix des Sozialen ist – ist auch Marcel Granets Werk, die Studien zu Gesellschaft, Religion und Kultur Chinas, vor allem *La religion de Choinois* (1922), *La civilisation chinoise: la vie publique et la vie privée* (1929), *La pensée chinoise* (1934), *Études sociologiques sur la Chine*, posthum 1953. Granet hat entschieden den Durkheim'schen Standpunkt übernommen: »Es gibt kein Individuum, sondern nur Kategorien, die bestimmt sind durch das Geschlecht, die Generation und die Exogamieregel. Man muss also die Kritik der Philologen durch eine resolut soziologische Analyse ersetzen, die die Geschichte der Institutionen und Glaubensvorstellungen erfasst.« (Granet 1926: 3) Granet ist mit seinen Schriften zur chinesischen Gesellschaft, zu Denken, Sprache, Kosmologie und Religion Chinas *der* Klassiker der Sinologie. Für die allgemeine Soziologie wirkte er durch die These der Konstitution von Gruppen durch die Exogamie.

Auch Maurice Halbwachs hat sich religionssoziologisch betätigt, neben der berühmten Theorie des kollektiven Gedächtnisses (das Kollektiv rahmt und bestimmt das individuelle Gedächtnis) und seiner Durkheim ergänzenden Studie *Les causes du suicide.* Dabei geht es in *Stätten der Verkündigung im Heiligen Land* erneut um das kollektive Gedächtnis, um dessen ›Gesetze‹ (2003

[1944]). Zu nennen wäre weiter François Simiands *Le Salaire: L'évolution sociale et la monnaie* (1932), eine historische Analyse des Geldes, das ursprünglich ein Ornament mit magischen Funktionen sei, ein Emblem, eine ›Hypostase der Gesellschaft‹; und Paul Fauconnets Rechtssoziologie, namentlich die Durkheim gewidmete Untersuchung *La responsabilité. Étude de sociologie* (1914), in der ihr Autor die ›Verantwortung‹ als sozialen Fakt studiert. Nicht weil man frei ist, ist man verantwortlich – weil man von der Gesellschaft in die Verantwortung genommen wird, fühlt man sich frei.

Indem sich die Durkheimianer je einzelnen Bereichen widmeten, ergibt sich ein Überblick über die Subdisziplinen der Soziologie, die sie erfanden (wobei die Konzentration ungleich verteilt war und manche Disziplin erst von späteren ›Schülern‹ ausgefüllt wurde, wie die Artefaktsoziologie von André Leroi-Gourhan): Da wäre die Religionssoziologie; die Wirtschafts-, Familien-, Wissens-, Moral- und Rechtssoziologie; die Erziehungssoziologie; die Sprach-, Kunst-, Techniksoziologie. Hinzu kommt eine Disziplin namens *Soziale Morphologie* – das Studium der Gruppen in deren konkreter Basis, die sowohl geografisch, artefaktisch, demografisch ist.[2] Durkheim schreibt dazu, das soziale Leben ruhe je auf einem spezifischen »Substrat«, das die Individuen umfasst, die Art, wie sie sich im Raum verteilen, und die Dinge, die »auf die kollektiven Beziehungen wirken«:

> »Je nachdem, ob die Bevölkerung mehr oder weniger umfangreich und mehr oder weniger dicht ist, je nachdem, ob sie in den Städten konzentriert oder über das Land zerstreut, je nach Bauweise der Städte und der Häuser, je nachdem, ob der von der Gesellschaft eingenommene Raum mehr oder weniger ausgedehnt ist, je nachdem, welches ihre Grenzen sind und welches die Verkehrswege, die sie durchziehen, etc., ist das soziale Substrat ein verschiedenes.« (Durkheim 1989 [1897/98])

Hierzu hat wiederum Mauss das Meisterstück verfasst: *Über den jahreszeitlichen Wandel der Eskimogesellschaften* (1905, dt. 1989), eine kongeniale architektursoziologische Studie ebenso wie eine Analyse der sozialen Effekte sozialer ›Dichte‹, also der Zahl der Individuen, die auf einem Raum versammelt sind.

Wie lässt sich das Paradigma kennzeichnen, das sich in all diesen und weiteren Schriften findet und Durkheims Namen trägt, obgleich es die Frucht eines Teams ist? Es ist gewiss komplex. Es hat mindestens eine epistemologische, methodologische, gesellschaftstheoretische und praktische Komponente. Nirgends ist es in Reinform formuliert, vielmehr sind sich die Durkheimiens durchaus uneinig. In jedem Fall gehört dazu der Ansatz, die sozialen Phänomene als ›Dinge‹ jenseits der eigenen Bewertung und moralphilosophischer Erwägungen in ihrem historischen Auftreten und ihrer sozialen Funktion zu studieren. In jedem Fall gehört dazu das Primat des Kollektivs. 1903 haben Durkheim und Mauss diesem Ansatz implizit einen Titel gegeben:

> »Es ist oft behauptet worden, die Menschen hätten ihre Vorstellung von den Dingen ursprünglich am eigenen Vorbild entwickelt. Nach dem Vorstehenden können wir nun präzisieren, worin dieser Anthropozentrismus besteht, den man besser als *Soziozentrismus* bezeichnen würde. Im Zentrum der ersten Formen eines Systems der Natur steht nicht das Individuum, sondern die Gesellschaft. Die Gesellschaft und nicht der Mensch objektiviert sich in diesen Systemen.« (Durkheim/Mauss 1993: 254f.)

Der Durkheimismus ist ein *Soziozentrismus* – andere sagen Soziologismus, aber das ist pejorativ gemeint. Léon Brunschvicg bezeichnet so die »dogmatische Theorie des Kollektivbewusstseins« (1927: 536-540), Jean Piaget sagt »totalitärer Realismus« (1955: 145). Durkheim indes mag durchaus selbst diesen Titel gewählt haben. Jedenfalls ist seine Debatte mit einem Bergson-Anhänger

1914 so tituliert: *Une confrontation entre bergsonisme et sociologisme* (Durkheim 1975 [1914]). Für ihn ist das Soziale, das Kollektiv, die Gesellschaft primär. Damit erklären sich erstens alle kulturellen Phänomene inklusive der Gesetze des Denkens als Objektivationen des Sozialen; zweitens erklärt sich das Subjekt mit seinen Affekten, Wünschen, Werten, Vorstellungen, Erinnerungen, Gesten, Bewegungen aus der Gesellschaft. Es handelt sich um eine Subjektformung, würde man heute sagen. Zum Paradigma gehört auch, dass die Artefakte zwar wichtig für die Analyse sind, aber nicht als solche interessieren – sie sind Ergebnisse des Kollektivs und dessen Symbole.

Durkheims Rivalen und Gegner. Der Erfolg und Misserfolg‹ seiner Soziologie

Durkheims Ideen sind alles andere als unumstritten. Es gibt zunächst die zeitgenössischen *Rivalen*, die selbst wissen, was die ›richtige‹ Soziologie ist. Der exponierteste ist Gabriel Tarde: Man denke an die gegen ihn gerichtete Regel, das Soziale sei durch das Soziale (und nicht das Individuelle oder Psychologische) zu erklären. Tarde ist auch derjenige, der die Durkheim'sche Soziologie (als einer unter vielen) als schlechte Metaphysik versteht. Aktuell wird Tarde, vorangetrieben von Bruno Latour, als Anti-Durkheim wiederbelebt; es gibt geradezu eine ›Tardomanie‹, eine Faszination für diesen kreativen, unterhaltsamen Autor. Die Debatte der beiden war legendär, und Tarde, Denker der Imitation oder der Nachahmung, war zunächst der weitaus bekanntere. Durkheim kritisiert ihn von Beginn an und kontinuierlich, in mindestens zwölf Texten. Tarde seinerseits schreibt vierzehn Texte gegen Durkheim. In einem Artikel mit dem Titel ›Was ist eine Gesellschaft?‹ erklärt er etwa 1884: »Die Gesellschaft, das ist die Imitation, und die Imitation ist eine Art des Somnambulismus.« (Tarde 2003: 108) Durkheim muss ihn gar nicht erst verzerren, um ihn lächerlich zu machen. Die Debatte indes ist ernsthaft und sie berührt die immer wieder an Durkheim und jede ähnliche Soziologie herangetragene Gretchenfrage: Wie hält man es mit dem Individuum? Insofern die *Regeln* und der *Selbstmord* zumindest teilweise Anti-Tarde-Bücher sind, sich in ihrer Argumentation daraus erklären, kommen wir darauf zurück. Weitere Rivalen sind noch tiefer in Vergessenheit geraten: vor allem René Worms, der eine Zeitschrift (*Revue internationale de Sociologie*) und ein Institut gründete und eine organizistische Soziologie vertrat. Durkheim hatte wenig für ihn übrig, für ihn war er ein »Witzbold« (Durkheim 1998: 36). Man muss mindestens noch die Sozialstatistiker Jacques Bertillon und Émile Levasseur sowie die LePlaysiens hinzufügen (Vertreter einer quantitativen Erforschung des Einzelfalls, nicht des Durchschnitts der Bevölkerung). Wichtig waren zudem Gustave Le Bon, den Durkheim so wenig wie Worms als Wissenschaftler verstand, und Arnold van Gennep, der 1902 die *Revue des études ethnographiques und sociologiques* gründete und Durkheims Totemismus-Theorie aufspießte. Wir kommen auch auf ihn zurück.

Es gibt andererseits die Gegner, die wegen des Erfolges der – dieser – Soziologie auf den Plan treten. In dem Maß, in dem sie ›à la mode‹ wird, häuft sich Kritik an ihrem ›Imperialismus‹:

»Allzuoft seit Durkheim erschien die Soziologie als das Ergebnis einer in aller Eile vollzogenen Ausplünderung auf Kosten der Geschichtswissenschaft, der Psychologie, der Linguistik, der Wirtschaftswissenschaft, der Rechtswissenschaft sowie der Ethnographie. Und die Soziologie gab sich damit zufrieden, den Früchten dieser Räuberei ihre eigenen Rezepte hinzuzufügen: welches Problem ihr auch gestellt wurde, man konnte sicher sein, eine vorgefertigte ›soziologische Lösung‹ zu erhalten.« (Lévi-Strauss 1979a: 15)

Die Gegner, das waren also zunächst diejenigen, deren Fächer Durkheim zu Hilfswissenschaften (die Ethnologie) oder Zweigen der Soziologie (die Geschichtswissenschaft) machen will, wie er im Vorwort der ersten Ausgabe der *Année* sagt: Die »Geschichte kann nur eine Wissenschaft sein, wenn sie erklärt; und sie kann nur erklären, wenn sie vergleicht. [Und] wenn sie vergleicht, wird die Geschichtswissenschaft ununterscheidbar von der Soziologie«, nämlich einer »dynamischen Soziologie« (Durkheim 1896/97: II f.; vgl. Besnard 1986). Unter denen, die sich gegen diesen Imperialismus wehren, sind die Historiker und Geografen der *Annales*-Schule, nicht ohne dass diese selbst soziologisch imprägniert war. Die Kritik wird deutlich in Lucien Febvres *La terre et l'évolution humaine* (1922), in der Debatte zwischen Halbwachs und dem Geografen Albert Demangeon, in Marc Blochs Kritik an François Simiand, die ihn nicht abhielt, im Feld der Geschichte (und Kulturgeografie) ein durch und durch ›soziologischer‹ Klassiker zu werden (vgl. Friedman 1996). Lucien Febvre seinerseits spottete über die »Durkheim-Kirche« (in Bloch/Febvre 1933: 373). Und doch orientierten sich beide in ihrem eigenen Jahrhundertprojekt, den *Annales d'histoire économique et sociale,* an der *Année sociologique*.

Zu den akademieinternen Gegnern (neben denen es noch die politischen Gegner gibt, zu denen wir gleich kommen) zählen aber vor allem die Philosophen. In der Tat war ja die Disziplin, an die die Soziologie am engsten gebunden war, die Philosophie. Fast alle Soziologen dieser Zeit hatten Philosophie studiert, auch Durkheim und seine Kollegen, und Durkheim hatte die Soziologie mehr als einmal der Philosophie gegenübergestellt, sie als Erbin der einstigen Königswissenschaft verstanden (wobei er sich selbst weiter auch als Philosoph sah). Die Philosophie also brachte ihm eine kontinuierliche Aufmerksamkeit entgegen – und ließ keine Gelegenheit aus, ihn zu kritisieren. Die Kritik bezog sich dabei auf vieles: den ›soziologischen Realismus‹, die Vorstellung des Kollektivs jenseits der Einzelnen, die Orientierung an den Naturwissenschaften, die Verdammung der Psychologie, die Objektivierung von Moral und Religion, den Status des Subjekts. Kurz, all das, was heute keinen Philosophen mehr aufregt, trieb die philosophischen Kollegen auf die Barrikade. Der Subtext blieb derselbe: Durkheim unterminiere die Fundamente des europäischen Denkens – oder wenigstens die der cartesianischen Tradition, in der er sich doch selbst sah.

Diese Rezeption war wirklich nicht sehr enthusiastisch. Vehement kritisiert wurde etwa die Soziologisierung der Moral. Gustave Belot initiierte eine ganze Debatte, in der er unter anderem die ›pure Passivität des Handelnden‹, den Asubjektivismus der Soziologie anprangerte. Es folgten weitere Stöße in diese Richtung, die sich neben der Inadäquatheit der Methode (da es sich bei den moralischen Tatsachen um solche des Gewissens handele) insbesondere auf die *Effekte* des soziologischen Blicks bezogen (Paoletti 1995): Man sah den Sozialismus, die Rückkehr in die Tierheit, die Auflösung des moralischen Bewusstseins, die Aufhebung der Unterscheidung des Guten vom Bösen kommen. Die Unterscheidung des Normalen und Pathologischen assoziierte man mit jener zwischen Rationalität und Irrationalität; oder man kritisierte sie (auch seitens Tarde) wegen der These der ›Normalität‹ des Verbrechens, zu der sie führt. Die Definition der *faits sociaux* (›Zwang‹, ›Exteriorität‹) erzeugte ebenso Antiaffekte, man verstand sie als ›Mystizismus‹ – und man weiß, wie negativ besetzt dieser Begriff bei Durkheim ist, für den klar war, dass der Soziologe »kein Mystiker ist« und sich gar »nicht kräftig genug« gegen diese »Negation aller Wissenschaft« wenden könne (R 218, 130). Die Kritik hörte natürlich auch nicht auf, als Durkheim und Mauss zu ihrer Wissenssoziologie fanden. Einerseits war man nun empört über die Fundierung der Psychologie durch die Soziologie, zum anderen angesichts des Status des Totemismus bei den Durkheimiens. Vor allem aber konnte man die Idee nicht teilen, dass die Kategorien *nicht* dem Subjekt entstammen, sondern der Gesellschaft. Dasselbe gilt für die Ablehnung der *Elementaren Formen*, in denen zudem der Skandal schlechthin auftauchte, die Soziologisierung Gottes. *Gott ist nichts als die hypostasierte Gesellschaft*!

Einerseits war Durkheims Soziologie also ein Erfolg. Die Kritiken zeugen von der kopernikanischen Revolution, die sich hier vollzog. Ein Paradigma etablierte sich bis tief in die Fragestellungen eines jeden Soziologen und jeder Soziologin hinein. Und doch sprechen Soziologiegeschichtsschreiber von einem Misserfolg (Heilbron 1985), da die Institutionalisierung abbrach und es lange Zeit nicht gelang, das Studium der Soziologie zu einem Hauptfach zu machen (nicht vor 1950). Zudem verstand man Durkheim bald nicht mehr, sah in ihm einen von vielen Kritikern am Materialismus oder den Verfechter einer Morallehre. Seit den frühen 1930er Jahren galt er ausgerechnet gemeinsam mit Bergson als Symbol »für alles, was man als überholt und verdorben ablehnte« (Suber 2011: 118). Wie schrieb Sartre doch: Die Soziologie Durkheims ist tot ... (vgl. oben). Es gibt verschiedene Erklärungen für diese ›Verfemung‹. Darunter wird der frühe Tod Durkheims zu rechnen sein, die Kriegsverluste unter den Mitarbeitern, Uneinigkeiten der Nachfolger. Eine Rolle wird auch die missverständliche Formulierung des Paradigmas durch Durkheim gespielt haben. Hinzu kommt seine Verstrickung in die zeitgenössische Politik; er war verbrannt. Hielten ihn die einen für einen Staatsdenker, so sahen andere ihn als Sozialisten.

Der Pädagoge der Nation: Durkheim im politischen Kontext seiner Zeit

Umstritten war diese Soziologie eben nicht nur aus wissenschaftsinternen Gründen. Umstritten war sie, weil sich die Gründung dieser ›französischen Schule der Soziologie‹ nicht im luftleeren politischen Raum abspielte. Sie war vielmehr eng verquickt mit jener gespannten Lage, die mit dem Etikett ›Dreyfus-Affäre‹ bezeichnet wird und in der nicht weniger auf dem Spiel stand als der ›französische Geist‹, der Cartesianismus, die Klarheit und Rationalität sowie die Republik und Demokratie auf der einen Seite (auf der Durkheims, der *Nouvelle Sorbonne*, der ›Modernen‹) und die ›französische Kultur‹ auf der anderen (die ›*hommes des lettres*‹, die Philosophen, die Katholiken und andere ›reaktionäre‹ Kräfte). In dieser polarisierten Stimmung kam die politische Rolle von Soziologie und Erziehungswissenschaft hinzu. Beide wurden nicht aus rein spekulativem Interesse an den Universitäten installiert, sondern mit klarem republikanischen Auftrag. Dem verantwortlichen Minister Louis Liard schien Durkheim genau der Richtige, den Auftrag auszuführen (Noël 2009: 50), und Durkheim sollte ihn nicht enttäuschen. Der Hintergrund ist ein Komplott der Republikaner gegen die alten Kräfte, vor allem die Kirche, deren Traditionalismus der Fortschritts- und Vernunftglaube gegenüberstand. Es war also kein Nebenziel der Republik (derjenigen nach dem Deutsch-Französischen Krieg), die Erziehung zu reformieren, um den kirchlichen Einfluss zu minimieren. Dieses Ziel verkörpert die *Nouvelle Sorbonne*, an die Durkheim berufen wurde und an der er den ersten Lehrstuhl für Soziologie erhielt. Die Reform der Hochschullehre war eine Bedingung seiner Soziologie, wie umgekehrt die Installierung der Sozialwissenschaften in den *facultés de lettres* das Meisterstück dieser Reform bildete. Freilich war nicht nur das Fach, sondern die *Neue*

Sorbonne als Ganze ein politisches Instrument, ein Avatar der modernen, angewandten Wissenschaft im Dienst der Vernunftrepublik.

Gegen den *Regenten der neuen Sorbonne* schreiben zwei Philosophiestudenten, Henri Massis und der Sohn Gabriel Tardes, Alfred Tarde, unter dem Pseudonym Agathon (griech.: das Gute) zwei Pamphlete, in denen sich die Empörung Luft macht: *L'esprit de la Nouvelle Sorbonne. La crise de la culture classique – la crise du français* (1911) und *Les jeunes gens aujourd'hui* (1913). Es ist das Spezialistentum und die Betonung der Methode, die sie stört, die Behandlung moralischer und religiöser Tatsachen als positive Gegebenheiten. Das Verbrechen erscheint Durkheim als *nützlich*; zudem interessiert sich die neue Wissenschaft für die »Botocudos und Irokesen« (Agathon 1911: 26 f.) statt für die eigene Gesellschaft. Seine ›germanische‹ Soziologie verstehe die Nation als Kollektivwesen, aus dem die Einzelnen ihre Wirklichkeit beziehen. Die Kritiker stören sich daran, dass sie durch das »kleine metaphysische Buch« in die Sozialwissenschaft eingeführt werden (*Die Regeln*), in dem die künftige Soziologie nach dem »erstaunlichen Axiom bestimmt« ist, die soziale Tatsache sei »Etwas von den Einzelnen distinktes« (ebd.: 33 f.). Man stört sich daran, zum Spezialisten ausgebildet zu werden, wie es Durkheim seit der *Arbeitsteilung* propagiere. Mit all dem beherrsche er den Ton der Sorbonne, er ist ihr »Regent«, dem alle folgen und sich dabei zu Funktionären reduzieren. Zudem sei Durkheim, dieser »engstirnige Soziologe«, ein verächtlicher Gegner jeder Philosophie (ebd.: 92 f.). Kurz, er habe einen »Despotismus« errichtet (ebd.: 100). Welcher Art ist dieser? Es ist die »Angst vor dem Individuellen«. Hinter diesem »pseudo-wissenschaftlichen Mystizismus«, hinter der ganzen Soziologie stecke die Verachtung der Persönlichkeit. Und dies ist die dominante Tendenz der wichtigsten Wissenschaft an der *Faculté des lettres* (ebd.: 102 ff., 108)! Henri

Massis kann sich in seiner Empörung kaum fassen. So berichtet er, vor der Statue Comtes darüber sinniert zu haben, dass man nun endgültig in der ›Ära des Sozialen‹ angelangt sei. Bisher war wenigstens die Religion für die Wissenschaft noch eine Verlegenheit. Dann kam Durkheim.

»Das Religiöse ist ganz einfach das Soziale, sagte er. Und *whoosh*! Waren alle Fragen geklärt. Das erste Element ist die Existenz des sozialen Bewusstseins. Das Religiöse ist nichts anderes als das personifizierte, hypostasierte, substantialisierte Soziale, das zum Absoluten gemacht ist. Alles wohnt im Totem. Es ist das Symbol der sozialen Seele – und eine andere gibt es nicht [...] Das Individuum ist uninteressant! Was interessiert es also uns Soziologen?« (Massis 1931: 60)

Nach Durkheims Tod: Das Erbe Durkheims, die Verächter und Verfechter

Nicht überraschend ist, dass Durkheim auch posthum nicht nur Freunde hatte. Lange waren die Verächter Durkheims lauter als die Verfechter, gerade in Frankreich. Erst 1973 erschien eine erste intellektuelle Biografie, die seither das Standardwerk der Durkheim-Forschung darstellt und nicht von einem Franzosen stammt, sondern von Steven Lukes. Erst seit 1975 gibt es eine eher dürftige, da unkommentierte und unkritische Textausgabe Durkheims; erst 1998 erschien ein erster Briefwechsel. Seit 2007 haben auch die Franzosen ihre große Durkheim-Biografie (Fournier). Seither zieht die Durkheim-Forschung auch in Frankreich an, nachdem gerade die dortige Soziologie lange von einer Durkheim-Feindschaft beherrscht war (oder war es Hassliebe?) und gerade auch für sie der Satz von Susan Stedman Jones gilt: »Durkheim is well-known but not known well« (2001: 117). Wie übrigens auch für einen seiner Kontrahenten, Bergson, so ist wohl für Durkheim zu sagen: Sein Name war bereits seit den frühen 1930er Jahren verfemt.

Wer sind die *Verächter*? Wir nennen sie nur kurz, denn sie fügen den bisherigen Vorwürfen wenig hinzu. Sie radikalisieren sie und verabschieden Durkheim aber erfolgreich. Einer der schärfsten Kritiker ist Paul Nizan – das *Alter ego* Sartres, der Durkheim 1932 aus linksintellektueller Sicht als »Wachhund« der bürgerlichen Gesellschaft entlarvt, als bezahlten Staatsideologen. Dessen Denken sei keineswegs harmlos, denn kein »Denken ist frei von Giften, vorausgesetzt, daß es ausgesprochen und wiederholt wird«. Auf den ersten Blick sieht man natürlich kaum, was daran gefährlich sein soll. Wer liest denn schon akademische Werke? Ein »unaufmerksamer Revolutionär« mag also meinen, eine »Schrift von Durkheim sei nicht viel gefährlicher als die *Journaux Metaphysiques* von Gabriel Marcel. Aber Herr Marcel ist kein Staatsdenker, sondern ein Bürger, der alleine denkt. Herr Lalande[3] ist ein Staatsdenker, das heißt eine Maschine zur Bildung von Gedanken«, ein staatlich bezahltes »Überredungsinstrument« zur Verbreitung einer »Doktrin des Gehorsams«. Aus dieser Sicht ist die Durkheim-Soziologie, noch posthum, ein Instrument der Konservierung der bürgerlichen Gesellschaft. Ihr Erfolg liegt darin, dass Durkheim »als erster sichere Grundlagen für die moralische Propaganda und für die Verteidigung der gesellschaftlichen Verhältnisse schuf« (Nizan 1981 [1932]: 86, 89).

So, als Staatsideologen, verstanden ihn weite Teile des *French Marxism*, zu dem Georges Politzer, Henri Lefebvre, Sartre, Louis Althusser und auch Merleau-Ponty zählen, umso mehr, als es eine Verschärfung dieser Kritik gab, indem Durkheim im Kontext des Zweiten Weltkrieges als ›Vorbereiter des Faschismus‹ galt. Seine Theorie der ›kollektiven Kraft‹ habe sich im faschistischen Totalitarismus materialisiert (vgl. Noël 2009: 436 ff.). Das *Collège de Sociologie* – ein kurzlebiger Zusammenschluss origineller linksintellektueller Soziologen, Ethnologen und Surrealisten um Georges Bataille, Michel Leiris und Roger Caillois (vgl. dazu Hollier 2012 [1979] und Moebius 2006) – machte einen umgekehrten Gebrauch von Durkheim, seine Religionssoziologie ›gegen rechts‹ benutzend. Mauss hat sowohl diese Angriffe wie diese Vereinnahmungen abgewehrt. Dass moderne Gesellschaften »sich ebenso in Suggestion versetzen ließen wie die Australier von ihren Tänzen«, sei von Durkheim und ihm nicht gemeint und vorhergesehen – diese »Rückkehr zum Primitiven war nicht Gegenstand unserer Überlegungen« (Mauss, zit. in Hollier 2012: 214).

In jedem Fall war die Assoziation von Durkheim mit autoritärem Staatsdenken und Totalitarismus ein wichtiger Faktor der Durkheim-*Hostilité*. Daher wohl konnte die französische intellektuelle Szene mit ihm nicht mehr viel anfangen – abgesehen von Lévi-Strauss und bis zu Bourdieu. Die Durkheim-Schule galt eben zunehmend als universitäre Form der Staatsideologie, Durkheim als Avatar des »laizistischen und radikalen Frankreich«, dem schon 1939 eine »Generation von Intellektuellen, die Generation der Raymond Aron, Maurice Merleau-Ponty und Jean-Paul Sartre, eine entschiedene Absage erteilt hatte« (Bourdieu/Passeron 1981: 505). Eine ganz andere Kritik verstand Durkheim hingegen als ›alteuropäisch‹, da er kein wirklich positivistischer Soziologe war. 1946 hat Jean Stoetzel ausgerechnet ihn als Alchemisten verspottetet, dessen Soziologie ›von gestern‹ sei, weil die aktuelle, ›fortgeschrittene‹ Soziologie strikt empirisch sei, jenseits der großen Thesen. Aus dieser Sicht erscheint das Werk nur noch als jene alte Soziologie, die sich ihre Fragen von der Philosophie diktieren ließ und im Begriff des Kollektivbewusstseins ein *»soziologisches Phlogiston«* erfunden habe (Stoetzel 1991: 450).

Kurzum, lange sah es nach einer »Sklerose des Durkheimschen Denkens« aus (Marcel 2003: 3) – wäre da nicht Marcel Mauss. Er wurde – von Lévi-Strauss, dann von einer ganzen Bewegung, der »anti-utilitaristischen Bewegung in den Sozialwissenschaften« (M.A.U.S.S., *Mouvement anti-utilitariste dans les sciences sociales*) – noch vor Durkheim wiederentdeckt und bahnte ihm den Weg. Mauss sagt einmal über sich selbst, er habe eine »vielleicht übertriebene Zusammenarbeit« gepflegt: »Ich arbeitete an allem mit, was [Durkheim] machte, so wie er [...] ganze Seiten meiner Texte neu schrieb.« (Mauss 2006 [1930]: 347) Er hatte die ethnologische Soziologie gemeinsam mit Durkheim vorangetrieben, er optimierte dessen Werk durch posthume Herausgaben und die eigenen Texte, in denen er dieser Soziologie die »metaphysischen Phantome« austrieb, sie vor den »eisigen Winden der Dialektik, dem Donner der Syllogismen, den Blitzen der Antinomien in Sicherheit brachte«, aus ihr die Gefahr der »Entkörperlichung« und des »Automatismus« bannte (so Lévi-Strauss 1979a [1960]: 14, 16).

Kommen wir also zu den Verfechtern jenseits der Durkheimiens selbst. Es sind nicht viele, und wir wollen unter ihnen nur einen hervorheben, weil er Durkheims Werk am kreativsten und weitreichendsten fortgeführt hat, auch wenn ihm viele eine Durkheim-Feindschaft nachsagen. Es geht um eben jenen Claude Lévi-Strauss. Er habe, so sagt es die Forschung, Durkheim systematisch verschwiegen, sein Durkheim-Erbe kaschiert, indem er stets Mauss hervorhob. Faktisch aber war er es, der die Gefahr, ›Durkheim zu verlieren‹, benannte und zugleich bannte. In seiner Antrittsvorlesung am *Collège de France* dankt Lévi-Strauss Durkheim für den wesentlichen Anstoß zum »Lernprozeß« der modernen Anthropologie. Er

»verkörpert das Wesentliche dessen, was Frankreich zur Sozialanthropologie beigesteuert hat, wiewohl sein hundertster Geburtstag, der in vielen Ländern festlich begangen wurde, bei uns fast unbemerkt geblieben ist und noch von keiner offiziellen Feier gewürdigt wurde. Wie läßt sich diese Ungebühr ihm gegenüber, die auch eine Ungebühr uns gegenüber ist, anders erklären denn als Folge jener Verbissenheit, die uns dazu treibt, unsere eigene Geschichte zu vergessen, sie sogar zu ›verabscheuen‹ – [...] das die Sozialanthropologie heute der Gefahr aussetzt, Durkheim zu verlieren [...]?« (Lévi-Strauss 1979a [1960]: 12)

Zur selben Zeit veröffentlicht Lévi-Strauss einen Text, der an expliziter Würdigung Durkheims seinesgleichen sucht: *Was die Ethnologie Durkheim verdankt.* Sie verdankt ihm die Verabschiedung vom Evolutionismus, auch wenn Durkheim das selbst nicht ganz klar gewesen sein mag und auch wenn dies eher kleinere Texte (Besprechungsessays in der *Année sociologique*) betrifft als die Bücher. Diese kleinen Durkheim-Texte bilden einen »wesentlichen Beitrag zur Ethnologie«, sie »zeugen von einer solchen Hellsicht«, und der »Geist, der sie durchweht, ist so modern, daß man sie noch heute gern in einer Publikation versammelt sähe«.

»Bei seinem Quellenstudium macht Durkheim nun aber eine Entdeckung: der von ihm vermutete Gegensatz zwischen Geschichte und Ethnographie ist höchst illusorisch, d.h. vielmehr, er hatte ihn nicht richtig lokalisiert. Was er den Theoretikern der Ethnologie in Wahrheit vorwarf, war nicht, daß sie die Geschichte ignorierten, sondern selbst eine historische Methode erarbeiteten, die einem Vergleich mit der der wirklichen Historiker nicht standhalten konnte.« (Lévi-Strauss 1979b [1960]: 59)

Worin liegt die Modernität? Durkheim hat erstmals »ethnographische Beobachtungen methodisch analysiert und klassifiziert«, statt sie als »Anhäufung von Merkwürdigkeiten oder Verirrungen oder als Überreste der Vergangenheit« zu verstehen; er hat erstmals eine »systematische Typologie von Glaubensvorstellungen und Verhaltensweisen« versucht. »Von den fernen Grenzmarken, wo sie in Garnison lag, war die Ethnographie somit wieder ins Reich der Wissenschaft heimgeholt. Alle, die seither dazu beigetragen haben, ihr diesen Platz zu bewahren, haben sich offen zu Durkheim bekannt.« (Ebd.: 61 f.) Lévi-Strauss hat die vielleicht nachhaltigste Revitalisierung Durkheims eingeleitet, indem er die These zur Konstitution des Sozialen von Durkheim/Mauss in eine neue, zeitgenössische Gestalt brachte und indem er deren vergleichende Methode in der Gesellschaftstheorie, die Verknüpfung von Soziologie und Ethnologie, auf die raffinierte Weise vollzog, wie wir sie aus dem *Wilden Denken* und den *Elementaren Strukturen der Verwandtschaft* kennen sowie aus den beiden Bänden der ›strukturalen‹ (nicht: strukturalistischen, im Sinne einer eine ominöse ›Struktur‹ voraussetzenden) Anthropologie. Neben Lévi-Strauss gab es zu seiner Zeit, also nach 1945, nur wenige Autoren, die sich explizit zu Durkheim bekannten. Bourdieu wurde genannt. Gegenüber allen Verächtern wies zudem René Girard darauf hin, dass Durkheims »Perspektive die einzige« der französischen Soziologie sei, von der aus Probleme der »Kultur, oder der Sprache oder des symbolischen Denkens konkret« würden (Girard 1976: 413).

Kommen wir endlich zu Durkheim, zu seinen Büchern. Neuere Aktualisierungen ebenso wie neuere Kritiken behandeln wir im Schlusskapitel.

III Die neue Disziplin: *Die Regeln der soziologischen Methode*

»Man ist wenig daran gewöhnt, die sozialen Phänomene wissenschaftlich zu untersuchen; daher dürften einige in diesem Werke enthaltene Lehren den Leser überraschen. Und doch sollte man, wenn es eine Wissenschaft von der Gesellschaft gibt, füglich von ihr erwarten, daß sie nicht in einer simplen Paraphrase überlieferter Vorurteile aufgeht, sondern uns die Dinge anders betrachten lehrt, als sie gemeinhin erscheinen.« (R 85)

Mit den Worten des für dieses Kapitel gewählten Mottos beginnt Durkheim sein Manifest einer ›wissenschaftlichen‹ Soziologie, sein Handbrevier für jeden Soziologen. Und das zweite Vorwort (von 1901) setzt damit ein, einige hartnäckige Missverständnisse zu beseitigen – Missverständnisse, die das Werk bis heute belasten und ihm selbst zuzuschreiben sind, eben den Formulierungen in den *Regeln*. Folgende Fehldeutungen weist Durkheim zurück: 1. »Obwohl wir zum wiederholten Male erklärt hatten, daß für uns das Bewußtsein, sowohl das individuelle als auch das soziale, keinerlei Substanzcharakter habe«, warf man ihm einen Realismus und Ontologismus vor. 2. Wenn er »auf jegliche Art« formulierte, dass sich das soziale Leben »gänzlich aus Vorstellungen aufbaue, klagte man uns an, wir wollten das geistige Element aus der Soziologe entfernen«. 3. Der Satz, die sozialen Tatbestände sollten wie Dinge behandelt werden, wurde viel zu buchstäblich gelesen, als wolle dies besagen, sie seien materielle Dinge. Dabei behauptet er doch nur, sei seien »mit dem gleichen Rechtstitel Gegenstände«, aber »anderer Art« als die gewöhnlichen Dinge. Was ist das aber auch für eine umständliche Erklärung!

Der Text erscheint zuerst, als Artikelserie, 1894 in der *Revue philosophique*, ein Jahr später, mit siebzig punktuellen Änderungen und einem kurzen Vorwort, als Buch. Mit dieser Programmschrift wird das Jahr 1895 zum Jahr der ›Ankunft der wissenschaftlichen Soziologie‹ (Berthelot 1995). Die Vorgeschichte ist nicht unwichtig, will man Stoßrichtung und Vokabular verstehen. Am 3. März 1893 verteidigt Durkheim seine Dissertationen *De la division du travail social* und *Quid Secundatus politicae scientiae instituendae contulerit*, die er beide publiziert. Zwischen der *Arbeitsteilung* und den *Regeln* liegt also die lateinische Dissertation. Diese Reihenfolge erklärt, so Mucchielli (1995b), einen zentralen Punkt der *Regeln*, nämlich den Begriff der ›Dinge‹ (*choses*). Die ›Dinge‹ sind demnach die lateinischen ›res‹, zu denen man greifen muss, will man das ›Objekt‹ einer Wissenschaft bezeichnen. Mitnichten geht es also um eine ontologische Vorstellung, mitnichten um ›Dinge‹. Die Reihenfolge der Publikationen erlaubt auch, den Titel aufzuklären. Er evoziert zwei Texte von René Descartes, nicht nur den *Discours de la méthode* (1637), sondern auch das Traktat *Regulae ad directionem ingenii* (1627/28), die *Regeln zur Ausrichtung der Erkenntniskraft*. Bei beiden handelt es sich um Handbreviere für den ›recht verstandenen‹ (Natur-)Wissenschaftler. Die erste Regel im Traktat gibt vor, die ›Geisteskraft nur auf zuverlässige und wahre Urteile auszurichten‹ (Descartes 2011 [1627/28]). Und die erste Regel im *Discours* lautet: ›Niemals eine Sache als wahr annehmen, die ich nicht als solche sicher und einleuchtend erkennen würde, das heißt sorgfältig die Übereilung und das Vorurteil zu vermeiden und in meinen Urteilen nur soviel zu begreifen, wie sich meinem Geist so klar und deutlich (*clare & distincte*) darstellen würde, dass ich gar keine Möglichkeit hätte, daran zu zweifeln.‹ (Descartes 2011 [1637])

Descartes wird in den *Regeln* zweimal zitiert, dort, wo es sich um die Zusatzregel handelt, ›alle Vorbegriffe abzulegen‹. Ist Descartes der ›wahre Gründer der modernen Philosophie‹ (so haben es ihm seine Philosophielehrer beigebracht), will Durkheim mit diesem Handbrevier der ›wahre Gründer der modernen Soziologie‹ sein. Zudem zitiert er die Erfinder der modernen Naturwissenschaften, Bacon und Galilei – Bacon dort, wo es heißt, dass man die »*notiones vulgares* oder *praenotiones*« ausschalten muss, als »Phantome, die das wahre Aussehen der Dinge entstellen und die wir dennoch für die Dinge selbst nehmen« (R 117). Seither gilt Durkheim in Frankreich mit einer stehenden Redewendung als ›Gründer der wissenschaftlichen Soziologie‹.

Wie macht er das? Kommen wir zum Inhalt des Buches – den verschiedenen Regeln, die man einmal übersichtlich vor Augen haben muss.

Das Handbrevier: Die Regeln für jeden Soziologen und jede Soziologin (Kap. 1)

Die *Regeln* sind das am häufigsten gelesene Werk Durkheims. In der Neuausgabe von 1901 erfährt das Buch zu Durkheims Lebzeiten bereits sechs Auflagen. Und die Seiten, die das erste Kapitel bilden (*Was ist ein soziologischer Tatbestand?*), zählen zu den bekanntesten Seiten der soziologischen Literatur überhaupt. Durkheim unternimmt es hier zunächst zu definieren, was das Soziale von anderen menschlichen Phänomenen abgrenzt; was es wissenschaftlich, objektiv betrachtet, ›ist‹, und was nicht. Es ist, so würden wir heute sagen, die Kultur, die Mentalität, in denen sich jeder Einzelne immer schon befindet. Die Gesellschaft formt eben ihre Subjekte, deren Selbstbilder und Weltwissen. Und immer dann, wenn die Erklärung auf eine Instanz ›aus uns‹ (den Subjekten) verweist, kann man sicher sein, dass es sich hier nicht um etwas Soziales handelt. Was also ist ein ›soziologischer Tatbestand‹?

»[J]ede mehr oder minder festgelegte Art des Handelns, die die Fähigkeit besitzt, auf den Einzelnen einen äußeren Zwang auszuüben; oder auch, die im Bereiche einer gegebenen Gesellschaft allgemein auftritt, wobei sie ein von ihren individuellen Äußerungen unabhängiges Eigenleben besitzt.« (R 114)

Die Erläuterung: *»Es läßt sich heutzutage nicht mehr bestreiten, daß die Mehrzahl unserer Gedanken und Bestrebungen nicht unser eigenes Werk sind, sondern uns von außen zuströmen. Sie können nur in uns eindringen, indem sie sich uns aufdrängen. Mehr will unsere Definition nicht sagen.«* (R 107, Hervorh. HD)

Diese Definition wird häufig so verstanden, als handele es sich um eine ontologische Aussage: Durkheim spricht von einem ›unabhängigen Leben‹ der sozialen Tatsachen, auch davon, was ein *fait social* ›ist‹. Will man ihn hier recht verstehen, geht es um eine epistemologische These: Die sozialen Dinge (Institutionen) *erkennt man* am Zwang und der ›Exteriorität‹ gegenüber den Individuen. Also, was ist ein ›Ding‹? Durkheim zufolge muss man es zunächst relational verstehen, von dem her, was es nicht ist – es ist keine Idee, die wir ›von innen kennen‹. Daher muss man die sozialen Dinge von außen, objektiv, nicht subjektiv, betrachten – etwa mit Statistiken. Betrachtet man etwas wie ein Ding, so heißt dies also, eine bestimmte Haltung einzunehmen, nämlich an diese ›Dinge‹ mit der Voraussetzung »heranzutreten, daß man absolut nicht weiß, was sie sind« (R 88 ff.). Oder zumindest mit der Einstellung, dass wir uns davon – als Einzelne, die wir immer schon unter dem Einfluss der Gesellschaft stehen – zumindest trügerische Bilder machen. Es gilt ja schon für unsere eigenen Handlungen, dass sie uns nicht immer durchsichtig sind. Noch viel mehr gilt es für die Institutionen. Der Soziologe muss also das »Bewußtsein haben, daß er ins Unbekannte dringt«, sich auf »Entdeckungen vorbereiten«, und zwar auf solche, die ihn »außer Fassung bringen«. Beim aktuellen Stand der Soziologie »wissen wir wirklich nicht, was auch die hauptsächlichsten sozialen Einrichtungen [...] *eigentlich sind*« (R 91 f.).

Neben dieser Regel war diejenige der ›Exteriorität‹ umstritten: Die sozialen Dinge ›existieren‹ ›außerhalb‹ des Individuums. Durkheim greift hier zu einer Analogie, um nichts anderes als seine *Emergenztheorie* der Gesellschaft zu erklären: Das Leben lässt sich ja auch nicht in die anorganischen Moleküle zerlegen, aus denen es besteht. Es ist »im Ganzen, nicht in den Teilen«, denn es sind ja nicht die »unlebendigen Teilchen der Zelle, die sich nähren, fortpflanzen, kurz leben; es ist die Zelle selbst und sie allein« (R 92 f.). Ein Ganzes ist anderes als die Summe der Teile, »es ist ein Ding anderer Art«, mit Eigenschaften, die die Teile nicht haben. Die Assoziation – um diese geht es – ist also kein »unfruchtbares Phänomen«, sie erschöpft sich nicht darin, »fertige Tatsachen und konstituierte Eigenschaften in äußerliche Beziehungen« zu bringen. Vielmehr ist sie die »Quelle aller neuen Erscheinungen, die im Laufe der allgemeinen Entwicklung des Lebens entstanden sind« (R 187). Als Assoziationen sind die sozialen Phänomene ein *Emergenzprodukt* gegenüber den psychischen Phänomenen, ihnen äußerlich. Ist das »Rohmaterial« (Durkheim 1967 [1898]: 77) der individuellen Vorstellungen das Gehirn, so sind es für die kollektiven Vorstellungen die Artefakte, das materielle System, das sich durch die Assoziation von Individuen konstituiert und »je nach ihrer Verteilung über die Oberfläche des Landes, der Beschaffenheit und der Anzahl der Verkehrswege variiert« (ebd.: 70). Zentral bei dieser Vorstellung des ›Substrates‹ der Gesellschaft ist, dass sich diese nicht auf jenes reduziert. Kurz: Die Gesellschaft ist eine autonome Realität, sie erklärt sich »nicht unmittelbar von der Natur der assoziierten Elemente« her; die »üppige Vegetation der Mythen und Legenden, alle jene theologischen und kosmologischen Systeme etc., die das religiöse Denken errichtet, [hängen] nicht unmittelbar mit den bestimmten Eigentümlichkeiten der sozialen Morphologie zusammen« (ebd.: 78). Insofern ist sie den Einzelnen äußerlich.

Dabei darf man Durkheim nicht falsch verstehen. Auch die sozialen ›Dinge‹ sind psychischer Natur. Man erkennt sie allerdings erst an Dingen, etwa an kulturellen Artefakten als Indizien der eigentlich interessierenden sozialen Tatsachen. »Das Recht existiert in den Gesetzbüchern, die Bewegungen des täglichen Lebens werden in den Ziffern der Statistik und den Denkwürdigkeiten der Geschichte festgehalten, die Moden in den Kleidern, der Geschmack in den Kunstwerken.« (R 127) Das Soziale selbst aber besteht, so Durkheim, insbesondere aus *»Formen des Denkens«* (ebd.), genauer: aus Vorstellungen der Gesellschaft über sich selbst. Es geht bei dieser Definition also um das, was Luhmann gesellschaftliches Selbstbewusstsein oder Selbstbeobachtung der Gesellschaft nennen wird; um das, was Castoriadis in *Gesellschaft als imaginäre Institution* formuliert (1984 [1975]): dass die ›Gesellschaft‹ nur in dem Maß ›existiert‹, in dem sich in den Subjekten eine Imagination von ihr fixiert. Diese ›imaginäre Institution der Gesellschaft‹ lässt sich in den Mythen, den Legenden, religiösen Anschauungen und sittlichen Überzeugungen, nicht zuletzt in der formalen Struktur der Sprache erkennen.

Zweitens besteht das Soziale aus je spezifischen *Arten des Handelns*: aus Riten, Gewohnheiten, Techniken des Körpers. Drittens gibt es, so Durkheim, *Arten des Kollektivseins*, materielle Phänomene wie Architekturen und Infrastrukturen, die er der ›morphologischen Ordnung‹ zuzählt. Auf den ersten Blick lässt sich zwar diese Materialität »nicht auf Formen des Handelns, Fühlens und

Denkens zurückführen«. Die kulturellen Dinge haben (wie man heute sagen würde) ihre eigene Aktivität, ihre Beharrungskraft, bis in das Material, den Stoff hinein. Für Durkheim zählt hier indes einstweilen nur, dass diese kulturellen Dinge »dieselben Merkmale« wie die sozialen aufweisen: Sie »drängen sich dem Einzelnen genau so auf«, denn es »steht uns ebensowenig frei, die Form unserer Häuser zu wählen, wie die der Kleidung«. Es handelt sich also nur um »gefestigte Arten des Handelns« (R 113). Alle drei Formen des Sozialen sind also daran *erkennbar*, dass sie auf das Subjekt einen »zwingenden Einfluß auszuüben vermögen« (R 97), dass man sich ihnen nur unter der Gefahr von Sanktionen entziehen kann.

Der meist moralische, zuweilen aber auch regelrecht physisch gewordene Zwang ist indes nicht das einzige Attribut der sozialen Tatsache. Die Institutionen werden von den Subjekten auch ›anerkannt‹. Die Zwangsgewalt erschöpft den Begriff der soziologischen Tatbestände »so wenig, daß sie sogar [...] das entgegengesetzte Merkmal aufweisen. Denn ebenso wie sich die Institutionen uns aufdrängen, erkennen wir sie an.« (R 98) Institutionen sind keine Zwangseinrichtungen, sie sind schöpferisch, sie haben einen einrichtenden Charakter; als solche haben sie wesentlich auch eine *Affektivität*, eine *Anziehungskraft*. Durkheim wird namentlich in den *Elementaren Formen*, wo er eine eigene Theorie der affektiven Wirkung der Institutionen entwirft, stärker darauf eingehen. In den *Regeln* bleibt diese Seite des Sozialen zumindest unterbelichtet. Die Definition der Institutionen ist 1895 eben nur vorläufig und keinesfalls erschöpfend.

Maurice Hauriou hat Durkheim 1925 in diesem Punkt ergänzt (*Die Institution und ihre Gründung. Essay über den sozialen Vitalismus*, dt. 1965), hier, wo sich die Frage aufdrängt, wie sich die Emergenz von Institutionen modellieren lässt, vorausgesetzt, der Zwang spielt keine Rolle. Hauriou sprach von einer affektiven Leitidee (*idée directrice*) eines Unternehmens, die sich ihre Anhänger schafft. Durkheim selbst hat in den *Elementaren Formen* die ›kollektive Erregung‹ im Blick – die instituierenden Effekte des Ritus. Aktuell kann man über diesen affektiven Aspekt des Institutionellen bei Robert Seyfert nachlesen. Institutionen verfügen nicht nur über je spezifische Symbolisierungs- und Stabilisierungsleistungen, Materialitäten, Temporalitäten, Praktiken und Diskurse (vgl. dazu Rehberg, z.B. 2001), sondern ihnen eignet auch eine je spezifische Art, die Einzelnen anzuziehen (oder abzustoßen). Dabei lassen sich diese Affekte weder auf die Einzelnen noch auf die institutionelle Struktur reduzieren. Sie sind das Produkt all jener Entitäten, die sich in einer Institution ›bewegen‹. Eine Institution besteht also aus vielen verschiedensten ›Teilen‹ (anorganische, organische, anthropologische, artifizielle, imaginäre, semiotische, etc.) und sie ist je »individuell«. Über ihre Spezifik bestimmt vor allem der Effekt, den sie erzeugt, das »spezifische Problem, dem sich eine Institution offiziell stellt«, ihr »Symbolgebrauch, ihre Eigengeschichte und Strukturfiktion, bis zur Art und Weise, wie sie uns zu affizieren weiß«. Kurz, eine Institution ist ein »agens, das einen sozialen Effekt hervorruft« (Seyfert 2011: 20).

Auch die Durkheim'sche Soziologie reduziert sich nicht auf eine Theorie des sozialen Zwangs, sondern ist treffender als Theorie der Integration der Einzelnen, ihrer Formung zu Subjekten beschrieben – im Durkheim zunehmend wichtiger werdenden Begriff des ›kollektiven Bewusstseins‹, der ›kollektiven Repräsentation‹, der Imaginationen der Gesellschaft und ihrer Institutionen. Weil Durkheim in den *Regeln* also auch von den Kollektivvorstellungen spricht, weil er darin das Soziale ausdrücklich als Form des Denkens und Handelns versteht und weil er davon spricht, dass die Existenz der Gesellschaft darin besteht, sich »Beziehungen mit den sie affizierenden Gegenständen« zu imaginieren (R 93), ist nichts »befremdlicher als das Mißverständnis, aufgrund dessen uns zuweilen eine Art Materialismus vorgeworfen wurde«. Durkheim wäre die Bezeichnung des ›Spiritualismus‹ lieber – sofern sich das soziale Leben durch »*Hyperspiritualität*« auszeichne. Damit »meinen wir, daß die konstitutiven Elemente des psychischen Lebens sich im sozialen Leben [...] wiederfinden, jedoch in weit potenzierterer Form, so daß sie etwas vollkommen Neues darstellen«. Die soziale Welt ist komplexer als alle anderen, in ihr wirken »ungeahnte Kräfte«, deren »Gesetze mittels Seelenanalyse allein nicht aufgefunden werden können« (R 81 f.). Und im Blick auf die zeitgenössische Kritik fügt er hinzu, seine Methode sei nicht revolutionär. Sie sei vielmehr »konservativ«, da sie die sozialen Phänomene eben als Dinge konzipiert, die »durch den Willen nicht verändert werden können« (R 86 f.).

Welche Rolle spielt aber der Einzelne in dem Paradigma, das hier, unter dem Titel einer ›*soziologischen Methode*‹, erstmals ausformuliert ist? Die Individuen rufen das soziale Leben »weder hervor, noch geben sie ihm seine besondere Form; sie tun nichts, als es zu ermöglichen« (R 189). Der Einzelne findet die Institutionen immer schon vor, er »kann nichts dazu tun, daß sie nicht seien oder daß sie anders seien, als sie sind; er muß ihnen Rechnung tragen, und es ist für ihn um so schwerer (wenn auch nicht unmöglich), sie zu ändern, als sie in verschiedenem Grade an der materiellen und moralischen Suprematie teilhaben, welche die Gesellschaft [...] besitzt«. Das Individuum spielt also durchaus eine Rolle, aber nur, sofern es sich assoziiert – woraus Neues emergiert, die Institution (mit ihren subjekterzeugenden Wirkungen).

Die Institution ist mithin der eigentliche Gegenstand dieser Soziologie. Sie ist die »Wissenschaft von den Institutionen, deren Entstehung und Wirkungsart« (R 99 f.). Durkheim beruft sich hier auf die Autorität eines Lexikonartikels, den Paul Fauconnet und Marcel Mauss für die *Grande Encyclopédie* verfasst haben. Eine Institution ist diesen Vertrauten Durkheims zufolge ein »Ensemble von instituierten Akten oder Ideen, die die Individuen vorfinden und die sich ihnen mehr oder weniger aufzwängen« (Gebräuche und Moden, Vorurteile und Aberglauben, politische Konstitutionen und rechtliche Organisationen). Dabei ist die Institution für das Soziale das, was die ›Funktion‹ im Biologischen ist; »wie die Wissenschaft des Lebens die Wissenschaft der vitalen Funktionen ist, so ist die Wissenschaft der Gesellschaft die der so definierten Institutionen«. Fauconnet und Mauss ist es wichtig festzuhalten, dass die Existenzweise der Institution eine ›psychologische‹ ist – Institutionen ›gibt es‹ nur in den Repräsentationen, den Vorstellungen, die man sich von ihnen macht. Diese sind der »intime Grund des sozialen Lebens«. Wegen dieses imaginären Charakters des Sozialen kann man die Soziologie als (spezielle) Psychologie verstehen (Fauconnet/Mauss 1901: 171).

Regeln zur Betrachtung der soziologischen Tatbestände: Der ›Chosismus‹ (Kap. 2)

Es folgen die diversen ›Regeln‹, nach denen Institutionen zu analysieren sind, angefangen mit der Regel im zweiten Kapitel (*Regeln zur Betrachtung der soziologischen Tatbestände*), dass sie wie Dinge zu behandeln sind. ›Wie Dinge‹, damit ist (nach dem Bisherigen) also vor allem gesagt, wie sie *nicht* zu behandeln sind – nicht wie etwas Bekanntes, nicht wie Ideen, nicht entlang dessen, was der Alltagsverstand sagt.

»Die erste und grundlegendste Regel besteht darin, die soziologischen Tatbestände wie Dinge zu betrachten.« (R 115)

Die erste negative Zusatzregel: *»Es ist notwendig, alle Vorbegriffe systematisch auszuschalten.«* (R 128)

Die zweite negative Zusatzregel: *»Der konventionelle Charakter einer Sitte oder einer Institution darf niemals vorausgesetzt werden.«* (R 126)

Die erste positive Zusatzregel: *»Immer ist zum Gegenstande der Untersuchung nur eine Gruppe von Erscheinungen zu wählen, die zuvor durch gewisse äußere gemeinsame Merkmale definiert worden ist; in die gleiche Untersuchung sind alle Erscheinungen einzuschließen, die der Definition entsprechen.«* (R 131)

Die zweite positive Zusatzregel: *»Sobald* [...] *der Soziologe die Erforschung irgendeiner Gattung soziologischer Tatbestände in Angriff nimmt, muß er sich bestreben, sie an einem Punkte zu betrachten, wo sie sich von ihren individuellen Manifestationen losgelöst zeigen.«* (R 139)

Die Zusatzregeln sind gegen die zeitgenössische Sozialwissenschaft formuliert. Das ganze Kapitel dient der Ausschaltung anderer Auffassungen, nämlich derjenigen, die Ideen statt deren Objektivationen betrachten oder die etwa bei der Analyse der Religion ein religiöses Gefühl voraussetzen und meinen, anders könne man gar nicht an diese herantreten. Durkheim wird hier heftig: »Man kann sich nicht kräftig genug gegen diese mystische Doktrin wenden, die [...] eine Negation aller Wissenschaft ist. Die Gefühle, die die sozialen Dinge zum Gegenstande haben, besitzen keinen Vorrang vor anderen, weil sie keinen anderen Ursprung aufweisen. Sie haben sich ebenfalls geschichtlich entwickelt; sie sind ein Produkt menschlicher Erfahrung.« (R 130)

Obgleich Durkheim als ›Gründer der Soziologie‹ gilt, kommt die Programmschrift natürlich nicht aus dem Nichts (vgl. im Folgenden Mucchielli 1995b). Es gibt bereits Sozialwissenschaften: Anthropologie, Kriminologie, Humangeographie, Geschichtswissenschaft, Psychologie. In Bezug auf diese muss man seine Innovationen nachbuchstabieren, mit ihnen streitet Durkheim, in ihr Feld nistet er sich ein wie ebenso in das der Philosophie. Zwar heißt es am Schluss kategorisch, dass die Soziologie »zu den großen, die Metaphysiker trennenden Hypothesen keine Stellung zu nehmen« (R 218) habe und unabhängig von jeder Philosophie sei. Aber schon das praktische Ziel – eine positive Moralwissenschaft zu gründen – wildert ja im philosophischen Gebiet. Nun tauchen die zeitgenössischen Rivalen, für und gegen die Durkheim die *Regeln* schreibt, namentlich kaum auf. Stattdessen schreibt Durkheim einen eigenen, zunächst auf Italienisch erschienenen Artikel: ›Über den Zustand der soziologischen Studien in Frankreich‹ (*Lo stato attuale degli studi sociologici in Francia*, 1895), in dem Namen und Ansätze säuberlich klassifiziert und benannt werden.

Gerade dies, dass die Gegner nur anonym präsent sind, enthüllt den polemischen Charakter, die Intervention, die Durkheim im sich öffnenden soziologischen Feld vornimmt. Heute, wo man aufgrund seines Erfolges diese Rivalen nicht mehr kennt, wundert man sich über die umständlichen Erklärungen – das Soziale sei nur durch Soziales zu erklären. Durkheim findet namentlich keinen zeitgenössischen französischen Philosophen einer positiven Hervorhebung wert. Und während er unter den Referenzfiguren alle Gründer des Rationalismus zitiert, erwähnt er nicht einen aus dem ›spiritualistischen‹ Lager. Vor allem aber kommen eben auch die bekannten ›Soziologen‹ – Alfred Espinas, Alfred Fouillee (*La science sociale contemporaine*, 1880) und Tarde (*Les lois de l'imitation*, 1890) – kaum vor. Ganz unerwähnt bleibt René Worms, der bereits vor Durkheim eine Institution (*Société de sociologie de Paris*, 1895) und ein Organ (*Revue internationale de sociologie*) der Soziologie gegründet hatte. Durkheim lehnte es vehement ab, dort zu publizieren – wegen dessen ›Witzboldesruf‹. Er nennt zudem weder Wilhelm Wundt, Ferdinand Tönnies noch die ›Kathedersozialisten‹ – die deutschen Autoren der ›positiven Moralwissenschaft‹, die er dem französischen Publikum lang und breit präsentiert hatte (*La science positive de la morale en Allemagne*, 1887).

Es ist wohl so: In diesem Buch präsentiert sich Durkheim als der Champion einer Soziologie, die endlich wissenschaftlich ist(Mucchielli 1995b: 28). Die ›Regeln‹ gelten ja einer ›rationalen‹, allein ›objektiven‹ Erklärung. Gemessen daran sind alle anderen noch zu wenig rationalistisch – es ist eine Anti-Schrift gegen alle schlecht verstandene Soziologie. Sie ist nicht nur gegen Tarde, sie ist gegen weitere ›Psychologen‹ geschrieben, namentlich auch gegen den ›Chef‹ der französischen Psychologie, Théodule Ribot, der 1873 (*L'hérédité. Étude psychologique*) zeigen will, dass alle mentalen Fähigkeiten, auch die Disposition zu Verbrechen und Wahnsinn, erblich sind. Und für Gustave Le Bon hat 1893 jedes Volk eine mentale Konstitution, die ebenso starr ist wie seine anatomischen Merkmale (*Lois psychologiques de l'évolution des peuples*). Es handelt sich hier um Rassetheorien, daher verfolgt Durkheim im *Selbstmord* derart gründlich die Austreibung erblicher Erklärungen und daher heißt es in den *Regeln*: Immer, wenn ein soziales Phänomen direkt durch ein psychisches erklärt wird, kann man sicher sein, dass die »Erklärung falsch ist«. Eine solche Erklärung lässt sich alles entgehen, was die sozialen Phänomene »Spezifisches, d.h. Soziales an sich haben«. Durkheim fügt hinzu: Insbesondere gebe es kein »einziges soziales Phänomen, das in unbestreitbarer Abhängigkeit von der Rasse« stehe (R 188, 190 f.). Durkheim benutzt den Begriff der Psychologie fortan mehrdeutig – es gibt eine individuelle und eine kollektive Psychologie. Nur die erste ist falsch, wenn es um soziale Phänomene geht, denn diese sind ja sehr wohl psychisch (Vorstellungen, Imaginationen, Repräsentationen). Sie reduzieren sich aber nicht auf jene, wie Durkheim in *Individuelle und kollektive Vorstellungen* zeigt (1967 [1898]). Nach der *Arbeitsteilung* des Materialismus, der Verkennung all dessen angeklagt, was die kognitive Ebene betrifft, erklärt er seither immer öfter, dass im sozialen Leben ›*alles Repräsentation*‹ ist.

Exkurs: Anti-Tarde

Einer ›psychologistischen‹ Erklärung des Sozialen macht sich insbesondere Tarde schuldig, wenn er die Gesellschaft aus vielen kleinen Nachahmungen erklären will, individuellen Akten, die aus ebenso individuellen Erfindungen resultieren. Heute gilt er Durkheim als mindestens ebenbürtig, seine Soziologie als die verkannte, jedoch richtigere. Den Beginn machte Gilles Deleuze, der eine »Hommage« an Tarde schrieb. Von Durkheim »vernichtend kritisiert«, erscheint er nun als dessen Komplement interessant, denn sind Durkheims Gegenstand die »großen kollektiven Vorstellungen, die im allgemeinen binär, resonant, übercodiert sind«, so setzen sie die Ähnlichkeit der Einzelnen voraus, für die sich nicht Durkheim, sondern Tarde interessiert – für die »Welt im Detail«, all die »kleinen *Nachahmungen, Gegensätze und Erfindungen*, die eine Materie unterhalb der Vorstellung bilden«. Tarde habe damit die »Grundlage jeder Gesellschaft« erkannt: Strömungen von »Überzeugungen und Begehren« (Deleuze/Guattari 1992 [1980]: 298f.), die dann von den Gesellschaften selektiert werden, binarisiert, gegenübergestellt.

Die Animosität ist gegenseitig. Durkheim fand es oft nicht nötig, Tarde zu erwähnen. Dieser hatte Durkheim seinerseits spöttisch bedacht und damit künftige Standardkritiken vorweggenommen. So wendet er sich namentlich gegen alle Thesen der *Regeln* – gegen die des sozialen Zwangs und der Äußerlichkeit und auch gegen die, dass die *Ursache eines sozialen Phänomens nicht in den Zuständen des individuellen Bewußtseins* (R 193) liege. Die Kontroverse klingt etwa so: »Wenden wir dies an: die bestimmende Ursache des Eisenbahnnetzes darf nicht in den Bewusstseinszuständen von Papin, Watt, Stephenson und anderen gesucht werden, nicht in der logischen Serie der Konzepte und Entdeckungen, sondern vielmehr im Straßennetz und den Poststationen, die vorher existierten. Es ist ein Fetisch, ein *deus ex machina*, von dem die neuen Soziologen wie von einem *Sesam-öffne-dich* Gebrauch machen [...] dieser explikative Talisman ist das Milieu.« (Tarde 1898a: 76, 80) Tarde hat Durkheim zudem seinerseits vorgeworfen, er setze voraus, was zu erklären sei: die Ähnlichkeit der Menschen. Zudem fragt er sich, wie die Institutionen oder kollektiven Repräsentationen entstanden sind, wenn nicht durch Einzelne. Sind es nicht alles Erfindungen, kleine Revolten, unzählige Innovationen (Tarde 1898b: 142)?

Durkheim findet 1906, in einer Besprechung eines der letzten Texte von Tarde, nur einen neuen Beweis für den Zirkel, in dem sich dessen Denken bewegt. Für Tarde »leiten sich alle sozialen Phänomene von der ›einseitigen oder gegenseitigen Aktion der Köpfe ab‹, die in Kontakt stehen, wofür die Imitation der grundlegende Typ ist«. Tarde sei sich über seinen *cercle vicieux* nicht im Klaren. Die Imitation ist stets »begünstigt oder beeinträchtigt von sozialen Bedingungen; sie hängt selbst von sozialen Faktoren ab; *sie setzt voraus, was sie schafft.*« So imitieren sich die Einzelnen nur, »wenn es unter ihnen bereits eine hinreichende moralische Homogenität gibt, die bereits ein Ergebnis des gemeinsamen Lebens ist« – kurz, Imitation »erklärt nichts« (Durkheim 1906: 134 f.). 1915 wird er, versöhnlicher, schreiben: »Zweifellos, die Imitation hat ihre Gesetze, die Tarde zu bestimmen sucht. Aber diese Gesetze sind von extremer Allgemeinheit; ganz formell, können sie keinen einzigen sozialen Fakt erklären. Die Formen der Institutionen, die Reihenfolge, in der sie sich im Lauf der Geschichte entwickelt haben«, all dies entgehe Tarde. Dennoch will ihm Durkheim nicht jede Bedeutung absprechen. In dem »Moment, in dem die kriminologische Schule Italiens aus dem Positivismus eine Art materialistischer Metaphysik machte«, hat Tarde das Verdienst, den »wesentlich kognitiven Charakter der sozialen Phänomene« hervorgehoben zu haben (Durkheim 1915: 46). Indem Durkheim Tarde in seinen ›Berichten über die Soziologie in Frankreich‹ aber stets unter die Kriminologen rubriziert, indem er ihn in den *Regeln* zunächst nur in einer Fußnote erwähnt, entledigt er sich geschickt seines größten Rivalen. Die Fußnote steht dort, wo er definiert, dass sich das Soziale durch seinen Zwangscharakter zu erkennen gibt:

> »Diese Definition weicht [...] von derjenigen ab, die dem geistreichen System Tardes zugrunde liegt. Zunächst müssen wir erklären, daß unsere Untersuchungen den von Tarde behaupteten Einfluß der Nachahmung auf die Entstehung der sozialen Phänomene nicht bestätigten. Ferner geht aus der aufgestellten Definition [...] hervor, daß die Nachahmung [...] niemals das Wesentliche und Charakteristische an den sozialen Phänomenen ausdrückt. Allerdings wird jedes soziale Phänomen nachgeahmt und besitzt [...] die Tendenz, allgemein zu werden. Das geschieht aber aus dem Grunde, weil es sozial, also obligatorisch ist.« (R 112, Fn.)

1901, im zweiten Vorwort, wird Tarde gnädig noch ein Satz gewidmet, wenn Durkheim sich die Kritik an seiner Definition des Sozialen damit erklärt, dass man es eben bisher (von Tarde) gewohnt sei, eine »philosophische Denkform« einfach auf das Soziale anzuwenden, so dass man die vorläufige Definition, nach der man die sozialen Formen des Denkens und Handelns am obligatorischen Charakter erkenne, missverstehen muss. Man meint dann, Durkheim wolle die sozialen Phänomene durch den »Zwang *erklären*, ebenso wie Tarde sie durch die Nachahmung erklärt« (R 97, Hervorh. HD).

Durkheim kämpft noch an einer anderen Front: gegen diejenigen, die einfach die üblichen Meinungen in die Wissenschaft tragen. Er diskutiert sie in Gestalt der Kriminologie, wenn er gegen diese die soziale Funktionalität des Verbrechens betont. Hier enthüllt sich einmal mehr der zanksüchtige Charakter und die radikale Sicht, die Durkheim findet. Das Verbrechen wird – welch ein Skandal! – als gesellschaftlich *›nützlich‹* definiert, als *»normales«* Gesellschaftsphänomen. Hier klärt sich auch die Regel etwas genauer, die fordert, die sozialen Dinge wie Dinge, d.h. objektiv, zu beobachten. Es ist eben nicht nur eine Regel, die besagt, dass sich die sozialen Dinge der Introspektion entziehen. Es ist auch eine, die besagt, dass sich die Soziologie der Werturteile enthalten muss. Durkheim zielt also auf die Kriminologie und hat namentlich einen gewissen Garofalo vor Augen, der den Fehler begehe, ein Phänomen von einer »subjektiven und verstümmelten Anschauung« des Sozialen zu definieren (R 134).

Was ist aus soziologischer, d.h. objektiver Sicht ein Verbrechen? Hier darf man (Ausschaltung von Vorbegriffen!) nicht die eigenen sittlichen Maßstäbe zur Grundlage nehmen, sondern muss vielmehr all das als Verbrechen verstehen, was in einer Gesellschaft mit einer Strafe sanktioniert wird. Die Übertretung einer Regel und die Sanktion definieren, was ein Verbrechen ist. Für die ›schlechten‹ Kriminologen hingegen ist es eine Aggression eines ›niederen‹ Individuums, das die Sittlichkeit der übrigen Gesellschaft noch nicht teilt. Aus Durkheims Sicht ist dies ein moralinsaures Vorurteil, ein zudem eurozentrischer Vorbegriff des Verbrechens. Der Soziologe muss von der kulturellen Relativität der Verbrechen ausgehen, ein Verbrechen ist eben alles das, was ein Kollektiv sanktioniert, ganz unabhängig von unserem ›sittlichen Gefühl‹. So gesehen sind auch die Handlungen, die in den ›primitiven‹ Gesellschaften als Verbrechen behandelt wurden und die wir heute nicht mehr als solche verstehen, »wirklich Verbrechen« (R 135). Derselbe eurozentristische Fehler hat dazu geführt, den »Wilden alle Moral abzusprechen [...] Wenden wir unsere Regel an, so ändert sich alles. Um zu entscheiden, ob ein Gebot sittlich ist oder nicht, müssen wir prüfen, ob es das äußere Kennzeichen der Moralität aufweist oder nicht«, jene »diffuse Strafsanktion«, die die verletzte öffentliche Meinung ausübt (R 136). Nicht über die Natur eines Phänomens vorurteilen, fähig sein, die Vorstellungen der eigenen Kultur und die, die sie auf die anderen projiziert, zu objektivieren, die Bedeutung einer Praxis in ihrem Kontext sehen – dies ist die Lektion der Regel:

»Immer ist zum Gegenstande der Untersuchung nur eine Gruppe von Erscheinungen zu wählen, die zuvor durch gewisse äußere gemeinsame Merkmale definiert worden ist; in die gleiche Untersuchung sind alle Erscheinungen einzuschließen, die der Definition entsprechen.« (R 131)

Das Normale und Pathologische – der Nutzen der Soziologie für die Gesellschaft (Kap. 3)

Welches Ziel hat die neue Wissenschaft? Durkheim geht es um eine moderat distanzierte politische oder praktisch dienliche Soziologie, die sich von Ideologien fernhält, aber sich einmischt, wenn es darum geht, den Zusammenhalt zu stärken. Die mehr oder weniger gut versteckte, nirgends ausgesprochene Grundfrage dieser Soziologie ist ja stets diese: ›*Wie ist soziale Ordnung möglich*, anstelle von Anomie, der Auflösung des sozialen Bandes? Ausgearbeitet wird diese ›gesellschaftliche Funktion‹ der Soziologie im dritten Kapitel, den *Regeln zur Unterscheidung des Normalen und des Pathologischen.*

Auf den ersten Blick wirkt das Kapitel deplatziert. Was hat ein physiologischer oder medizinischer Begriff im Brevier zur soziologischen Methode verloren, zumal Durkheim von der ›Gesundheit‹ und ›Krankheit‹ der Gesellschaft spricht? Worum geht es also? Um die Frage des Nutzens der Soziologie in der Gesellschaft. Der ›allgemeinen Auffassung nach‹ handelt es sich um eine analytische Wissenschaft, die sich von normativen Aussagen fernhält. Sie beobachtet und erklärt das Soziale, mehr nicht (weniger auch nicht). Seit Max Webers Vortrag ›Wissenschaft als Beruf‹ von 1919 nennt man dies die ›Werturteilsfreiheit‹. Politik und soziologische Analyse sind verschiedene Dinge. Der Soziologe ist, so Weber, weder Prophet noch Demagoge. Er hat sich, als Wissenschaftler, von jeder Ideologie zu distanzieren. Das würde auch Durkheim unterschreiben. Findet sich die Soziologie damit nicht von jeder Wirksamkeit ausgeschlossen, woher nimmt sie ihre Existenzberechtigung? Das Problem, das Durkheim hier zu lösen sucht, besteht darin, ein Kriterium für die Krise der Gesellschaft zu finden, ohne einer Ideologie zu verfallen, der politischen Praxis »Aufklärung« zu bieten, ohne sich »untreu zu werden« (R 141 f.).

Was ist das Kriterium? Durkheim setzt ›Krise‹ mit ›Krankheit‹ gleich, ›Normalzustand‹ mit ›Gesundheit‹. Genauer wird er die Gesundheit (das Wünschenswerte, *Normative*) mit dem *Normalen*, dem statistisch Häufigen gleichsetzen. Das Krankhafte, Pathologische, Anormale deckt sich mit der Seltenheit eines Phänomens. Die Bedingung dieser Gleichung ist, dass das Seltene auch das Nicht-Nützliche ist. Durkheim wird also tatsächlich das Kriterium für den Wert eines sozialen Phänomens in seiner Quantität sehen. Die einen Phänomene treten »allgemein auf; sie finden sich vielleicht nicht gerade bei sämtlichen Individuen, aber doch bei der Mehrzahl von ihnen«, während andere »nur ausnahmsweise vorkommen« (R 147). Die ersten sind ›normal‹, die anderen ›pathologisch‹. Tatsächlich wird er also den »Durchschnittstypus« als gesund und die Abweichung als »krankhaft« verstehen (R 148) – weil die »Eigenschaften, deren Vereinigung den Normaltypus bildet«, nicht grundlos allgemein werden konnten. Die häufigsten Formen sind auch die »vorteilhaftesten«, denn wie hätten sie sich sonst behaupten können? (R 150)

Dies ist sicher keine besonders plausible Argumentation. Aber folgen wir Durkheim weiter: Das Normale ist nicht immer das, was mit landläufigen Vorstellungen von ihm zusammenfällt. Einmal mehr muss man sich der Vorurteile enthalten: »Wenn es eine Tatsache gibt, deren pathologischer Charakter [auf den ersten Blick] unbestritten ist, so ist es das Verbrechen.« Nun gibt es aber keine Gesellschaft ohne Kriminalität. Das Verbrechen weist also »alle Symptome der Normalität« auf, offenbar gehört es zu den »Gesamtbedingungen eines jeden Kollektivlebens« (R 156). Das Verbrechen ist nicht nur gesellschaftlich unvermeidlich, sondern *notwendig*. Eine Gesellschaft muss das Abweichende als kriminell definieren, um das Normale zu konstituieren. Insofern ist das Verbrechen also »nützlich« (R 159), insofern ist der Verbrecher nicht »unsozial«. Das heißt nicht, dass man ihn »nicht verabscheuen soll« – gerade weil sein Tun als unsittlich definiert und erlebt wird, hilft er, den ›Normalzustand‹ zu erhalten. Die Sanktion bestätigt die Regel (R 161 f.).

»1. *Ein soziales Phänomen ist für einen bestimmten sozialen Typus in einer bestimmten Phase seiner Entwicklung normal, wenn es im Durchschnitt der Gesellschaften dieser Art in der entsprechenden Phase ihrer Evolution auftritt.*

2. *Die Ergebnisse dieser Methode kann man verifizieren, indem man nachweist, daß bei dem betrachteten sozialen Typus die Allgemeinheit des Phänomens in den allgemeinen Bedingungen des Kollektivlebens begründet ist.*

3. *Diese Verifikation ist notwendig, wenn sich die Tatsache auf eine soziale Art bezieht, die ihre Entwicklung noch nicht vollständig abgeschlossen hat.*« (R 155)

Nun ist es die Aufgabe des »Staatsmannes«, die Gesundheit einer Gesellschaft zu erhalten. Er, nicht der Soziologe, »verhütet den Ausbruch von Krankheiten oder heilt sie« (R 163 f.). Der Soziologie erkennt sie. Welches sind die Phänomene, die auf eine soziale ›Krankheit‹ schließen lassen? Durkheim führt hier zunächst die erste Zusatzregel ein: Man muss das ›Alter‹ einer Gesellschaft berücksichtigen, es gibt eine allgemeine Entwicklung, eine Linie, auf der die Kollektive verschieden weit gekommen sind. ›Normales‹ und ›Pathologisches‹ lassen sich nur erkennen, vergleicht man Kollektive ›gleichen Alters‹.

Das ist zunächst nur eine negative Antwort, eine Begrenzung. Was ist die positive? Durkheim gibt sie hier nicht. Insgesamt hat er aber stets eine ›Krankheit‹ des Sozialen im Blick: die *moralische* Lücke der modernen Gesellschaft, das Fehlen von ›Regeln‹, den ›anomischen‹ Zustand eines Kollektivs, in dem die Autorität der Institutionen bröckelt, der ›Zwang‹ der *faits sociaux* nachlässt. Diese Soziologie, die sich als positive *Moralwissenschaft* begreift, ist letztlich ja der Versuch, der »Moral und der praktischen Philosophie neues Leben zu bieten, und zu zeigen, dass es möglich ist, die Moral der Wissenschaft zu unterwerfen, ohne sie zu schwächen« (Durkheim 1895: 91). In der *Arbeitsteilung* zeigt sich, warum es auf die ›Moral‹ derart ankommt: Sie ist das Bindemittel der Gesellschaft.

Exkurs: Die Kritik von Georges Canguilhem

Georges Canguilhem hat an diesem Durkheim eine ernste Kritik geäußert, indem er die Rede von Pathologien des Sozialen und die Quantifizierung des Normalen problematisiert. Dabei fällt der Name Durkheim kaum, vor allem nicht in der *thèse* zum *Normalen und Pathologischen* von 1943, wo dies überaus nahegelegen hätte. Das ist kein Zufall. Canguilhem hat Durkheims Soziologie als Fall einer szientistischen Illusion verstanden, deren Begründer andere sind, namentlich Comte. Eine erste Kritik betrifft die Gleichsetzung des Qualitativen und Quantitativen. Durkheim begeht hier einen Grundfehler, den er vom »Broussais'schen Prinzip« übernimmt (Canguilhem 1977 [1943/66]: 26 f.). Der Fehler ist, *das Qualitative zu fragmentieren*, das Intensive zu quantifizieren. Durkheim misst das Normale am Häufigen. Er verkennt den Unterschied zwischen Tatsache und Wert. Zudem definiere er das Normale in den *Regeln* unbemerkt selbst in subjektiven Termen statt solchen der Objektivität: Er bevorzugt die Konservierung des Bestehenden vor der Veränderung, die Solidarität vor der Rivalität, die Organizität vor der Konfliktualität (Canguilhem 1942/43). Die zweite Kritik betrifft die Rede vom ›Außen‹ der sozialen moralischen Tatsachen: Nicht das Leben unterliegt den Normen, die ›von außen‹ einwirken; vielmehr sind sie ihm immanent. Es gibt eine ›vitale Normativität‹, ein *schöpferisches Leben der Normen*, das sich nicht auf einen Normaltyp zurückführen lässt. Eine dritte Kritik bezieht sich auf ein Scheinproblem, das sich aus einem negativen Begriff ergibt (nach einem berühmten Argument Bergsons), nämlich aus dem Begriff der Unordnung. Die Voraussetzung der Durkheim'schen Soziologie ist ja, das Problem des Sozialen sei es, *wie soziale Ordnung* (gegenüber der ständig drohenden Unordnung) *möglich ist.* Demgegenüber gibt es schon logisch keine Unordnung, vielmehr stets andere Ordnungen, denn der Begriff der Unordnung ist ein Scheinbegriff, er enthält bereits eine Ordnung, deren Absenz man sich hinzudenkt (Bergson 2012 [1907]: Kap. IV). Canguilhem überträgt diese Kritik Bergsons auf Durkheims Begriff des ›Pathologischen‹: Es ist nicht der logische Gegensatz des ›Normalen‹, das »Leben im pathologischen Zustand ist *nicht Abwesenheit von Normen, sondern Anwesenheit anderer Normen*« (Canguilhem 2009 [1952]: 303). Diese dreifache Kritik ist nicht rein theoretisch. Sie entspringt einer ›Sorge‹ um das spezifisch menschliche Leben in der positivistischen Wissenschaft. Verstanden und erforscht als ›*fait brut*‹, ist es nicht mehr weit, das Leben zu ›brutalisieren‹. Eine solche Soziologie verwandelt den Menschen in ein ›*Insekt*‹ (Canguilhem 1968 [1958]: 379), macht ihn zur Sache, verkennt den Wert des Lebens. Sie verwehrt sich zudem den Gedanken, dass Einzelne eine Gesellschaft kritisieren und so neue Werte in sie einführen. Durkheim übersieht, dass der Gesellschaft keine Norm inhärent ist und sie nie ein Ganzes darstellt. Die ›objektive‹ Untersuchung der ›normalen‹ Phänomene muss einer Soziologie weichen, die die Historizität des ›Normalen‹ thematisiert. Man erkennt hier Foucaults Forschungsprogramm.

Regeln zur Klassifizierung der Gesellschaften (Kap. 4)

Kehren wir zu Durkheim zurück. Wenn ein soziologischer Tatbestand nur in Bezug auf eine bestimmte soziale Art als ›normal‹ gelten kann, muss ein »Zweig der Soziologie der Aufstellung dieser Arten und ihrer Klassifikation« gewidmet sein (R 165). Das Kapitel *Regeln für die Aufstellung sozialer Typen* definiert deren Prinzipien. Eine wesentliche Methode dieser Soziologie ist in der Tat die ›Klassifikation‹, sie soll Vergleichbarkeit herstellen, als ersten Schritt auf dem »Weg zum eigentlich erklärenden Teil« (R 176).

Wie klassifiziert man Gesellschaften? Durkheim schlägt vor, sich nach ihrer sozialen Struktur zu richten und bei den ›einfachsten‹ Strukturen zu beginnen, da er sich alle anderen als Kombinationen und Verschmelzungen vorstellt. Die einfachste Struktur ist die, die in sich nicht noch einmal geteilt ist – die Einzeller im Bereich des Sozialen. In der *Arbeitsteilung* war dies die ›*Horde*‹. Sie ist, wie es nun heißt, das »Protoplasma des sozialen Lebens und infolgedessen die natürliche Grundlage einer jeden Klassifikation« (R 170). Wird die Horde zu einem sozialen Segment in einer größeren Gesellschaft, so ist sie ein ›Klan‹. »Wir können also die Horde« oder die monosegmentäre Gesellschaft als »Grundelement aller sozialen Arten behandeln«, und zwar unabhängig davon, ob man sie nur postuliert oder es tatsächlich Gesellschaften gibt, die so aufgebaut sind. Dies ist jedenfalls Durkheims »Stützpunkt«, von dem aus er eine »vollständige Stufenleiter der sozialen Typen« konstruieren will. Auf dieser Leiter liegen weitere Grundtypen, je nachdem, wie die Horden kombiniert sind: *einfache polysegmentäre Gesellschaften* (Durkheim denkt an die australischen Stämme), die aus einer Vereinigung von diesen hervorgehenden *einfach zusammengesetzten polysegmentären Gesellschaften* (die Kabylen mit ihrer Stammeskonföderation), die zweifach zusammengesetzten polysegmentären Gesellschaften (die Polis). So könnte man immer weiter verfahren, wobei Durkheim einräumt, dass er über keine erschöpfende Klassifikation verfüge, dies sei ein »viel zu kompliziertes Problem« (R 170 f.). Gleichwohl wird er sein Prinzip für richtig befinden, das die Komplexität der Sozialstruktur zur Basis des Gesellschaftsvergleichs macht. Daher die Regel:

»*Zunächst sind die Gesellschaften nach dem Grade ihrer Zusammengesetztheit zu klassifizieren, wobei die vollkommen einfache oder monosegmentäre Gesellschaft als Grundlage zu nehmen ist; innerhalb dieser Klassen sind verschiedene Abarten zu unterscheiden, je nachdem eine vollständige Verschmelzung der ursprünglichen Segmente stattfindet oder nicht.*« (R 173)

Soweit man sehen kann, ist diese Regel am wirkungslosesten geblieben. Weder scheint es Ethnologen zu geben, die ihr gefolgt sind, noch wurde sie nennenswerter Kritik für nötig befunden. Die Unterscheidung der Gesellschaften ist seither an anderen Dimensionen als allein der organisatorischen Unterteilung orientiert, etwa am Verhältnis zur politischen Ungleichheit (Pierre Clastres: die ›staatlichen‹ und ›gegenstaatlichen‹ Gesellschaften) oder zur eigenen Geschichte (Lévi-Strauss: die heißen und kalten) oder – und dies lässt schon eher an Durkheim denken – ausgehend von den Verwandtschaftssystemen. In jedem Fall sind diese Klassifikationen nicht evolutionistisch konzipiert. Sie sind oft binär und beziehen sich auf die ›subjektive Haltung‹ einer Gesellschaft. Alle Gesellschaften *haben* etwa eine Geschichte, nur ist das Verhältnis, das sie zu ihr einnehmen, verschieden: Man macht das Neue zum Motor der sozialen Existenz oder man ›verwehrt‹ sich gegen das eigene Anders-Werden. Die einen Gesellschaften versuchen die »Wirkung zu annullieren, die die historischen Faktoren auf ihr Gleichgewicht« haben, die anderen »interiorisieren entschlossen das historische Werden, um es zum Motor ihrer Entwicklung zu machen« (Lévi-Strauss 1973 [1962]: 270). So erklärt sich im Übrigen (im Vorgriff auf die religionssoziologischen Arbeiten Durkheims und ihre Kritik durch Lévi-Strauss) die *›totemistische Leere‹*, die Tatsache, dass es in Europa keine totemistischen Systeme gibt. Zwischen der Geschichte und den totemistischen Klassifikationen herrscht nämlich eine »Antipathie«. Hat sich eine Gesellschaft entschieden, *»sich durch die Geschichte* zu erklären«, so kann sie die Dinge und Lebewesen nicht *»mittels endlicher Gruppen«* klassifizieren, die sich einer »zeitlosen Ordnung« erfreuen (ebd.: 268 f.).

Wie man das Soziale erklärt (Kap. 5)

Das *Soziale ist aus dem Sozialen zu erklären* – dieser Satz, den jeder Soziologiestudierende kennt und der dem Augenschein nach aus Durkheim jenen merkwürdigen Denker macht, der den Soziologen befiehlt, in in sich kreisenden Zirkelschlüssen zu denken, lautet genauer: Man muss eine soziale Tatsache *aus einer anderen* sozialen Tatsache erklären (und nicht aus einer psychischen). So *erklärt* sich die spezifische Selbstmordrate einer Gesellschaft (ein sozialer Fakt) etwa aus ihrer Religiosität (ein sozialer Fakt) und, genauer, aus der Bindungskraft, der moralischen Dichte der Gesellschaft (die je nach Konfession verschieden ist). Mauss und Fauconnet zufolge, die hier ihrem Meister sehr nahe sind, muss *jede* soziologische Erklärung »auf eine der drei folgenden Weisen« vorgehen: Sie kann eine kollektive Repräsentation aus einer anderen erklären (das Strafrecht aus der Privatrache); sie kann eine kollektive Repräsentation aus einer sozialen Struktur erklären (die Gründung der Städte führt zum urbanen Recht); sie kann eine soziale Struktur aus einer kollektiven Repräsentation erklären (so dominierten bestimmte mythische Begriffe die Migration der Hebräer aus dem Islam.) Dabei dreht sich die Erklärung nur scheinbar im Kreis, wenn die Formen der Gruppe einmal als Effekte, einmal als Ursachen der Repräsentationen erscheinen. Der Zirkel »ist der der Dinge selbst. Nichts ist vergeblicher, als sich zu fragen, ob es die Ideen sind, die die Gesellschaften entstehen ließen, oder ob es die Gesellschaften sind, die [...] zu den kollektiven Ideen führten.« Beide sind untrennbar, hier gibt es kein Primat, weder logisch noch chronologisch (Mauss/Fauconnet 1901: 172). In diesem Sinn also sind folgende *Regeln für die Erklärung der soziologischen Tatbestände* zu verstehen:

»*Wird* [...] *die Erklärung eines sozialen Phänomens in Angriff genommen, so muß die wirkende Ursache, von der es erzeugt wird, und die Funktion, die es erfüllt, gesondert untersucht werden.*« (R 181)

»*Die bestimmende Ursache eines soziologischen Tatbestands muß in den sozialen Phänomenen, die ihm zeitlich vorangehen, und nicht in den Zuständen des individuellen Bewußtseins gesucht werden.*«

Zusatzregel 1: »*Die Funktion eines sozialen Phänomens muß immer in Beziehung auf einen sozialen Zweck untersucht werden.*«

Zusatzregel 2: »*Der erste Ursprung eines jeden sozialen Vorgangs von einiger Bedeutung muß in der Konstitution des inneren sozialen Milieus gesucht werden.*« (R 193 f.)

Zunächst ist das ganze Kapitel *anti-psychologisch*, genauer, *anti-individualistisch*. Wie auch immer man sich eine Gesellschaft oder deren Teilsysteme aus den Individuen erklären will – eine »rein psychologische Erklärung der soziologischen Tatbestände muß sich [...] alles das entgehen lassen, was jene Spezifisches, d.h. Soziales an sich haben« (R 190). Dies gilt vor allem hinsichtlich der Frage, wie man sich die *Emergenz* kollektiver Phänomene vorstellt. Wenn man etwa – wie Spencer – die religiösen Dinge auf ein Gefühl der Ehrfurcht zurückführt, wenn man die Familie auf dem Gefühl der Liebe begründen will, die Ökonomie auf dem ›Trieb‹ nach Reichtum – dann wird man die »sozialen Phänomene unbedingt entstellen« (R 184).

Die erste Zusatzregel besagt daher, dass sich die Funktion eines sozialen Phänomens nicht an der *individuellen*, sondern an der *sozialen Nützlichkeit* misst. Der Existenzgrund der Gesellschaft ist nicht das Glück der Individuen. Hier muss man die (bewussten, geplanten) sozialen ›Ziele‹ von den ›Funktionen‹ trennen. Letztere stehen nicht im Interesse des Individuums, sie sind das eigentlich Interessante, weil nämlich die »sozialen Phänomene im allgemeinen *nicht* im Hinblick auf die nützlichen Ergebnisse, die sie hervorbringen, existieren« (R 181, Hervorh. HD). Ist dies gegen Spencer gerichtet, so diskutiert Durkheim in der Frage der Natur des sozialen Lebens und der Beziehung Individuum/Gesellschaft zudem Hobbes und Rousseau. Wenn er gegen diese die ›Natürlichkeit‹ des sozialen Lebens behauptet, »so nicht, weil wir dessen Quelle in der Natur des Individuums finden, sondern weil es aus dem *kollektiven* Sein abzuleiten ist, das an sich ein Wesen *sui generis* darstellt; weil das soziale Leben der besonderen Formung entspringt, der die einzelnen Psychen vermöge der Tatsache ihrer *Assoziation* unterliegen und aus der eine *neue Existenzform* entsteht« (R 203). Erneut wird die Emergenzthese entfaltet, gegen individualistische Erklärungen.

Institutionen sind eigendynamisch, sie erklären sich nicht durch fiktive Verträge. Sie sind allenfalls ›sekundär zweckmäßig‹, wie Gehlen sagen wird. Auch dieser wird übrigens den Totemismus benutzen, um Emergenz und Funktion von Institutionen *schlechthin* zu verstehen. Wir können uns nämlich, so Gehlen, heute (als die rationalen Menschen, die wir sind) nur noch Institutionen erklären, die aus »Zweckverabredungen hervorgegangen sind«. Gerade diese aber erreichen nie jene Autonomie, die den Einzelnen »über sich selbst erhebt und ihn von seiner eigenen Zufälligkeit entlastet, ihm eine Bestimmung gibt. Vor der Frage der Entstehung der fundamentalen menschlichen Institutionen« steht die soziologische Theorie dann ratlos (Gehlen 2004 [1956]: 292). Sie muss eben voraussetzen, was in den Institutionen erst entstanden sein konnte: Rationalität und zweckhaftes Verhalten. Zudem sind bestimmte Institutionen wie die Familie gar nicht als zweckrational entstandene vorstellbar. Gehlen betont wie Durkheim übrigens die notwendige symbolische Seite der Institutionen (Gehlen 2004 [1956]). Wir kommen auf die Totemismus-These und auf die Theorie des Symbolischen zurück.

Die erste Zusatzregel bedeutet also die Fixierung der *funktionalen Methode*, wie sie die *Arbeitsteilung* bereits durchführt. Die Kritik an Comte (*Cours de philosophie positive*, 1830-1842) und Spencer (*The Study of Sociology*, 1873) ist aber auch eine Kritik an ihren Geschichtsphilosophien. Die Soziologie muss strikt empirisch verfahren, statt sich der Vorstellung von ›Gesetzen‹ des sozialen Wandels hinzugeben. »Der vorhergehende Zustand erzeugt nicht den nachfolgenden«, hier gibt es keine Kausalität (R 199). Nie weiß man vorher, mit welcher Gesellschaft man es zu tun haben wird. Die Gesellschaft entfaltet sich immer wieder neu. Spencer und andere hingegen stellen sich vor, es gäbe eine unverrückbare menschliche Natur, der eine einzige Gesellschaftsform entspreche.

»Wenn man sich die geschichtliche Entwicklung tatsächlich durch eine Art von *vis a tergo*, welche die Menschen vorwärts treibt, bewegt vorstellt, so kann es, da ja eine bewegende Tendenz nur ein Ziel [...] zu haben vermag, nur ein einziges Merkmal geben, auf Grund dessen die Nützlichkeit oder Schädlichkeit der sozialen Phänomene bewertet werden kann. Daraus folgt, daß nur ein einziger Typus der sozialen Organisation existiert und existieren kann, der der Menschheit vollkommen zusteht [...] Es ist nicht nötig nachzuweisen, wie unvereinbar eine so simplistische Anschauung mit der anerkannten Vielfältigkeit und Kompliziertheit der sozialen Formen ist.« (R 201)

Zudem erklären sich solche Theorien eben die Existenz einer sozialen Institution durch die individuellen Ziele. Die »gemeinhin befolgte Erklärungsmethode« der klassischen Soziologie ist also zweifach falsch (R 181).

Die *zweite* Zusatzregel besagt entsprechend, dass es stattdessen allein auf das ›innere‹ Milieu einer Gesellschaft ankommt, genauer, nur auf das ›menschliche‹. Zwar besteht eine Gesellschaft auch aus Dingen (›einverleibte Dinge‹ sowie kulturelle Phänomene: Recht, Moral, Glauben, etc.). Für Durkheim ist aber klar, dass der soziale Wandel nicht aus ihnen kommt, denn sie besitzen »keine bewegende Kraft«. Sicher haben die Artefakte ein gewisses »Gewicht«, sie beeinflussen »Geschwindigkeit« und »Richtung« des Sozialen. Doch sie setzen es nicht »in Gang«. Als »aktiver Faktor bleibt also nur das eigentlich menschliche Milieu übrig« (R 195). Durkheim wischt hier weg, was ein nicht unwichtiger Teil der gegenwärtigen Soziologie ins Licht rückt: die Artefakte mit ihrer sozialen Aktivität.

Die eigentlich methodischen Vorschriften: Regeln der Beweisführung (Kap. 6)

Das sechste Kapitel definiert die eigentlich *methodischen* Vorschriften, die Methoden der empirischen Sozialforschung, wie wir heute sagen. Vorausgesetzt ist dabei die (positivistische) These, das Soziale sei wie jeder Bereich der Natur gesetzmäßig verfasst, es gebe hier strenge Kausalitäten, sodass bestimmte Ursachen immer dieselben Folgen haben und dies ›bewiesen‹ werden kann. Wenn es diese Kausalität gibt, kommen bestimmte Methoden infrage. Es ist insbesondere (da man hier schlecht unter Laborbedingungen experimentieren kann) die *vergleichende* Methode, die Durkheim empfiehlt. Wenn die soziologische Erklärung »darin besteht, Kausalitätsbeziehungen aufzustellen«, und sich diese dem Experiment entziehen, so ist die vergleichende Methode die »einzige, welche der Soziologie entspricht« (R 205).

In der *Arbeitsteilung* hatte Durkheim Institutionen mit gleicher Funktion in verschiedenen Gesellschaften verglichen. Dabei ging es um die Suche ›funktionaler Äquivalente‹. Im *Selbstmord* wird er zudem die Methode der »parallelen (konkomitanten) Variationen« benutzen, nach der zwischen zwei konkomitanten Variablen (Ko-Variablen) eine Kausalbeziehung dann besteht, wenn sie sich zugleich verändern. »Sobald man erwiesen hat, daß bei einer gewissen Zahl von Fällen zwei Phänomene eines mit dem anderen variieren, kann man gewiß sein, daß man einem Gesetz gegenübersteht.« (R 212) Man kann dabei Tatsachen untersuchen, die einer Gesellschaft entstammen (die Selbstmordrate bei den katholischen und protestantischen Familien); oder mehreren Gesellschaften *derselben* Art; oder aber *verschiedenen* »sozialen Typen« (R 213). Will man eine Institution erklären, wird man zudem die »Formen vergleichen müssen, die sie nicht nur bei Völkern des gleichen Typus, sondern auch bei allen früheren Typen angenommen hat« (R 215). Daher die Regel:

»*Ein soziologischer Tatbestand von einiger Komplexheit läßt sich* [...] *nur dann erklären, wenn seine integrale Entwicklung durch alle sozialen Typen hindurch verfolgt wird.*« (R 216)

Diese vergleichende Soziologie ist nicht nur ein spezieller Zweig der Soziologie. Sie ist die *Soziologie selbst*, als wissenschaftliche, objektive, hypothesenprüfende. Der Vergleich muss dabei alle störenden Variablen ausschalten, aus Durkheims Sicht namentlich das gesellschaftliche ›Alter‹, wenn es heißt, dass man immer »*Gesellschaften in derselben Periode ihrer Entwicklung*« (R 216) vergleichen muss. An dieser Stelle wird erneut deutlich, dass Durkheim evolutionistisch denkt. Es gibt seiner Auffassung nach eine Stufenleiter, auf der sich alle Gesellschaften anordnen lassen. Sie durchlaufen also alle dieselbe Geschichte, sind in ihr eben nur mehr oder weniger weit gekommen. In jedem Fall handelt es sich dabei um den Vergleich von Indizien, von Indikatoren, die über gesellschaftliche ›Gesetze‹ Auskunft geben. Für Durkheim ist ja die Soziologie eine empirische Disziplin und als solche muss sie sich den Naturwissenschaften anähneln. Die Rechts- oder auch die Religionssoziologie sind hier also nie Selbstzweck, sondern dienen der Verifikation von Aussagen über ›soziale Gesetze‹. Durkheims Vorstellung ist dabei in der Tat, die Gesellschaft lasse sich ebenso untersuchen, wie die Naturwissenschaft ein Hormon, eine Fruchtfliege oder ein Kristall untersucht.

Die kopernikanische Revolution im Denken des Menschen: Die Philosophie ohne Subjekt (Kap. 7)

Zum Schluss betont Durkheim zwei Dinge, die *theoretische* sowie die *praktische Unabhängigkeit der Soziologie* insbesondere von der Philosophie. Stärker, als bisher deutlich wurde, richtet sich das Manifest also vor allem auch gegen die Philosophie in der Soziologie. Die »Eigentümlichkeiten der soziologischen Methode« machen diese, wie Durkheim festhält, »unabhängig von jeder Philosophie«. Weder ist sie positivistisch noch spiritualistisch oder evolutionistisch. Insbesondere hat sie »zu den großen, die Metaphysiker trennenden Hypothesen keine Stellung zu nehmen« (R 218). Sie darf weder die individuelle Freiheit noch die individuelle Determination behaupten. Statt dass also eine spezielle Philosophie die Grundlage der Soziologie wäre, biete diese vielmehr umgekehrt der Philosophie eine neue Basis, indem sie nämlich vom Begriff der *Assoziation* ausgeht (R 219).

Aber auch gegenüber der praktischen Philosophie (Ethik) sowie der Politik ist die Soziologie unabhängig. Sie dient zwar »praktischen Zwecken«, aber da sich die sozialen Probleme aus »Tatsachen und nicht aus Affekten« ergeben, stellen sie sich »in ganz anderen Begriffen« dar, wie auch ihre Antworten andere sein werden als die der Politik. Sie resultieren nicht aus Vormeinungen, sondern entstammen einer »kühlen und trockenen Analyse« (R 129). Schließlich ist die Methode »objektiv«, da eben die »soziologischen Tatbestände Dinge sind« (sic!) (R 220). Und wie stellt sich für Durkheim rückblickend das Unterfangen des gesamten Buches dar? Er will hier »*Vorsichtsmaßregeln*« (R 221, Hervorh. HD) geschaffen haben, um das Soziale objektiv zu analysieren.

Die so definierte Soziologie bedeutet faktisch nicht weniger als eine ›kopernikanische Revolution‹. Das sozialwissenschaftliche Denken kreist seither nicht mehr um das Subjekt, sondern um die Gesellschaft. Es mag dem Menschen zwar missfallen, »auf die unbeschränkte Macht über die soziale Ordnung zu verzichten, die er sich so lange zugeschrieben hat«; auch neigt er dazu, die kollektiven Kräfte »zu negieren«. Will er diese Dinge aber beherrschen, statt dass sie ihn beherrschen, ist nichts »dringender« als diese Soziologie, die sich vom anthropozentrischen Vorurteil endgültig befreit. Das ist der »Zweck unserer Bemühungen« (R 102). Eingeschlagen ist hier der strukturtheoretische, a-subjektive oder kollektivistische Vektor in der Soziologie, der über Lévi-Strauss zu Autoren wie Foucault, Deleuze und Castoriadis verläuft – wenn nämlich Durkheim das Individuelle ausdrücklich als den ›Rohstoff‹ versteht, den der »soziale Faktor formt und umwandelt« (R 189). Freilich, Durkheim schleppt dabei durchaus noch das Erbe der Subjektphilosophie mit sich, indem er etwa ›die Gesellschaft‹ an die Stelle des Subjekts setzt – so lautet jedenfalls ein häufiger Einwand. Das ›Großsubjekt‹ Gesellschaft wäre der Tribut, den diese Soziologie noch an die klassische Philosophie zu zahlen hätte. Allerdings war dies Durkheim wohl durchaus bewusst. Er selbst versuchte immer wieder, hier anders zu denken, neue Begriffe zu benutzen und andere umzudefinieren (kollektive Repräsentation, kollektives Bewußtsein). Bruno Karsenti macht nicht von ungefähr darauf aufmerksam, dass Durkheim zunehmend nicht die Gesellschaft als Person denkt, sondern die Gesellschaft ›in den Personen‹ – als die, die sich in den Vorstellungen und Handlungen der Individuen präsentiert. Die Gesellschaft ist dann eher eine spezifische Dimension der individuellen Existenz als selbst ein ›Individuum‹. Es handelt sich um keine neue metaphysische Fiktion, eher geht es Durkheim um eine spezifische – emergente – »Seinsebene, in die die Individuen stets schon eingeschrieben sind« (Karsenti 2006: 5).

IV Theorie der modernen Gesellschaft I: Gesellschaftliche Typen der Solidarität

»Mit einem Wort: Unsere erste Pflicht besteht heute darin, uns eine neue Moral zu bilden.« (AT 480)

Das erste Werk Durkheims von 1893, seine französische Dissertation *Über soziale Arbeitsteilung. Studie über die Organisation höherer Gesellschaften*, ist auf den ersten Blick sicher das antiquierteste seiner Werke. Es enthält den Vergleich nicht-moderner Gesellschaften mit Ringelwürmern, die quasi-physikalische These, nach der die Gesellschaftsorganisation von Volumen und Dichte der Menschen im Raum abhängt, es ein ›Gesetz der Schwerkraft‹ im Sozialen gebe, und die übertriebene Hoffnung, die Durkheim auf die Berufsverbände und insgesamt auf die soziale ›Solidarität‹, den konfliktlos gedachten Zusammenhalt legt. Seinem Darwinismus verdankt sich die These, dass die Konzentration vieler Menschen auf engem Raum die im ›Lebenskampf‹ stehenden Einzelnen zur Spezialisierung zwingt; der Rezeption obskurer physiologischer Anthropologien sein Versuch, die Arbeitsteilung als funktionale Differenzierung biologisch herzuleiten.

Durkheim schreibt tatsächlich Sätze wie diesen: »Während der Durchschnitt der Pariser Gehirne zu den größten bekannten Gehirnen gehört, gehören durchschnittlich die weiblichen Pariser

Gehirne zu den kleinsten beobachteten Gehirnen, weit unter dem Gehirn der Chinesinnen und kaum größer als das Gehirn der Frauen von Neu-Kaledonien.« (AT 107)

Hinter den Schwächen verbergen sich aber einige starke Aspekte dieses Buchs, das unter den Zeitgenossen Aufsehen und Widerstand erregte. Und es gibt diese starken Aspekte auch aus heutiger Sicht: die gesellschaftsvergleichende Konzeption, die methodisch raffinierten Betrachtungen über die soziale Funktion und Aussagekraft des Rechts, die historische Analyse des Individuums, der Idee der Person, die Vision eines vereinigten Europa, die Theorie der Menschenreche als modernem ›Kult des Individuums‹. In diesem Werk begegnet man vielleicht nicht dem Vater der EU, aber doch einem ihrer Herolde. Kein Geringer als Niklas Luhmann hat das Buch zu seiner Zeit geadelt. Durkheims hier entfaltete Gesellschaftstheorie besitzt

»eine ihrer eindrucksvollsten Chancen in der Möglichkeit, Summenkonstanz- oder Knappheitsannahmen zu durchbrechen und Steigerungsverhältnisse darzustellen. Ihr dominierendes Interesse, ja wahrscheinlich das Theoriemotiv schlechthin, ist die Absicht, das Verhältnis von Individuum und Gesellschaft in einer Weise zu fassen, die die Stärkung beider Realitäten zugleich als möglich erscheinen läßt. Individualisierung der Personen geht nicht notwendig auf Kosten gesellschaftlicher Solidarität oder umgekehrt; vielmehr bedingen beide Steigerungsprozesse sich wechselseitig und sind beide nur aufgrund einer bestimmten Sozialstruktur, aufgrund von Arbeitsteilung möglich, die ihrerseits wieder durch sie ermöglicht wird [...] Wir halten einen Augenblick an, um die Raffinesse der Theorieanlage zu bewundern. Die Zentralaussagen werden nicht apriorisiert, nicht in die Grundlagen der Theorie eingebaut. Sie werden auch nicht präformativ in die Anfänge der Entwicklung ihres Gegenstandes zurückverlegt. Sie spielen im Bereich von Variablen, die unter angebbaren Umständen empirisch co-variieren. Ein solches Arrangement ist ein wichtiger Zug auf dem Wege zur Eigenständigkeit der Disziplin Soziologie.« (Luhmann 1988: 31)

Durkheim bildet zwei Typen, mechanische und organische Solidarität, wobei er zeigt, dass die »Zerreißfestigkeit des sozialen Zusammenhalts« im Übergang von der ersten zur zweiten nicht abnimmt, sondern zunimmt. »Wenn sich Solidarität [...] in primitiven Gesellschaften als Kollektivbewußtsein in den Köpfen der Menschen auch breitmacht und für Individualität kaum Raum läßt: ihre eigentliche Entwicklung beginnt mit der Arbeitsteilung und der durch sie erzwungenen organischen Solidarität. Damit wird die *noch zusammenhaltbare Ungleichheit* (und nicht etwa: die bloße Intensität des Gefühls) zum Maß der Solidarität.« Diese hat ihr von den Einzelnen unabhängiges, »eigenes Maß und damit eine Steigerungsmöglichkeit, der nichts Psychologisches mehr zu entsprechen braucht« (Luhmann 1988: 25). Durkheims Fazit ist bekannt: Die Gesellschaft habe sich von einer segmentären Strukturierung zu einem funktional differenzierten oder ›arbeitsteiligen‹ System entwickelt, wobei sie ihre Solidaritätsgrundlagen von Gleichheit auf Ungleichheit umgestellt, ihre Moral und ihr Recht geändert habe. Diese »beruhen auch in der modernen Gesellschaft auf Kollektivbewußtsein, enthalten aber eingebaut die Notwendigkeit individueller Zielsetzungen«, womit sich eine »Moral der Freiheit« und ein Recht entfaltet, welches »immer weniger repressiv« ist (ebd.: 34). Im Übrigen hat Luhmann auch die Schwäche der Konzeption benannt, jene Leerstelle, die bei ihm die ›symbolisch generalisierten Kommunikationsmedien‹ einnehmen werden. Durkheims »Prämisse lautet: daß Kontakte Moral generieren«. Wo liegt der Fehler? Er hat die moralischen »Effekte des Geldmechanismus«, nämlich »Moral in der Interaktion zu neutralisieren«, ignoriert. Was Durkheim nicht sah, ist die Vermittlung sozialer Beziehungen durch Geld, die Ersetzung »moralgebundener Interaktion durch organisations- und/oder preisgebundene Interaktion«. So misslinge Durkheim, »das kann man schon sagen«, die Analyse der gesellschaftlichen ›Pathologie‹ (ebd.: 34 ff.). Kurz, es fehlt das

Thema Geld. Zudem, es ist nicht zu verkennen, ist Durkheim gerade hier ein Harmonist. Für ihn lassen sich ›Gesellschaft‹ und ›Konflikt‹ oder auch nur ›Distanz‹ schlecht zusammen denken.

Wie wurde das Buch aufgenommen? Durkheims Auftritt war ungeachtet dieser und anderer Schwächen kapital. Die Verteidigung seiner *thèse principale* und diese selbst wurden als brillant eingeschätzt. Dabei hatte man ihm vom Plan dieser Dissertation dringend abgeraten: Jemand, der mit einem soziologischen Thema promovieren wolle, müsse ›verrückt‹ sein (wie Comte). In einem Rutsch war Durkheim dann, konträr zu solchen Befürchtungen, eine intellektuelle Autorität und einer der Hauptvertreter der Soziologie Frankreichs. Natürlich gab es auch kritische Rezeptionen. Mit dem Thema der *Moral* wilderte Durkheim auf dem Gebiet der Philosophie und mit dem Thema *Arbeitsteilung* auf dem der Ökonomie. Die Philosophen sahen die Moral von der ›positiven Moralwissenschaft‹, die Durkheim hier erstmals vorlegte, bedroht. Vor allem ihretwegen verstanden sie Durkheim als den ›Totengräber‹ ihrer Disziplin. Die Ökonomen wiederum erkannten zwar das Potenzial dieses neuen – funktionalistischen – soziologischen Denkens, aber die Idee neuer Berufsgruppen, also Durkheims institutionelle Lösung, zog ihre Kritik auf sich; die Idee, ökonomische Beziehungen zu *regeln*. Wirklich empört waren die Studierenden der geisteswissenschaftlichen Fakultät der Sorbonne (vgl. oben): »Das Ideal, das man uns vorsetzt, ist die Spezialisierung.« Statt die Jugend zu motivieren, sich ein »individuelles Leben zu erarbeiten«, verlange man von ihr, »Räder im allgemeinen Mechanismus zu sein«. Dieses Ideal der Nützlichkeit habe Durkheim »perfekt definiert, in jenem Buch, das den Ton der herrschenden Philosophie der Sorbonne vorgibt: die *Teilung der sozialen Arbeit.* Muss man sich bemühen, ein *homme complet* zu werden? Nein, antwortet dieser Soziologe, sondern ein spezialisierter.« (Agathon 1911: 70 f.)

Wie wird das Buch heute wahrgenommen? Durchaus als aktuell. Philippe Steiner etwa entdeckt in Durkheims Gesamtwerk, beginnend mit der *Arbeitsteilung*, eine originelle Soziologie des Ökonomischen (Steiner 2005). Dabei ist ganz offensichtlich, dass diese Schule nicht für eine ökonomische Grundlegung des Sozialen plädiert, sie verfolgt keinen ökonomistischen Ansatz, weder in materialistischer noch individualistischer Version. Abgesehen von diesem Buch (in dem Durkheim sich nicht für das Ökonomische an sich, sondern dessen Funktion für das *lien social* interessiert) sowie dem *Selbstmord* (in dem er die moderne Wirtschaft als Verursacher anomischer Selbstmorde erkennt), abgesehen von Mauss' und François Simiands Arbeiten, scheint sich zwar gerade diese Soziologie wenig für die moderne Ökonomie zu interessieren. Steiner hingegen sieht bei Durkheim sogar zwei wirtschaftssoziologische Forschungsprogramme angelegt. Das erste ist die »ökonomische Soziologie des Vertrages«, die politische und rechtliche Institutionen als moralgründend versteht, das zweite ist die Religionssoziologie: Das religiöse Leben ist konstitutiv für alle anderen sozialen Sphären und umfasst auch die Ökonomie.

Worin besteht die Aktualität? Das erste Programm ist aktuell, weil es jede Soziologie korrigiert, die die Gesellschaft auf die Ökonomie reduziert. Das zweite ist auch heute bedeutsam, sofern es eine Soziologie des ökonomischen Wissens ermöglicht, deren Subjektform analysiert und die Religion dabei zur Matrix des Sozialen macht. Die Rationalisierung, die jede ökonomiezentrierte Soziologie als zentral annehmen muss, erscheint dann (ähnlich wie bei Weber) als unintendierter, zunächst religiöser Prozess. Aktuell ist dieses Programm zudem als Korrektiv: Jede Gesellschaft bedarf zu ihrer Existenz periodisch kollektiver Affektionen. Gerade die Ökonomie kann diese, so jedenfalls meint Durkheim, nicht bieten.

Es gibt weitere Aktualisierungen gerade dieses Buches, zum Beispiel in der politischen Soziologie. Anne W. Rawls erkennt eine aktuell interessante Gouvernement-Theorie, dort nämlich, wo Durkheim ›sekundäre Gruppen‹ als Basis der modernen politischen Organisation vorschlägt, der er eine neue Umverteilung, eine neue ›Gerechtigkeit‹ beiseitestellt (Rawls 2013). Andere sehen im selben Werk einen Theoretiker der Menschenrechte und der EU als ökonomisch-moralischer Union. Durkheims zentrales Problem, die Frage nach dem *lien social*, das die moderne Gesellschaft zusammenhält, könnte angesichts der Globalisierung aus dieser Sicht nicht aktueller sein, nicht im Ziel, den Normwandel der Gesellschaft selbst zu forcieren, sondern im Ansatz, ›Solidarität‹ *nicht* als emotionales Ideal zu konzeptualisieren. Zudem gilt Durkheim mit seinen Bemerkungen zur Internationalisierung als Theoretiker der Weltgesellschaft *avant la lettre*. Er war derjenige, der die moderne Subjektform als historisch voraussetzungsvolle Tatsache erkannte. Diese Seite der *thèse*, die Analyse des jeweiligen Imperativs in Bezug auf das Subjekt, ist ein zentrales soziologisches Thema seit Foucault. Gegenwärtig dominiert demnach der Imperativ des *Kreativsubjekts* (Bröckling 2007, Reckwitz 2012). Durkheim beschreibt den des *Spezialsubjekts*:

»Wir wollen, daß sich die Tätigkeit, statt sich auf eine große Fläche zu verteilen, konzentriert und an Intensität gewinnt, was sie an Ausdehnung verloren hat. Wir mißtrauen jenen allzu beweglichen Talenten, die für alle Beschäftigungen geeignet sind und sich weigern, eine spezielle Rolle zu wählen und zu dieser zu stehen. Wir empfinden eine Abneigung jenen gegenüber, deren einzige Sorge es ist, alle ihre Fähigkeiten auszubilden und zu verfeinern, die aber davon keinen bestimmten Gebrauch machen und auch keine opfern [...] Uns erscheint es, als ob diese Distanziertheit und Unbestimmtheit etwas Antisoziales an sich hat. Der *honnete homme* von ehedem ist für uns nur mehr ein Dilettant. Mit einem Wort: In spezifischer

Hinsicht nimmt der kategorische Imperativ des moralischen Bewußtseins allmählich folgende Form an: *Bereite dich vor, eine bestimmte Funktion nützlich auszufüllen.*« (AT 86 f.)

Moderner kann man dies kaum formulieren. Durkheim beobachtet aber mehr, seine Blicke richten sich nie nur in eine Richtung. Es scheint nämlich die Maxime der Spezialisierung »von der gegenteiligen Maxime negiert zu werden, die uns allen befiehlt, ein gleichartiges Ideal zu verwirklichen« (AT 87).

Wie geht Durkheim nun vor? Zunächst müssen wir die Komplexität des Buches reduzieren, die groben Züge referieren, die jeder Soziologiestudierende kennt: die Differenz zweier Gesellschaftstypen und zweier Arten der ›Solidarität‹. 1888 hat Durkheim sein Buch erstmals vorgestellt, in der Vorlesung *Einführung in die Soziologie der Familie.* Sie eignet sich gut als Kurzfassung. Er definiert hier zunächst *das* »Anfangsproblem« der Soziologie: Zu wissen, »welche Bindungen es sind, die Menschen untereinander haben, d.h. wodurch die Bildung sozialer Aggregate bestimmt wird« (Durkheim 1981 [1888]: 54). Diese Bindungen sind different; es gibt verschiedene Arten sozialer Solidarität. In der Moderne ist die Arbeitsteilung die Quelle des Zusammenhalts, also die *Differenz* der Einzelnen, ihrer Ideen und Gefühle; in nicht modernen Gesellschaften hingegen ist es deren *Ähnlichkeit.* Kurz, es gibt zwei soziale Typen. Durkheim nennt sie auch die ›unorganisierten‹ (oder ›amorphen‹) einerseits, die ›organisierten‹ andererseits. Im ersten Typ vereinigen sich die Einzelnen, indem sie zu einer »kompakten Masse« verschmelzen, die »fast nur zu einer gemeinsamen Bewegung fähig« sei. Im zweiten hat jeder seine eigene »Handlungssphäre«. In nahezu ›absoluter Reinheit‹ findet Durkheim den ersten in den »primitiven Gesellschaften«, die sich via Tradition integrieren; es sind kleine Kollektive. Wegen der engeren Beziehungen und Identität der Denkinhalte trägt die »Ähnlichkeit den Sieg über die Verschiedenheit« davon, das »Ganze über die Teile«. Hat eine Gruppe mehr Einzelne, müssen sich diese voneinander differenzieren, da auf dem sozialen »Schlachtfeld« die »Intensität des Lebenskampfes« zunimmt. ›Arbeitsteilung‹ wird zur »Hauptbedingung des sozialen Gleichgewichts«. Weil diese Solidarität der Weise ähnelt, »wie sich bei höhren Tierarten die Teile verbinden«, nennt Durkheim diese ›*organisch*‹, die andere ›*mechanisch*‹ (ebd.: 54 f.).

In denselben Worten hatte er kurz darauf (und immer noch vier Jahre vor Erscheinen des Buches) Tönnies' *Gemeinschaft und Gesellschaft* rezensiert. Er stimmt ihm zunächst zu: Es gibt zwei Arten von Gesellschaften; die »›Gemeinschaft‹ ist die chronologisch erste, die ›Gesellschaft‹ das Ziel«. In deren Beschreibung trennt sich der französische Gesellschaftsanalytiker indes von Tönnies, der hier ein rein individualistisches Kollektiv sieht, das nur der Staat zusammenhält, ein ›künstliches‹ Agglomerat. Aber ob groß oder klein, jede »soziale Zusammenballung« ist natürlich. Sie »ist nicht weniger organisch und auch nicht weniger lebendig«. Zwar ist die moderne Gesellschaft anders, aber sie ist dennoch eine Gesellschaft. »Um das zu beweisen, müßte man ein Buch schreiben.« (Durkheim 1981 [1889]: 84)

Durkheim schreibt es, und die Frage, die er dabei stellt, lautet: *Woraus besteht das kollektive Leben moderner Gesellschaften?* Um sie zu beantworten, muss man induktiv vorgehen, die Gesellschaft durch das Recht und die Sitten »studieren, die zu ihr gehören und die ihre Struktur erkennen lassen« (ebd.: 83 f.). Durkheims ›Beweis‹ des organischen Charakters der Moderne entfaltet sich genauer in drei Teilen, von denen der erste der sozialen Funktion der Arbeitsteilung gewidmet ist (die Funktion ist die soziale Solidarität, der ›Zusammenhalt‹ der Gesellschaft), der zweite den Ursachen und Bedingungen der funktional getrennten, arbeitsteiligen Gesellschaft (samt der kognitiven Individualisierung, dem Abstrakt-Werden des kollektiven Bewusstseins, der Säkularisierung), und der dritte »anormalen« Formen der Arbeitsteilung, in denen diese keinen Zusammenhalt erzeugt. Das zweite Vorwort enthält eine historische Analyse der Rolle der Korporationen, die Durkheim als aktuelle Lösung vorschlägt.

Bevor wir also zu Durkheims Durchführung kommen, sei erwähnt, dass Tönnies seinerseits die *Arbeitsteilung* und die *Regeln* besprach (Tönnies 1898). Letztere hält er für ›ernsthaft gedacht‹, er lobt den Plan einer wissenschaftlichen Soziologie. Erstere hingegen findet er nicht sonderlich instruktiv, das Buch sei im Kern moralsoziologisch, im Übrigen sei die ganze Soziologie Durkheims nur eine Modifikation Spencers (womöglich war auch dies ein Grund, warum Durkheim hierzulande zunächst kaum wahrgenommen wurde).

Worum geht es also in dieser soziologischen Studie zur Arbeitsteilung, was ist die Perspektive? Durkheim entfaltet sie im ersten Vorwort. Nicht uninteressant ist, dass es zunächst viel länger war – in dieser Form fand Durkheim es dann nicht mehr ›nötig‹, nachdem sich seine soziologische Sicht etabliert hatte. Die Frage ist die nach dem Verhältnis zwischen der modernen – individuellen – Persönlichkeit und ihrer Position in der Gesellschaft. »Wie geht es zu, daß das Individuum, obgleich es immer autonomer wird, immer mehr von der Gesellschaft abhängt?« (AT 82) Dabei ist vorausgesetzt, dass es zwischen den Einzelnen ein »internes Band, ein *vinculum sociale*« gibt, das sich in den Affektionen, der gegenseitigen Sympathie, aber auch so grundlegenden Gemeinsamkeiten wie der Sprache zeigt, selbst aber etwas darüber hinaus, »etwas Tieferes« sein muss (Durkheim 1893: 8). Was ist also dieses *vinculum*, was ›ist‹ die Moral, funktional gesehen, in Bezug auf die Gesellschaft? Das ist die Frage, die Durkheim sich stellt. Nötig ist zu ihrer Beantwortung eine ›Wissenschaft der Moral‹ (und keine Moralphilosophie). Die Moral ist eben, wie Durkheim zu zeigen sich anschickt, ein soziales Phänomen, ein Fakt. Sie folgt Gesetzen, es gibt Linien, die die Gesellschaften in dieser Hinsicht klassifizieren. Darüber hinaus mag sie ein »transzendentes Ziel« haben, damit aber sollen sich die ›Metaphysiker‹ beschäftigen.

Obgleich also keine Moralphilosophie, verfolgt Durkheim doch auch ein praktisches Ziel: die Gesellschaftskritik, die die »moralische Gesundheit« des Kollektivs wiederherstellen will. Durkheim beobachtet nämlich in seiner Zeit wegen der Divergenz von moralischer und rechtlicher Verfassung »schwerste praktische Probleme«. Hierfür will er Lösungen finden. Sicher, er kann nichts »befehlen«, die Aufgabe des Soziologen ist ja »nicht die des Staatsmannes« (AT 66). Aber *»vorausgesetzt, der Mensch möchte leben«*, und weiter vorausgesetzt, der Soziologe weiß, was es dazu bedarf, dann wird die Soziologie zur »weise konservativen« Kunst der Gesellschaftstransformation. Sonst wäre sie »nicht der Mühe wert« (AT 79, 77). Vorausgesetzt ist bei dieser Auffassung der ›behutsamen Transformation‹, dass jede soziale Institution mit einiger Dauer ›zu etwas dient‹. Daher darf man nicht zum Revolutionär werden, keine ganz neue Moral errichten wollen.

Das Thema ist also moralsoziologisch und nur auf den ersten Blick wirtschaftssoziologisch. ›Arbeit‹ (und deren Teilung) wird konzeptualisiert in Begriffen des Zusammenhalts, der ›Solidarität‹, der ›Moral‹, und nicht in Begriffen des Kapitals, der Produktion, des Geldwerts. Spezialisierung ist keine rein ökonomische Tatsache, sondern die einer »Sozial- und Moralordnung *sui generis.* Individuen sind untereinander verbunden, die sonst unabhängig wären.« (AT 107 f.) Anders formuliert, entfaltet Durkheim eine eigentümliche Wirtschaftssoziologie: Ihre Eigentümlichkeit besteht darin, dass sie die Arbeitsteilung *nicht* als Feld der Ökonomie behandelt, das Ökonomische *nicht* mit dem Sozialen gleichsetzt, dass sie das Thema Arbeit/Wirtschaft behandelt, *ohne* vom Geld zu reden, und dass sie den Individualismus der Moderne gegenüber all jenen verteidigt, die diesen mit einem »kleinlichen Utilitarismus« und Egoismus verwechseln und dabei die Gesellschaft auf einen »riesigen Handels- und Tauschapparat« reduzieren (Durkheim 1986 [1898]: 55, vgl. oben). Auch ist es eine eigentümliche Rechtssoziologie, da sie das Recht als Indikator für den ›moralischen‹ Zustand der Gesellschaft nutzt. Was Durkheim hier erarbeitet, ist schließlich auch nicht einfach eine Moralsoziologie. Es ist eine Allgemeine Soziologie, die um die zwei soziologischen Fragen schlechthin kreist: *Was ist ›eigentlich‹ eine Gesellschaft, wie entsteht, verändert, erhält sie sich? Und: In welcher Gesellschaft leben wir ›eigentlich‹?*

Die Anfangsbeobachtung in dieser letzten Frage ist, dass die dominante Selbstbeschreibung der Moderne die der Ökonomie ist. Man hat von diesen Gesellschaften nicht grundlos behauptet, dass es sich um industrielle oder kapitalistische Gesellschaften handelt, in deren Zentrum faktisch die spezialisierte Arbeit steht. Diese ist aber, wie Durkheim einsetzt, bisher *ungeregelt.* Als solche müsse sie »schwere Schäden« verursachen. Durkheim sieht vor allem eine »Demoralisierung«, und zwar, weil das ökonomische Milieu den größten Teil des Lebens der Einzelnen ›absorbiert‹. Da es moralisch nur schwach verfasst ist, eben ungeregelt, muss es zum »Verfall der öffentlichen Moralität« führen und hat es bereits (AT 44).

Das also ist die Analyse. Das Übel der Moderne ist *nicht* die Arbeitsteilung, sondern ihre *Anomie*, ihr ungeregelter Zustand. Deshalb kommt es zu ständigen Konflikten, verschiedenen Formen der Unordnung. »Da nichts die [ökonomischen] Kräfte zurückhält und nichts ihnen Grenzen setzt, die sie zu respektieren hätten, haben sie die Tendenz, sich maßlos zu entwickeln und miteinander zu kollidieren.« (AT 42 f.) Anomie gefährdet die Existenz der Gesellschaft selbst, denn diese setzt als solche »Regelhaftigkeit« voraus (AT 45). Damit ist das ›Heilmittel‹ absehbar: Eine neue Moral muss her. Woher kann sie kommen, welche wird es sein, auf welcher Ebene? Sie kann nicht territorial gebunden sein, die Nationalstaaten verlieren ja an Gewicht. Der Staat kommt auch nicht in Frage, da eine Gesellschaft, die aus »unorganisierten Individuen« gegenüber einem »Überstaat« bestünde, ein »soziologisches Monstrum« wäre. Wenn das Leben sich vor allem im Wirtschaftssystem abspielt, muss man diese Institutionen stärken. Andernfalls habe diese ökonomisch zentrierte Gesellschaft einen »Konstitutionsfehler«, eine »Krankheit *totius substantiae*« (AT 70ff.).

Um es vorwegzunehmen: Diagnose und Therapie werden im *Selbstmord* erneut auftauchen, da Durkheim den zeitgenössischen Selbstmordtyp im anomischen sieht. Auch ist seine Religionssoziologie bereits vorauszuahnen, wonach die Religion die ›*Matrix der Gesellschaft*‹ ist (und nicht die Ökonomie): Weil nämlich die Funktion der Religion (und nicht der Wirtschaft) die Stärkung des sozialen Zusammenhalts ist. In der historischen Analyse der Korporationen oder Berufsgenossenschaften, die Durkheim im zweiten Vorwort ergänzt, wird entsprechend deutlich, dass diese zunächst religiöse Vereinigungen waren. Jede hatte ihren Gott, ihren Tempel, ihren »Berufskult«. Jede Genossenschaft war auch ein »Beerdigungsverein«. Kurz, die Korporation war kein rein ökonomisches, sondern sie war vor allem ein moralisches Milieu. Der »Platz, den die Religion in ihrem Leben« hatte, zeuge von dieser »wahre[n]« Funktion (AT 52ff.).

Die Regellosigkeit (der Ökonomie) also ist das Übel. Geht diese Interpretation der modernen Gesellschaft nicht mit einer Beschränkung der Individualität einher, ist Durkheim ein Gegner der Freiheit? Nichts »ist falscher, als zwischen der Autorität der Regel und der Freiheit des Individuums einen Widerspruch herstellen zu wollen«, so stellt er klar. Die Freiheit ist gerade das

»Ergebnis von Regulationen« (AT 43), und die Anomie ist es, die den Einzelnen leiden lässt! Im Übrigen ist der Zwang, die Disziplin, die Regelung nur eine Seite des kollektiven Lebens. Eine Gesellschaft ist eben nie nur eine Autorität, sondern auch eine »Lebensquelle *sui generis*« (AT 68 f.). Sie hat eine eigene Affektivität.

Wie geht Durkheim nun genau vor, auf welche Wege und Umwege begibt er sich, was entdeckt er am Wegesrand? Erstens entdeckt er die *funktionale Methode* der Soziologie; zweitens die *vergleichende* Soziologie, die sich namentlich für die Objekte der Ethnologie interessiert, um uns auf dem Umweg über sie zu erkennen; drittens diejenige empirische Methode der Sozialforschung, die *Indikatoren* des Gesellschaftszustandes sucht, da man ›die Gesellschaft‹ nicht direkt sieht, riecht, schmeckt. Man muss sich an Daten halten, an Dokumente und Monumente. All dies kennen wir bereits aus den *Regeln*, die Durkheim eben bei Gelegenheit dieses Buches entwickelt hat.

Die funktionale Methode: Die Arbeitsteilung, das soziale Band

Zunächst klärt Durkheim, was den Soziologen an der ›Arbeitsteilung‹ interessiert: dass sie eine *soziale Funktion* hat, die über die Ökonomie hinausgeht. Was meint er mit Funktion? Bisher drückt der Begriff ›Funktion‹ (in der Physiologie) entweder ein System lebenswichtiger »Regungen« aus oder die Entsprechung zwischen diesen und »bestimmten Bedürfnissen des Organismus«. Man spricht von der Funktion der Verdauung oder aber davon, dass diese die »Funktion hat, die Einverleibung der [...] Substanzen zu lenken, die die Verluste des Organismus ersetzen«. Durkheim wählt diese Bedeutung statt des ›Zweckes‹ oder ›Zieles‹, denn dann würde man voraussetzen, dass die Arbeitsteilung wegen ihrer Ergebnisse existiert. Der Begriff *Funktion* enthält also keine Vorentscheidung darüber, wie etwas entstand (AT 95). Er enthält gleichwohl aber eine Vorentscheidung: dass die Arbeitsteilung der Moral dient und diese das »streng Notwendige« der Gesellschaft ist. Die »wahre Funktion« der Arbeitsteilung sei es, ein »Gefühl der Solidarität herzustellen« (AT 100 ff.).

Man muss dann bestimmen, wie sehr diese Solidarität faktisch je zur »Integration der Gesellschaft beiträgt«, ob sie also der »wesentliche Faktor des sozialen Zusammenhalts« ist oder nicht (AT 110). Man muss also dieses spezielle soziale Band mit anderen Möglichkeiten, Zusammenhalt herzustellen, vergleichen – was eine Klassifizierung der sozialen Solidaritäten voraussetzt.

Eine diffizile Frage stellt sich dieser ›funktionalen‹ Analyse sofort: Woran erkennt man eine Pathologie, *ab wann ist eine soziale Tatsache nicht mehr funktional*, wenn doch die Voraussetzung ist, dass die sozialen Phänomene *bestehen, weil* sie eine Funktion erfüllen? Die Idee ist eben (vgl. oben), dass sich das Normative aus dem Normalen oder Häufigen ergibt. Biologen sagen ja auch von ihren Phänomenen, »dass es für eine Spezies normal ist, wenn es sich beim Mittel der Individuen der Art findet«, während »alles jenseits dieses Mittleren« als pathologisch gilt. Eine moralische Tatsache ist also »für einen sozialen Typ normal, wenn man ihn im Mittel der Gesellschaften dieser Art beobachtet; er ist pathologisch im entgegengesetzten Fall« (Durkheim 1893: 33).

Durkheim schlägt drittens – neben der funktionalen und der klassifizierenden Methode – das *Umwegverfahren* ein, nämlich die Rechtssoziologie. Man muss objektive Kriterien für solch immaterielle Tatsachen wie die ›Bindekraft‹ suchen. Vorausgesetzt ist hierbei, dass *ähnliche* kognitive Zustände der Individuen zu solchen rechtlichen Regeln führen, die »unter Androhung von Repressivmaßnahmen aller Welt gleichen Glauben und gleiche

Praktiken aufzwingen«. Und je weitreichender diese repressiv geschaffene Identität der Gedanken und Gefühle ist, »um so mehr verschmilzt das soziale Leben mit dem religiösen Leben« (AT 283 f.). Recht und Religion fallen in diesem Fall in eins. Die *Spezialisierung* der Individuen führt zu einem anderen Recht, das sich zudem von der Religion differenziert hat: dem ›Restitutionsrecht‹. Daher also interessiert sich Durkheim für die jeweilige Rechtsform der Gesellschaft – weil sie deren Zustand symbolisiert. Will man Gesellschaften analysieren, muss man eben deren »innere Tatsachen« durch äußere ersetzen. Und man kann es, denn jedes soziale Leben tendiert dazu, eine »Form anzunehmen«. Das Recht ist diese Form, es drückt alle »wesentlichen Solidaritätsformen« objektiv aus (AT 112 ff.). Damit ist die Methode klar: Man braucht nur das Recht »zu klassifizieren, um daraufhin zu untersuchen, welches die verschiedenen Arten der sozialen Solidarität sind«, das dem jeweiligen Recht entspricht (AT 115). Dieses wiederum lässt sich nach den Sanktionen klassifizieren, die es nach sich zieht. Es gibt zwei Arten: *repressive* Sanktionen (das Strafrecht) und *restitutive*, die lediglich auf ein ›Zurechtrücken der Dinge‹ zielen, auf deren »Renormalisierung«. Diese sind im Zivil-, Handels-, administrativen und konstitutiven Recht geregelt.

Denn was ist soziologisch – funktional – gesehen ein Verbrechen, wozu dient die Sanktion? Eine Handlung ist kriminell, wenn sie »starke und bestimmte Zustände des Kollektivbewußtseins verletzt« (AT 129). *Das Verbrechen ist das, was die kollektiven Gefühle so verletzt, dass eine Sanktion folgt.* Nicht weil das Verbrechen schlecht ist, sanktionieren wir es. *Was* wir sanktionieren, *ist* ein Verbrechen. Durkheim hat diesen Gedanken von Spinoza – dass die »Dinge gut sind, weil wir sie lieben, statt anzunehmen, daß wir sie lieben, weil sie gut sind. [...] Genauso ist es mit dem sozialen Leben.« (AT 131) Man kann eine Liste solcher kollektiver Gefühle aufstellen, die sich von individuellen Emotionen darin unterscheiden, dass sie dem ›Durchschnitt‹ der Mitglieder einer Gesellschaft gemeinsam sind (AT 123). Diese Gefühle sind zudem »stark in uns verwurzelt«, weshalb sich das Strafrecht nur langsam ändert (AT 126). Noch genauer, sind es bestimmte, es sind die *moralischen* Gefühle, jene, die sich auf die soziale Bindung beziehen.

Mit diesem Konzept sind bereits die zentralen Züge der Durkheim'schen Gesellschaftstheorie angelegt: Hier kommt Durkheim *erstens* zur Definition eines seiner zentralen und umstrittensten Begriffe, dem des *Kollektivbewusstseins.* »Die Gesamtheit der gemeinsamen religiösen Überzeugungen und Gefühle im Durchschnitt der Mitglieder einer bestimmten Gesellschaft bildet ein umgrenztes System, das sein eigenes Leben hat; man könnte sie das *gemeinsame* oder *Kollektivbewußtsein* nennen.« (AT 129) Dieses überdauert die Einzelleben, und darauf muss man in der Untersuchung des sozialen Bandes zurückkommen, von ihm rührt »jede Kriminalität« her. Das kollektive Bewusstsein definiert nämlich als Verbrechen, was seine »transzendente Autorität« angreift – die »Kollektivkraft« (AT 134). Da die Gefühle, die der Verbrecher verletzt, »Kollektivgefühle sind, sind nicht wir es, die sie in uns repräsentieren, sondern die Gesellschaft. Indem wir sie rächen, rächen wir die Gesellschaft.« (AT 151) Hier taucht *zweitens* auch bereits der *soziozentrische* Ansatz auf: Die Gesellschaft ist die Instanz, die durch die Individuen hindurch ›handelt‹; sie ist der agierende Faktor. Die Sanktion eines Verbrechens ist zu ihrer Existenz notwendig. Wenn die Individuen sich nicht gegenseitig bezeugen, dass es sich um ein Verbrechen handelt, wäre das Kollektivbewusstsein »auf Dauer erschüttert«. Die Sanktion gilt also der Versicherung, dass man noch »im Einklang« steht (AT 153), sie schafft diesen Einklang. Hier blitzt auch *drittens* die religionssoziologische These auf: Die soziale Bindung, die die Strafe wiederherstellt, ist den Einzelnen zunächst nicht als solche bewusst. Die Untersuchung (zu der wir gleich kommen) zeigt vielmehr den religiösen Ursprung des Strafrechts. Die ersten Verbrechen, die die Gesellschaft definierte und bestrafte, waren Verbrechen gegen die Götter – *und damit gegen die Gesellschaft.* Die »Götter rächen ihre eigenen Beleidigungen und nicht die der Individuen: *aber Beleidigungen gegen die Götter sind Beleidigungen gegen die Gesellschaft*«. (AT 142, Hervorh. HD). Auch klingt schon die Interpretation des Totemismus an, wenn es heißt, dass die »lokalen Bewußtseinsformen« mit den sozialen Segmenten zunehmend zugunsten eines gemeinsamen Bewusstseins schwinden, was sich an der Lösung der religiösen Kräfte von den totemistischen Tieren oder Pflanzen und ihrer Projektion in Transzendentes zeige (AT 349f.).

Weil also das *Verbrechen* eine Handlung ist, die dem ›*allgemeinen* Bewußtsein‹ widerspricht, »drücken die Regeln, die das gemeinsame Bewußtsein sanktioniert, die wesentlichsten sozialen Ähnlichkeiten aus« (AT, Hervorh. HD). Das Strafrecht, das die Reaktion auf ein Verbrechen regelt, verweist also auf die Solidarität, die sich aus Ähnlichkeiten speist, und stellt sie zugleich her. Diese Solidarität bindet das Individuum direkt an die Gesellschaft. ›Mechanisch‹ ist sie, sofern die Strafe einer »mechanischen Reaktion« gleicht, »leidenschaftlich« erfolgt, um den »sozialen Zusammenhalt aufrechtzuerhalten« (AT 158f.).

Nun gibt es auch andere Sanktionen, solche, die nicht die Leidenschaften zufriedenstellen. Restitutive Sanktionen haben keinen Sühnecharakter, beschränken sich auf die Wiederherstellung des ursprünglichen Zustands. Der Richter spricht hier »Recht, er verhängt keine Strafen« (AT 162). Und er regelt das Verhältnis von Personen zu Sachen, weniger zwischen Personen. Während das Strafrecht dazu »neigt, in der Gesellschaft diffus zu bleiben« (es ist eine Angelegenheit der Gesamtgesellschaft), entstehen im Fall dieses restitutiven Rechts eigene Institutionen. Allerdings haben sie keine *positive* soziale Funktion, sie stiften keinen Zusammenhalt, sondern trennen. Die aus ihnen resultierende Solidarität ist »negativ« (AT 168). Drittens gibt es das *Vertragsrecht*, das Familien-, Handels-, Prozess-, Verwaltungs- und Verfassungsrecht. Wofür ist es funktional? Es ist »Ausdruck der Zusammenarbeit«. Zusammenarbeit kann in einfacher Form ablaufen (jeder hat eine ähnliche Aufgabe) oder in ›zusammengesetzter‹ (jeder hat eine andere). Der Vertrag regelt diese letzte Form, den *Tausch* von Leistungen. Er ist das »Symbol des Tausches« (AT 175 f.) Also sind die »Beziehungen, die das Kooperativrecht mit Hilfe der Restitutivsanktionen regelt, und die Solidarität, die in ihnen zum Ausdruck kommt, das Ergebnis der Arbeitsteilung« (AT 179). Die Sanktionen haben hier einen anderen Charakter, weil das, was verletzt wird, anderes ist. Die Regeln, die sie bestimmen, können »nicht jene überragende Kraft und jene transzendente Autorität gewinnen, deren Verletzung eine Sühne verlangt«. Die Kraft dieser Regeln ist begrenzt auf Teilbereiche, und selbst in diesen »entsprechen sie keinen sehr lebhaften Empfindungen«. Es reicht also, wenn der Ausgangszustand wiederhergestellt wird (AT 179 f.).

Kurz, es gibt eine Solidarität, die sich der *Ähnlichkeit* verdankt, die verletzt wird, sobald ein Einzelner abweicht. Und es gibt eine solche, die sich aus der *Differenz* speist. Die erste bindet das Individuum direkt an die Gesellschaft, die zweite über Institutionen. Beide Arten kann es in einer Gesellschaft geben. Man sieht sie dann »nicht vom gleichen Blickwinkel aus. Im ersten Fall handelt es sich bei [ihr] um eine [...] Gesamtheit von Glaubensüberzeugungen und Gefühlen, die allen Mitgliedern der Gruppe gemeinsam sind: das ist der kollektive Typ. Die Gesellschaft dagegen, der wir im zweiten Fall verpflichtet sind, ist ein System von [...] speziellen Funktionen.« (AT 180 f.). Dies entspricht einem Dualismus des Menschen. In ihm

»agieren zwei entgegengesetzte Kräfte, von denen die eine zentrifugal und die andere zentripetal wirkt [...] Wenn wir lebhaft dazu neigen, eigenständig zu denken und zu handeln, dann können wir nicht sehr darauf aus sein, wie die anderen zu denken und zu handeln. Wenn das Ideal [hingegen] darin besteht, eine eigene und persönliche Physiognomie zu haben, dann sollten wir nicht aller Welt ähnlich sein. Mehr noch: In dem Augenblick, in dem diese Solidarität wirkt, löst sich unsere Persönlichkeit definitionsgemäß sozusagen auf; denn dann sind wir nicht mehr wir selbst, sondern das Kollektivwesen.« (AT 182)

Das Ergebnis: Die beiden Gesellschaftstypen

Es gibt andererseits Extremfälle, in denen eine Form des Rechts viel stärker ausgeprägt ist. Dies weist auf differente Typen von Gesellschaften – auf zwei und genau zwei. Findet sich in einer Gesellschaft vorwiegend die erste Form des Rechts, handelt es sich um die ›mechanische Solidarität‹; man findet sie in den segmentären Gesellschaften. Die Solidarität, die aus den Ähnlichkeiten entsteht, erreicht hier ihr »*Maximum*«, wenn das Kollektivbewusstsein das Einzelbewusstsein »genau deckt«. In diesem Fall ist die Individualität »gleich Null« (AT 181 f.). *Mechanisch* nennt Durkheim sie an dieser Stelle auch, weil die ›sozialen Moleküle‹ sich hier so bewegen wie die anorganischer Körper: gleichgerichtet, in einer Art Kohäsion. In den Gesellschaften dieses Typs »gehört sich das Individuum nicht selbst«, es ist eine »Sache, über die die Gesellschaft verfügt«. Individualität ist hier »nicht nur selten, sie hat hier sozusagen überhaupt keinen Platz. Alle bekennen sich zur gleichen Religion und üben sie [...] aus«. Zudem umfasst die »Religion alles und erstreckt sich auf alles«, sie schließt die »Moral ein, das Recht, die Prinzipien der politischen Organisation bis hin zur Wissenschaft« und »regelt selbst die Einzelheiten des privaten Lebens«. Sie ist eine totale soziale Tatsache, hätte Mauss gesagt. Wenn man mithin für diese Gesellschaft sagt, die »religiösen Überzeugungen der Einzelnen seien identisch, dann ist das gesamte Bewußtsein identisch«. Und selbst die Gefühle, die sich auf die Zustände des Körpers beziehen, werden »wegen der physischen Ähnlichkeiten [...] keine große Vielfalt aufweisen«. Kurz, je »primitiver« die Gesellschaften, desto ähnlicher die Individuen. Im anderen Fall wird die Gesellschaft insgesamt flexibler. Ihr Zusammenhalt ähnele dem Organismus höherer Tiere, bei denen jedes Organ autonom sei und dennoch die »Einheit des Organismus« größer. Daher ist diese Solidarität organisch (AT 182 f.).

Es lässt sich »experimentell beweisen«, dass den beiden Solidaritäts- und Subjektformen differente Gesellschaftstypen entsprechen. Man kann zudem sicher sein, dass die Ähnlichkeit der Einzelnen umso größer ist, je weiter man historisch zurückgeht, dass sich die beiden Gesellschaftstypen in Reinform also an den beiden ›Enden‹ der Geschichte befinden.

»Die Arbeitsteilung ändert sich im direkten Verhältnis zum Volumen und zur Dichte der Gesellschaften; wenn sie also im Lauf der sozialen Entwicklung ständig fortschreitet, so deshalb, weil die Gesellschaften regelmäßig dichter und ganz allgemein umfangreicher geworden sind.« (AT 321)

Durkheim will nicht nur sagen, dass Wachstum und Verdichtung der Gesellschaft größere Arbeitsteilung *erlauben*, sondern dass sie sie *»zwangsläufig hervorrufen«* (AT 321). Erneut denkt er evolutionistisch – die beiden Gesellschaftstypen folgen einander, wobei Durkheim andererseits betont, dass es sich hier um Konstruktionen handelt und sich in der Realität stets beide Formen verbinden. Gleichwohl konzipiert er, Darwins Evolutionsthese im Blick, auch eine *Theorie der Evolution* von der segmentären zur funktional differenzierten Gesellschaft. Wenn er von einer Gesellschaft sagt, sie sei »fortgeschrittener«, heiße dies nicht, dass sich die Gesellschaften auf einer Linie befinden. Vielmehr ähnele ihr »genealogisches Bild« einem Baum. Die Gesellschaften entstammen einer Wurzel, haben aber andere Wege eingeschlagen. Je nachdem, welchen ›Platz‹ eine Gesellschaft einnimmt, hat sie gleichwohl einen objektiv *höheren* oder *niederen* Entwicklungsstand (AT 194, Fn. 18). Durkheim, der Evolutionist, kritisiert zugleich jenen Finalismus, der etwa die moralische Entwicklung in einer einzigen Idee bestehen lässt, die beim »primitiven Menschen verschwommen und unbestimmt gewesen sei und sich nach und nach durch den spontanen Fortschritt der Vernunft aufgeklärt und verdeutlicht habe«. Jede Kultur hat *ihre* Sitten, *ihre* Subjekte, *ihre* Imperative. »Wenn die Römer nicht den umfassenden Begriff der Menschheit hatten, den wir heute besitzen, so liegt das nicht an einem Irrtum, der ihrer beschränkten Intelligenz entsprungen war; sondern daran, daß derartige Ideen unvereinbar mit der Natur des römischen Gemeinwesens waren.« (AT 77) Einer berühmten Analyse Bergsons zufolge ist der Evolutionismus indes nur ein umgekehrter Finalismus. Beide verwehren sich, das Neue als solches anzuerkennen, beide geben sich die Entwicklung ›mit einem Male‹ (Bergson 2012 [1907]: 51 ff.) – sie können im Grunde nur eine Abwicklung, keine unvorhersehbare Entwicklung denken. Klingt es nicht in der Tat wie die Kopie Spencers, wenn Durkheim von der Gesellschaft sagt: Von »Natur aus instabil, wird jede homogene Masse [...] heterogen« (AT 322)?

Zumindest geht er anders als jener empirisch vor. Durkheim betreibt rechtsethnologische und -historische Forschungen, die »beweisen«, dass die ›primitiven‹ Gesellschaften solche mit *mechanischer* Solidarität sind. Das Recht in ihnen ist »zur Gänze *Strafrecht*«. Man weiß zudem, dass die Handlungen traditionell und religiös geformt sind, da man gegen die »Sitten der Ahnen« nicht »verstoßen kann, ohne bestraft zu werden«. Alles weist darauf hin, dass sich die Gesellschaften, in denen das Strafrecht derart ›ausufert‹ und es eine »überquellende Kriminalität« in Bezug auf die Tradition gibt, durch *Ähnlichkeit* integrieren: Da eben das Kollektiv hier alles daransetzt, individuelle Erfindungen zu verhindern. Es sind ›geschlossene Gesellschaften‹, wie Bergson sagen wird (1992 [1932]). Die Liste dieser Verbrechen wird immer kürzer, die »starken und bestimmten Gefühle«, die sie auslösen, werden schwächer (AT 199). Es etablieren sich zunehmend spezielle Berufsinstitutionen mit eigenen Regeln und Moralkodexen.

Von der anderen Seite: Wenn die organische Solidarität auf der *Differenz* der Einzelnen beruht – heißt dies, dass das *vinculum sociale*, das aus der Arbeitsteilung entsteht, zwar vielfältiger, aber schwächer ist? »Das Gegenteil ist der Fall.« Es ist nämlich bei den segmentären Gesellschaft (den Klans) gar nicht besonders stark. Je ähnlicher sich die Einzelnen sind, umso entbehrlicher sind sie. Die Mitglieder solcher Gesellschaften müssen sich zwar an ein Kollektiv binden, aber nicht notwendig immer an dasselbe. »Werden die Kalmücken und Mongolen sehr von ihren Häuptlingen geplagt, so verlassen sie dieselben und gehen zu anderen über.« (AT 201)

Man kann sich von seinem Häuptling trennen, sich gegen ihn erheben, es gibt einen institutionalisierten Ungehorsam etwa im indianischen Häuptlingstum, jener Institution und Gesellschaftsform, die den bereits genannten Pierre Clastres beschäftigen wird: die ›*Gesellschaft-gegen-den-Staat*‹, in der er eine eigene Motivation, eine soziale Rationalität entdeckt. Die Gesellschaft ›wehrt‹ sich, so Clastres, mit der schwachen Institution des Häuptlings gegen die latente, ständig bevorstehende Verungleichung der Einzelnen, die Teilung des Kollektivs. Es ist keine Gesellschaft *ohne* Macht, der also das ›fehlte‹, was unsere Gesellschaften aufweisen – eine staatliche Institution mit Gewaltmonopol. Vielmehr instituiert sich hier eine *andere* Form des Politischen, eine *a-koerzitive Macht* (Clastres 1976).

Aber kehren wir zu Durkheim zurück – wo ist nun das *vinculum sociale* stärker? Die Bindekraft einer Gesellschaft variiere mit drei Dingen: dem Verhältnis zwischen dem Inhalt von kollektivem und individuellem Bewusstsein (je ähnlicher, umso stärker die Bindung); der Intensität des Kollektivbewusstseins (je größer, umso stärker die Bindung); und seiner ›Festigkeit‹ oder ›Deutlichkeit‹ (je deutlicher, umso stärker die Bindung). Letztere stelle sich her, wenn die Gesellschaft religiös zentriert ist, das kollektive Leben fast ganz aus – allen gemeinsamen, dogmatischen – religiösen Überzeugungen und Praxen (AT 234) besteht.

Nun umfasst die Religion einen immer kleineren Teil des sozialen Lebens. Ist sie zunächst mit allen Teilsystemen identisch (ist alles, was sozial ist, zunächst religiös), so differenzieren sich Politik, Wirtschaft, Wissenschaft usw. zunehmend aus. War Gott zuerst in allen Beziehungen gegenwärtig, so zieht er sich zunehmend zurück. Anders formuliert, nimmt die »Intensität« des kollektiven Bewusstseins ab (AT 224). So gesehen ist das soziale Band der funktional differenzierten Gesellschaften schwächer als das der religiös zentrierten. Es gibt indes sehr wohl einen Bereich, in dem es ›stärker‹ und ›präziser‹ wird: dort, wo es um das *Individuum* geht. Es wird zum »Gegenstand einer Art von Religion«. (AT 226 f.) Die Moderne zeichnet sich mithin weniger durch eine umfassende Säkularisierung als durch die *Sakralisierung des Individuums* aus, den Kult des Individuums, der sich etwa in den Menschenrechten objektiviert. Die sogenannte Säkularisierung ist – recht verstanden – eine eigene Form der Religion.

Ändert sich die Form des Zusammenhalts, so muss man es mit einer anderen sozialen Struktur zu tun haben, einer Gesellschaft, die in Subsysteme differenziert ist. Durkheim zufolge gibt es daher zwei – und nur zwei – soziale Typen: einerseits die Gesellschaft, deren Zusammenhalt auf Ähnlichkeiten beruht und die im Idealzustand einer »absolut homogenen Masse« gleiche, da sich die Individuen in ihr nicht unterschieden. Eine solche Gesellschaft hätte folglich keinerlei Ordnung, sie wäre das »soziale Protoplasma«. Durkheim nennt diesen Typ *Horde*. Er findet ihn bei den nordamerikanischen Indianern, etwa den Irokesen, deren Stamm einige ›Horden‹ vereint, während die australischen Klangesellschaften ›*segmentäre*‹ Gesellschaften sind, die sich aus der Wiederholung ähnlicher Elemente bilden, »analog den Ringen des Ringelwurmes« (AT 229 f.). Diese soziale Struktur entspricht der Subjektform dessen, was Durkheim mechanische Solidarität nennt – es ist ein *System homogener Segmente*, wie eben die Einzelnen auch homogen sind. Die inverse soziale Struktur ist die der organischen Solidarität und ihrer Subjekte: Es ist ein *System funktional differenzierter Organe* (AT 237). Kurz, das soziale Leben entspringt einer doppelten Quelle: der Ähnlichkeit der Einzelnen *oder* ihrer Differenzierung. Im ersten Fall ist das Individuum sozialisiert, sofern es im Kollektiv aufgeht, im anderen Fall hat es eine eigene Physiognomie und Tätigkeit und hängt dadurch zugleich stärker von anderen und folglich vom Kollektiv ab.

Dasselbe Gesetz finde sich in der biologischen Evolution (um einmal den altmodischen Durkheim hervorzuholen mit seinen überholten, aber unterhaltsamen Analogien, von denen er weiß, dass ihr Nutzen begrenzt ist): Die niederen Tiere bestehen, ›wie man weiß‹, aus in unregelmäßigen Massen oder linear geordneten, gleichartigen Segmenten. Die einfachste Form, in der die Elemente einander alle gleich sind, ist die Kolonie. Jede Kolonie ist ihrerseits ein Individuum. Dasselbe Bild passt für die ›einfachsten‹ Gesellschaften. Da die Teile einer Tierkolonie »mechanisch aneinandergebaut sind«, können sie nur kollektiv handeln – in »einer Gesellschaft von Polypen kann ein Individuum, da alle Magen untereinander verbunden sind, nicht essen, ohne daß die anderen mitessen« (AT 246 f.). Durkheims Antiquiertheit zeigt sich im Übrigen auch in den Thesen, die er hier zum Denken der ›primitiven Gesellschaften‹ formuliert: Sie seien nicht zu einem rationalen Denken fähig, denn nur das sei rational, was universal ist, während alles Konkrete den »Verstand auf Abwege führt«. Zwar dürfe man in diesem Denken nicht »nur bizarre und zufällige Verbindungen heterogener Elemente« sehen, auch dieses hat seine Gesetze. Allerdings seien es solche, die auf Empfindungen beruhen, nicht auf Begriffen, und zwar, weil das soziale Milieu noch zu klein ist (AT 351). Lévi-Strauss wird dieser These des ›Konkreten und Abstrakten‹ die Klassifizierungskunst des ›wilden Denkens‹ entgegenhalten, das mindestens ebenso stark abstrahiert wie unseres, nur auf andere Weise.

Durkheims Erstlingswerk hat aber auch ausgesprochen aktuelle Aspekte. Auf einige haben wir hingewiesen. Aktuell ist namentlich auch jene Konzeption, die von der historischen Erfindung des modernen Subjekts ausgeht. Das »Individualitätsgefühl, das heutzutage jeder von uns besitzt«, kennen andere Gesellschaften nicht; es hat bei ihnen »*nicht existiert*« (AT 250). Zudem weiß Durkheim bereits hier sehr wohl: Es »gibt keine Gesellschaft, die nur infolge von Zwang bestehen kann« (AT 258). Er entwickelt auch in dieser Schrift keine Konzeption, die Individuum und Gesellschaft schroff gegenüberstellt. Vielmehr verlängern sich die sozialen Tatsachen bis in die Psyche hinein. Eine Gesellschaft findet ihre »Grundlage« nicht einfach im »Bewußtsein der Individuen vor, *sondern sie schafft sie sich selbst*« (AT 416, Hervorh. HD), sie schafft sich ihre Subjekte. Natürlich hat die Gesellschaft kein anderes ›Substrat‹ als die Einzelnen. Sie formt diese aber. Obwohl die Gesellschaft also »ohne die Individuen nichts ist, ist jedes Individuum [doch] viel eher ein Produkt der Gesellschaft als ihr Schöpfer« (AT 416, Anm. 16). Moderner kann man diesen genuin soziologischen Standpunkt kaum formulieren.

Die ›Ursachen‹ und ›Bedingungen‹ der Arbeitsteilung (der funktionalen Differenzierung)

Welches sind die Ursachen für die fortschreitende Arbeitsteilung? Die Suche nach ›größerem Glück‹ oder ›Wohlstand‹ erklärt nichts, wie Durkheim mit viel Aufwand zeigt, der sich aus den zeitgenössischen Versuchen, die Arbeitsteilung zu erklären, motiviert: seitens der Utilitaristen mit ihren »autonom konzipierten Individualitäten« und seitens der ›Idealisten‹, für die die Gesellschaft nur aus ökonomischen Beziehungen besteht und deren »einzige Triebfeder der Egoismus« ist (AT 340). Dabei zeigen doch die segmentären Gesellschaften, dass das unabhängige Individuum keine ursprüngliche Tatsache ist, da es zunächst vom Kollektiv ganz absorbiert war (AT 348).

Lassen wir also die Erklärungen beiseite, mit denen Durkheim die Relativität und Begrenztheit des Glücksgefühls nachweisen will. Wichtiger ist die Erklärung der funktionalen Differenzierung: Die Arbeitsteilung folgt der *territorialen und numerischen Ausdehnung* der Gesellschaft[4], dem größeren ›Volumen‹ und der größeren ›Dichte‹. Größere Dichte führt zu wachsendem Druck, aus dem eine zentripetale Bewegung des Sozialen resultiert. Es ist dies das »Gesetz der Schwerkraft der sozialen Welt«: Ausdehnung führt zu Individualisierung. Im selben Zug wird das Kollektivbewusstsein ›undeutlicher‹, so dass die Arbeitsteilung zur »Hauptquelle« sozialen Zusammenhalts wird (AT 344 f.). Dehnt sich die Gruppe aus, wird eben das Wissen von dem, was die Einzelnen zusammenhält, abstrakter. In Folge dieser Abstraktionsprozesse (die Durkheim als ›Rationalisierung‹ normativ auflädt) gewinnen die Einzelnen Spielraum. Die Autorität der Tradition schwindet, zumal die Kollektive füreinander durchlässiger werden. Entscheidend ist indes der Wertewandel. Die Freiheit gilt in solchen Gesellschaften zunehmend als »heilig« (AT 360 f.). Daher ist die mechanische Solidarität an den segmentären Typ gebunden und schwindet mit ihm. Dessen Struktur erlaubt es, den Einzelnen »ganz eng zu umschließen«, ihn »konkret und bestimmt zu halten« (AT 363 f.), während es sich in den funktional differenzierten Gesellschaften genau andersherum verhält.

Durkheim ist hier wichtig, dass sich die funktionale Differenzierung durch ›mechanische‹ Ursachen erklärt – Dichte und Volumen. Die Prozesse der Abstrahierung und Enttraditionalisierung sind demgegenüber *Nebenfaktoren.* Gesellschaften können auf den wachsenden internen Druck eben auch anders reagieren. Das Problem einer ›zu dichten‹ Bevölkerung lässt sich auch durch Kolonisation, Resignation oder Exklusion lösen (AT 347). Es gibt noch weitere Nebenfaktoren wie das ererbte Talent und die ererbte soziale Position. Ist die Arbeitsteilung etwas entwickelt, so wird sie vererbbar; es entstehen Kasten und Klassen (AT 369). Aber sie sind nicht der Grund der Differenzierung. Hier weist Durkheim insbesondere Erblichkeitstheorien zurück – einer der Schlüsse der Arbeit ist, soziale Tatsachen von »sozialen Ursachen abzuleiten«, gegen all jene »einfältigen Theorien, die das Zusammengesetzte auf das Einfache reduzieren«, die Gesellschaft auf das Individuum (AT 393).

Er schreibt dies auch gegen alle Biologisten, die sich nämlich eine Gesellschaft als Organismus vorstellen, in dem die Einzelnen wie die Organe in festen Funktionen stehen. Das Soziale ist aber kein Organismus. Ständig gibt es »Neuerungen«, die Spezialisierung der Einzelnen ist nicht endgültig. Zudem bestimmt der Gesellschaftstyp, nicht die Rasse, wie sie zueinander »vibrieren«. In den ›niedrigen‹ Gesellschaften ›vibrieren‹ die Individuen sicher in so festen Strukturen, dass sie sogar morphologisch differieren; jede Kaste hat »ihre Art, sich zu kleiden, zu ernähren usw.; und diese Unterschiede der Lebensweise ziehen physische Unterschiede nach sich« (AT 398 f.), etwa auch berufstypische Krankheiten. Aber nicht der Organismus, die Gesellschaft ist die Ursache. Zudem schwinden solche Differenzierungen in den modernen Gesellschaften. Dies führt zu der Frage, was eigentlich die (moderne) ›Zivilisation‹ *ist*, aus welchen Quellen sie sich speist und wohin die Geschichte tendiert. Sie ist ein Effekt, eine unintendierte Folge der Arbeitsteilung. Nachdem die Zivilisation wirklich geworden war, war sie »nützlich, oder zum mindesten wird sie genützt«. In jedem Fall war sie nicht der treibende Faktor der Geschichte (AT 402 ff.)

Kommt die Spezialisierung einmal an ein Ende, wie Spencer meint? Nein, denn es wird nie an einem neuen Ideal fehlen, es verschiebt sich ständig. Es gibt kein Ende der Geschichte. Der Mensch ist eben variabel, im Gegensatz zum Tier. Hier »assimiliert« der Organismus alle sozialen Fakten, er verwandelt sie in biologische Tatsachen, dort, beim Tier, materialisiert sich das soziale Leben. Beim Menschen hingegen treten soziale Tatsachen an Stelle der organischen, der »Organismus vergeistigt sich« (AT 412). Werden die Kollektive größer und dichter, emergiert eben auch ein »psychisches Leben neuer Art«, unter anderem die Eigenart, Begriffe zu bilden, Gesetze zu formulieren, kurz: die Wissenschaft.

Pathologische Formen der Arbeitsteilung und der Kult des Individuums

Bisher erschien die Arbeitsteilung als »normales« Phänomen. Wie bei allen sozialen (und als solchen biologischen) Tatsachen gibt es indes auch »pathologische Formen« (AT 421). Durkheim nennt drei Typen: Zunächst die *anomische* Arbeitsteilung. Konkurse und kommerzielle Krisen sind »Teilzusammenbrüche der organischen Solidarität«, in denen »bestimmte soziale Funktionen nicht mehr aufeinander abgestimmt« sind (AT 422). Wenn die »organische Solidarität in bestimmten Fällen durchaus nicht das ist, was sie sein soll, dann [...] weil nicht alle Existenzbedingungen der organischen Solidarität erfüllt sind« (AT 432). Solche ungeregelten Zustände entstehen, wenn die soziale Struktur den Veränderungen, die stattgefunden haben, nicht mehr entspricht, wenn die Plastizität der Gesellschaft an eine Grenze gelangt ist. Man muss dann neue Institutionen, eine neue Moral schaffen.

Die zweite Form ist eine erzwungene, der Struktur ebenfalls nicht entsprechende Teilung der Arbeit. Hier sind die Regeln »selbst die Ursache des Übels«, sie sind zu rigide, etwa in der Institution von Klassen oder Kasten. Die unteren Klassen oder Kasten streben andere soziale Positionen an als die, die ihnen bisher zugestanden wurden. Dieses Nachahmen der oberen Klassen erklärt sich im Übrigen nicht durch Tardes ›Nachahmungstrieb‹, die Nachahmung kann »nichts erklären, denn sie setzt ja etwas anderes als sich selbst voraus«: dass die Einzelnen sich bereits ähnlich sind. Diese ›pathologische‹ Form tritt auf, wenn die segmentäre Gesellschaft sich auflöst.

Soziale Ungleichheit gefährdet also nur funktional differenzierte Gesellschaften, nicht jene, in denen der Zusammenhalt auf gemeinsamen Glaubensüberzeugungen und Gefühlen beruht und die soziale Ordnung als »Basis der moralischen und religiösen Ordnung« heilig ist (AT 448 f.). In funktional differenzierten Gesellschaften verliert die soziale Ordnung diesen »transzendenten Charakter«, die Gesellschaft muss um ihrer Existenz, der ›Einheit des sozialen Körpers‹ willen Chancengleichheit herstellen, etwa *gender mainstreaming* betreiben, um die Differenzierung dem ›Ideal der Spontaneität‹ anzunähern. Das ›zentrale Imaginäre‹ dieser Gesellschaft ist »Gerechtigkeit«, während das Ideal der traditionellen Gesellschaft darin besteht, das kollektive Leben »so intensiv wie möglich zu erzeugen und zu erhalten«. In beiden gibt es »keine besser begründeten Bedürfnisse«: Sie sind je die »notwendige Folge« der sozialen Struktur. Kurz, wie die »alten Völker« den »gemeinsamen Glauben brauchten, um zu leben, so brauchen wir Gerechtigkeit« (AT 456f.). Inwiefern? Die Arbeitsteilung bringt vertraglich geregelte Beziehungen mit sich, denn die Rechtsform des Tausches, den die Spezialisierung voraussetzt, ist eben der Vertrag. »Vertragssolidarität« ist mithin ein wesentlicher Teil der ›organischen‹ Solidarität (AT 449). Und damit ein Vertrag verpflichtend ist, muss er *gerecht* sein. Erneut handelt es sich hier um eine soziale Erfindung, nicht um ein Attribut des Menschen schlechthin.

Die *dritte* anormale Form ist eine *zu weite Zerteilung* der Arbeit, die dem Einzelnen »nicht genügend Raum zum Handeln« bietet. Durkheim denkt etwa an Auswüchse der Bürokratie, die zu »Zusammenhanglosigkeit und Unordnung« führen. Es braucht eine Kultur der Arbeit, die den Einzelnen nicht unterfordert. Für Durkheim ist diese anormale Form kein wirkliches Problem, denn im Grunde entfalte sich die Spezialisierung gleichzeitig mit der subjektiv empfundenen Pflicht, »mehr zu arbeiten«. Zudem tendiere die funktionale Differenzierung selbst dazu, die Arbeit effektiver zu machen. Man muss seine Beschäftigung nicht ständig unterbrechen. Die Spezialisierung spart »verlorene Zeit; nach einem Wort von Karl Marx schließt sie gewissermaßen die Poren des Arbeitstags« (AT 462). Kurz, die Arbeitsteilung ist eine *doppelte* Quelle des Zusammenhalts, sie macht die Einzelnen solidarisch, weil sie sie abhängig macht und ihre Aktivitäten steigert. Wenigstens gilt dies für den »Normalzustand« (AT 464).

Blicken wir mit Durkheim auf die Argumentation des Buchs zurück: Er ›musste‹ die Moralregeln anhand des Rechts klassifizieren, sie in zwei Gruppen teilen, in die Regeln mit »diffusen oder organisierten Repressivsanktionen« und in jene mit Restitutivsanktionen. Recht und Moral sind die »Bande, die uns untereinander [...] verbinden«. Moralisch ist das, »was den Menschen zwingt, mit dem anderen zu rechnen«, Moralität oder ›Solidarität‹ sind umso fester, je zahlreicher und intensiver diese Bande sind (AT 467). Die Klassifikation ergibt zwei divergente Imperative, zwei Subjektformen – die »Regel, die uns befiehlt, in uns die Wesenszüge des Kollektivtyps zu realisieren«, und jene, »die uns befiehlt, uns zu spezialisieren« (AT 465 f.), Person zu werden, »autonome Quelle des Handelns«. In beiden Fällen ist die Tätigkeit des Subjekts »gar nicht seine«, es ist die der Gesellschaft. Das Subjekt ist nur der »Vermittler, durch den diese sich realisiert« – seine *Persönlichkeit ist »nur geborgt«*! (AT 474 f., Hervorh. HD) Wenn Arbeitsteilung Zusammenhalt erzeugt, so also nicht nur, weil sie aus Einzelnen Tauschpartner macht, sondern weil sie eine neue Moral und damit ein *neues Subjekt* erzeugt, das zugleich gebundener und freier ist denn je, weil dieser Gesellschaftstyp nicht Individuen, sondern Funktionen differenziert. Dieser ›Kult des Individuums‹ ist menschlicher »und daher« rationaler, das Subjekt ist kein Diener der Götter mehr. Es muss ›nur‹ seine Nächsten lieben, gerecht sein und seine Aufgabe erfüllen (AT 478).

Allerdings fehle diese »Moral, die wir brauchen«. Daher besteht die »erste Pflicht« darin, »uns eine neue Moral zu bilden«. (AT 480) Wie geht das? 1897 schreibt Durkheim sein zweites Vorwort, in dem er die Lösung ausführt, die er im *Selbstmord* gefunden hatte: die Bildung sekundärer Institutionen (sekundär gegenüber dem Staat), die sich an das Arbeitsleben heften. Die Berufsgruppe hat eine lange Tradition, was bereits ihre Funktion belegt. Sie ist aber institutionell erstarrt. Ist das Kollektiv stets eine »Lebensquelle *sui generis*«, belebt es die Einzelnen, sorgt es für »intellektuelle und moralische Homogenität«, unterhält und regeneriert es, so muss all dies die Berufsgruppe auf neue Weise übernehmen. Durkheim schlägt zudem eine neue Rechtsform vor, in der Eigentum nicht erblich ist. Damit wäre die »tiefe Lücke« in der Struktur der europäischen Gesellschaften gefüllt (AT 70), die er stets vor Augen hat. Man muss nur noch ans Werk gehen.

V Theorie der modernen Gesellschaft II: Gesellschaftliche Typen des Selbstmords

»In der Ordnung des Lebens ist nichts gut, was maßlos ist.« (SM 242)

»Es gibt nicht einen Selbstmord [...], *sondern Selbstmorde.«* (SM 319)

»Seit einiger Zeit ist die Soziologie in Mode. Vor einem Jahrzehnt noch kaum bekannt und fast verrufen, ist das Wort heute in aller Munde.« (SM 17) So beginnt Durkheims berühmte Studie zu den gesellschaftlichen Typen des Suizids. Es ist allerdings die ›falsche‹ Soziologie, die *en vogue* ist, eine Soziologie voll »brillanter Allgemeinheiten«, die sich nicht beweisen lassen; eine Soziologie, die den Namen nicht verdient, da sie noch im »Stadium der philosophischen Konstruktionen« steckt. Man muss neu anfangen, eine neue Disziplin auf die Beine stellen.

»Statt sich in metaphysischen Meditationen über soziale Tatsachen zu gefallen, muß der Soziologe genau umschriebene Tatsachengruppen zum Gegenstand seiner Forschungen machen, auf die man gewissermaßen mit dem Finger zeigen kann [...]; an sie allein muß er sich klammern! Natürlich soll er alle Hilfswissenschaften zu Rate ziehen: Die Geschichte, die Ethnographie, die Statistik, ohne die die Soziologie nichts vermag! Wenn er etwas zu befürchten hat, so nur, daß trotz allem seine Informationen niemals ganz dem Stoff entsprechen, den er zu erfassen sucht. Denn so sorgfältig er auch seinen Gegenstand abzugrenzen sucht, so ist er doch so reich und so vielseitig, daß er unerschöpfliche Reserven an Unvermutetem enthält. Aber das macht nichts.« (SM 18 f.)

Warum ausgerechnet der Selbstmord? Es ist die Frage, die sich wohl jeder Studierende stellt – warum dieses Thema, um die Soziologie zu begründen? Was ist es, das Durkheim dazu bringt, sich für dieses traurige Problem zu interessieren? Serge Paugam (2007) vermutet eine biografische Disposition, in Briefen hat sich Durkheim als ›neurasthenisch‹ bezeichnet, im Buch spricht er von der Selbstmordneigung der Neurastheniker (»Die organisch-psychische Veranlagung, die den Menschen am ehesten zum Selbstmord treibt, ist die Neurasthenie in allen ihren Formen«, SM 198 f.). Zudem hat Durkheim die Neurasthenie als zeittypische Krankheit verstanden. Jenseits eines solchen persönlichen Bezugs, über den nur spekuliert werden kann, gibt es in diesem Fall aber schlicht und einfach: *Daten*, und zwar seit Beginn des 19. Jahrhunderts. Wenn die Methode Durkheims auf dem Prinzip beruht, dass die »soziologischen Tatsachen wie Sachen untersucht werden müssen, d.h. als Wirklichkeiten, die außerhalb des Individuums liegen« (SM 20), so kommt es genau darauf an: auf objektive Fakten, Zahlenkolonnen. Wie ›Dinge‹ lassen sich die sozialen Tatbestände eben nur untersuchen, wenn sie befreit sind von subjektiven Motiven. Gegenstand des Buches ist auch kaum der Suizid an sich. Es sind, einer *Étude de sociologie* angemessen, die *Institutionen* in ihren »vielfältigen und komplexen historischen Formen« (SM 21). Sie werden am Indiz des Selbstmordes untersucht. Und dies nun auch nicht der Institutionen als solcher wegen – zumindest zum Teil geht es einfach darum, die *Möglichkeit* der Wissenschaft Soziologie zu demonstrieren, gegen all jene, die psychologische Erklärungen des Selbstmordes und jedes anderen sozialen Phänomens suchen. Es geht um anderes als die individuelle Psyche. Wie soll man überhaupt wissen, welche Gründe den Einzelnen in den Selbstmord treiben und ob der »Tod oder vielleicht etwas anderes bezweckt war. Die Absicht ist allzu persönlich«, sie entzieht sich ja sogar dem Einzelnen selbst (SM 26). Dieses Buch schreibt Durkheim also, weil die Selbstmorde es erlauben, *soziale Gesetze* zu finden, die wiederum die Möglichkeit der Soziologie beweisen. Nicht zuletzt hofft er, die »Ursachen des allgemeinen Unbehagens«, an dem die »europäischen Gesellschaften leiden«, und Mittel zur Milderung dieses Unbehagens zu erkennen (SM 19 f.).

Wie wurde das Buch wahrgenommen? Die Rezeption war verhalten (vgl. Borlandi/Cherkaoui 2000). Dabei ist gerade dieses Buch heute ein Klassiker der Soziologie, in seinem Status wohl nur Webers *Protestanismus*-Buch vergleichbar, ebenso wie in den Aha-Effekten, die es erzeugt. Besonders angezweifelt wurde die (heute kaum ernst genommene) These, es gebe kollektive Kräfte, kollektive ›Selbstmordneigungen‹. In der Tat, warum um Himmels willen von »*suizidogenen Tendenzen* sprechen, wenn es um die Gründung einer positiven Soziologie geht?« (Richard 1897: 405) Durkheim hatte angesichts der Tatsache, dass die Zahl der Selbstmorde in einer Nation konstant ist, gefolgert, es müsse eine kollektive »Kraft« geben, die die Einzelnen »in die gleiche Richtung treibt und von deren mehr oder weniger großen Intensität es abhängt, ob mehr oder weniger Selbstmorde zustande kommen. [...] [J]edes Volk trägt kollektiv in sich eine ihm eigene Neigung zum Selbstmord.« (SM 353) Den Begriff der Kollektivneigung will er ausdrücklich nicht metaphorisch verwenden, die kollektiven Gefühle sind »Kräfte mit Eigenexistenz«, die das Handeln der Einzelnen beherrschen. Das jedenfalls zeigt die Statistik: Die Einzelnen verändern sich ständig, dennoch bleibt die Zahl der Selbstmorde gleich, solange sich die Gesellschaft nicht ändert (SM 356). Die Statistiken lassen also nichts anderes übrig, als das »Walten eines unpersönlichen Kausalnexus« anzunehmen, ein »Eigenleben« der kollektiven Tendenzen, die »als Kräfte genau so wirklich wie kosmische Kräfte« sind, wenn auch »von anderer Art« (SM 358). Eine Hauptaufgabe jeder Durkheim-Aktualisierung ist es, dieses ›*genauso wie, wenn auch anders*‹ zu deuten.

Die Kritiken bezogen sich zudem auf die Typologie, sie könne auch ganz anders ausfallen. Für den altruistischen und fatalistischen Selbstmordtyp sei die Datenbasis zu schmal, die Differenz von anomischem und egoistischem Selbstmordtyp wenig evident. Maurice Halbwachs hat 1930 mit *Les causes du Suicide* eine ebenso voluminöse zweite Studie verfasst, um Durkheim beizuspringen, wobei er weitere Faktoren einbezieht, insbesondere den Faktor des städtischen oder ländlichen Lebens. Zudem will er die statistischen Grundlagen verbessern. Halbwachs vollzieht wohl auch einen Bruch mit Durkheim, da er im Konzept der ›Lebensweisen‹ die Trennung individueller und kollektiver Tatsachen aufhebt, die Durkheim gerade hier so wichtig ist, wenn er individuelle Motive und soziale (›wirkliche‹) Gründe separiert! Manche (Besnard 2000) sehen weitere Zeichen des Bruchs mit Durkheim, da Halbwachs auch die Konzepte Anomie, Egoismus, Altruismus zugunsten der (weit weniger eleganten) Erklärung verwerfe, nach der ein komplexeres soziales Leben mehr Selbstmorde erzeuge.

Durkheims Buch umfasst drei Teile. Der erste Teil (*Die außergesellschaftlichen Faktoren*) argumentiert zunächst negativ, er schließt alle außergesellschaftlichen Faktoren (psychopathische Zustände, das »Irresein«, Erblichkeit, »kosmische« Faktoren wie das Wetter, »individualpsychologische Zustände«) aus den Ursachen der gesellschaftlichen Selbstmordrate aus. Ebenso wird zunächst, in der Definition des Gegenstandes, der Selbstmord von Tieren ausgeschlossen: »*Man nennt Selbstmord jeden Todesfall, der direkt oder indirekt auf eine Handlung oder Unterlassung zurückzuführen ist, die vom Opfer selbst begangen wurde, wobei es das Ergebnis seines Verhaltens im voraus kannte.*« So gesehen mag ein Tier höchstens ein Opfer seiner Handlung sein (SM 27 f.).

Der zweite Teil (*Soziale Ursachen und soziale Typen*) klassifiziert die Selbstmorde nach ihren sozialen Ursachen. Die »einzig erfolgversprechende Methode« ist die Analyse des Schwankens der Selbstmordrate je nach den »sozialen Begleitumständen« (SM, Inhaltsverzeichnis). Die sozialen Ursachen sind dabei nach den verschiedenen Selbstmordtypen zu betrachten, zunächst der *egoistische* oder individualistische Selbstmord. Seine Zahl ist umso größer, je weniger die Gruppe integriert ist – egal, um welche Gruppe es sich handelt. Man bringt sich namentlich seltener um, wenn man in einer Religionsgemeinschaft steckt. Hier gibt es interessante Differenzen zwischen den Konfessionen: Die ›Immunität‹ gegenüber dem Suizid ist bei Katholiken und Juden größer als bei Protestanten. Wie steht es mit dem »Erhaltungskoeffizienten« der Verheirateten? Auch sie sind relativ immun, wegen ihrer Integration in die Familie, vor allem die Frau profitiert hier. Erneut gilt: Je dichter die Gruppe, je stärker das soziale Band, umso unwahrscheinlicher ist der Selbstmord. Es gibt noch einen weiteren Faktor, der die Selbstmordrate sinken lässt: die politische Krise. In Krisenzeiten, wenn die Gruppe enger zusammenrückt, neigt der Einzelne weniger zum Suizid. Es gibt also eine *Beziehung zwischen der Art des Selbstmordes und dem Grad des sozialen Zusammenhalts*. Was begünstigt oder hemmt den *altruistischen* Selbstmord? Es ist der umgekehrt symmetrische Fall. Hier zwingt die Gesellschaft die Einzelnen, ihr Leben hinzugeben, und zwar, weil die Individualität zu schwach ist. Dies ist vor allem in den ›primitiven Gesellschaften‹ der Fall, die die *Arbeitsteilung* thematisiert hatte, sowie in den militärischen Milieus, in denen der Suizid eine Frage der Ehre ist. Schließlich gibt es noch eine weitere Art des Selbstmordes: den *anomischen*. Auf ihn kommt es Durkheim besonders an, da er derjenige der zeitgenössischen Gesellschaften ist, mit ihrer Ökonomie zu tun hat, die eine schnelle Akkumulation und einen ebenso schnellen Verlust von Reichtum ermöglicht. Die Anomie (›Normlosigkeit‹) als ›chronische Erscheinung‹ dieser Ökonomie führt zum Selbstmord, weil dem Einzelnen keine Grenzen mehr gesetzt sind – die Begierden sind entfesselt, die Gesellschaft rein zweckrational integriert, es gibt keine Autorität mehr, die die Begierden zügelt und vor Misserfolgen schützt. Beim kleinsten Rückschlag ›bringt man sich um‹, so Durkheims Erklärung der Anstiege der Suizide in Zeiten wirtschaftlicher Konjunkturen oder Krisen (SM 292ff.).

Der dritte Teil (*Vom Selbstmord als sozialer Erscheinung im allgemeinen*) gelangt zunächst zu Konsequenzen hinsichtlich des ›gesellschaftlichen Aspekts‹ des Suizids und dessen Beziehungen zu weiteren sozialen Phänomenen (den juridischen, moralischen, religiösen Auffassungen) und schließlich zu praktischen Folgerungen. Hier erklärt Durkheim die aktuelle Selbstmordzahl europäischer Gesellschaften zum Indikator einer ›moralischen Misere‹, eines ›pathologischen‹ Zustands. Indem sie rasch steigt, zeugt die Selbstmordrate von einer ›kranken‹ Gesellschaft. Durkheim schlägt als Korrektiv die Berufsgruppen vor, da sie – indem sie die Einzelnen integrieren *und* anleiten –, nicht nur den egoistischen Selbstmord verhindern, sondern auch den anomischen. Dass diese Gruppen besonders geeignet sind, ein neues moralisches Milieu zu schaffen, erklärt sich aus der Struktur der modernen Gesellschaft: Erstens sind die Gruppen, die vormals zwischen Individuum und Staat vermittelten (Korporationen, Zünfte, etc.), verschwunden. Die Berufsgruppe wäre ihr zeitgemäßes Pendant. Zudem sind nur sie zu diesem Zweck geeignet, da die Individuen funktional integriert sind, nicht mehr territorial und traditional.

Die ›recht verstandene‹ soziologische Erklärung des Selbstmords

Was macht gerade diese Studie zum Klassiker, was sind die Aha-Effekte? Zunächst macht Durkheim deutlich, was eine *soziologische* Analyse des Selbstmordes leisten kann und was nicht in ihr Gebiet fällt: Soziologisch muss man die Selbstmorde nur in ihrer Gesamtheit untersuchen – nicht die subjektiven Motive, die sich der Wissenschaft entziehen, zumal wenn es sich (definitionsgemäß) um erfolgreiche Selbstmorde handelt. Allenfalls kann man hier auf hinterlassene Dokumente hoffen. Soziologisch interessant sind für Durkheim ohnehin nur die Gesamtzahlen, und hier einerseits die Regelmäßigkeiten, das der Gesellschaft eigene ›Normalmaß‹, andererseits die Jahre, die einen plötzlichen Anstieg aufweisen, woraufhin sich die Zahlen erneut stabilisieren. Solche Steigerungen deuten auf eine »Störung im sozialen Gleichgewicht« hin, auf welche die Gesellschaft verzögert reagiert. Die Selbstmordkurve zeigt dann die Gestalt einer Wellenlinie. In ganz Europa verfolgt Durkheim solche Wellen – auf dem Höhepunkt des *Ancien Regime*, in Frankreich um 1860, in Deutschland nach 1866, in England um 1868, nach dem wirtschaftlichen Umschwung der Handelsverträge usw. Daraus schließt er: »Jede Gesellschaft hat in jedem Augenblick ihrer Geschichte jeweils eine bestimmte Neigung zum Selbstmord.« (SM 32) Und nicht nur diese, auch das Steigen oder Sinken der Rate ist konstant. Jede Gesellschaft hat einen eigenen »Beschleunigungskoeffizienten«. Kurz, die Daten zeugen von *kollektiven* Tendenzen zum Suizid. Durkheims Absicht ist es daher nicht, eine »Liste aller Bedingungen zusammenzustellen, die zur Genese der jeweiligen Selbstmorde beitragen« (SM 35f.). Damit mag sich der Psychologe, Psychiater, Mediziner beschäftigen. Den Soziologen interessiert nur das, wovon die Selbstmord*rate* abhängt. Nur diese muss das »Untersuchungsobjekt sein; man muß vom Ganzen auf die Teile schließen« (SM 156).

Mit großem Spürsinn weist Durkheim zunächst nach, was alles nicht Ursache dieser Rate ist. Die außergesellschaftlichen Ursachen erweisen sich allesamt nicht als kausal mit ihr verknüpft. Haben die Kulturen wegen des Klimas, der organischen oder nervösen Konstitution differente Selbstmordraten, wie viele meinen? Nein. Selbstmorde lassen sich nicht als Taten Geisteskranker definieren, da viele Selbstmorde sehr überlegt angegangen werden. Die verschiedenen Raten lassen sich nicht auf ein zur Depression disponierendes Klima oder entsprechende Tageszeiten zurückführen. Sie sind keine Folge von Alkoholmissbrauch, noch weniger rassischer Eigenheiten.

Sie sind aber vor allem kein Nachahmungseffekt. Der *Selbstmord* ist erneut ein Anti-Tarde-Buch mit dem Ziel zu demonstrieren, was eine ›recht verstandene‹ Soziologie ist. Die Nachahmung, so zeigen alle Statistiken, ist nicht ausschlaggebend für die Selbstmordrate, allenfalls kann sie verstärken, was ohnehin der Fall ist. Das zeigt sich, wenn man die Selbstmorde kartiert. Es müsste dann geografische Zentren geben, je nach der Dichte der Bevölkerung (SM 137 f.). Solche Zentren zeigen die Daten nicht, also kann die Nachahmung nicht die Neigung erklären, die verschiedene Gruppen zum Selbstmord haben. Sie kann den Selbstmord nicht einmal beeinflussen, denn die bloße Vorstellung einer derart existenziellen Handlung genügt kaum. Und wenn sich mehrere umbringen, dann nicht aufgrund von Imitation, sondern wegen des Milieus, in dem sie sich befinden (SM 147). Daraus leitet Durkheim zweierlei ab: Man kann Tardes praktische Ratschläge vergessen, etwa die Vorsicht, über Selbstmorde zu berichten. Zudem habe sich dessen Soziologie insgesamt erledigt. Hier zeige sich nämlich, »wie schwach die Begründung für die Theorie ist, die Nachahmung sei die treibende Kraft jedes kollektiven Lebens«. Ihre Kraft ist eingebildet. Nie

»reicht ihre Wirkung so weit, daß sie den Kern der Gesellschaft erreichte oder gar veränderte. [...] Man wundert sich mit Recht, warum man überhaupt eine Hypothese diskutiert, die [...] nicht einmal den Anfang eines experimentellen Beweises für sich hat. Denn noch nie konnte man eine bestimmte soziale Ordnung durch Nachahmung erklären und schon gar nicht durch sie allein. [Tarde] hat sich damit begnügt, diese Vermutung mehr in Form eines Aphorismus zu äußern und ihn durch vage metaphysische Überlegungen zu stützen.« (SM 149 f.)

Das »ganze Werk scheint gegen mich konzipiert zu sein«, schreibt Tarde, und so wurde es von den Zeitgenossen auch verstanden (Besnard 2000: 230). Die Debatte erreicht hier ihren Höhepunkt. Durkheim führt seine anti-tardianische Argumentation in voller Breite. Tarde schreibt mit gleichen Mitteln zurück. So witzelt er über die Kollektivtendenz: »Erkläre sich das, wer es kann. Wenn es heißen soll, dass eine *Kollektivanfälligkeit* jenseits aller *individuellen Neigungen* zum Selbstmord existiert, ist es eine reine Chimäre. Wenn es einfach sagen soll, dass für jedes Individuum an sich die Neigung zum Selbstmord aus den *Neigungen aller anderen Individuen stammt* [...], so ist es ein Beitritt zu meiner Theorie der Imitation. [...] Durkheim ist also, ohne es zu wissen, mein Schüler.« Insgesamt sieht Tarde in Durkheim einen Feind der Realität (Tarde 2000 [1897]: 245 f.). Es ist ein Vorwurf, den man noch gegen manche Studie erheben wird: Durkheim interpretiere sich die Daten so, dass sie in die Theorie passen. Und mehr noch, Tarde findet bei Durkheim – bereits hier! – eine verkappte *theologische* Soziologie, wenn dieser, die Idee der *Elementaren Formen* vorwegnehmend, schreibt, die »zwingenden Maximen, die die Gesellschaft mit so viel Mühe ihren Kindern einprägt«, kämen von einer außerindividuellen Wirklichkeit, die sich in der »einfachen Vorstellung des Volkes« mit dem Begriff Gottes decke (SM 370 f.).

In der Hauptsache verfolgt Durkheim natürlich die positive Argumentation – die eigene Antwort auf die Frage, welche kollektiven Umstände den Selbstmord begünstigen. Technischer formuliert, mit den Begriffen der quantitativen Sozialforschung, geht es um die Frage: *Welche Variablen korrelieren positiv mit der Suizid zahl?* Für eine Antwort muss man zunächst (das nennt Durkheim »Ätiologie«, SM 155) die Selbstmorde typisieren. Es gibt verschiedene Gründe, die zu den jeweiligen Selbstmordraten führen, und es kann – da das Kausalitätsgesetz gilt – »nur so viele verschiedene Typen des Selbstmordes geben, wie Ursachen« (SM 154).

Die Differenz der Selbstmordraten verschiedener Gesellschaften und einer Gesellschaft im Lauf der Zeit hängen nun stets mit der *Stellung des Individuums im Kollektiv* zusammen, mit der Art, wie sich Kollektive integrieren. Es kann eine zu ausgeprägte Individualität vorherrschen oder eine zu wenig ausgeprägte. Welchen Selbstmord man begeht, hängt von den ›moralischen‹ Vorstellungen der Gesellschaft ab. Dies wird das allgemeine Ergebnis der Studie sein, die darum nicht nur eine Studie über den Selbstmord ist, sondern eine *über die Gesellschaften, deren je verschiedene Bindekräfte und ihren Grenzen.* Man muss das Individuum beiseitelassen und sich »fragen, welcher Art die verschiedenen sozialen Milieus (Konfessionen, Familie, politische, berufliche Gruppen) sind, die die Selbstmordrate schwanken lassen« (SM 161).

Die Antwort findet Durkheim durch eine statistisch grundierte Studie. Er hat (unterstützt durch Mauss, auf der Suche nach ›Repräsentativität‹) 25 000 Selbstmorde klassifiziert und aus den Daten für differente Gruppen (z.B. Verwitwete und Verheiratete verschiedenen Alters) jeweils ›Indexe‹ erstellt, »Erhaltungskoeffizienten«, die angeben, »wievielmal weniger man in einer bestimmten Gruppe im Vergleich zu einer anderen desselben Alters Selbstmord begeht« (SM 193).

Der egoistische Selbstmord: zu starke Individualisierung

Die Religion ist für Durkheim die Matrix des Sozialen. Sie erzeugt diejenigen Bindekräfte, die es in der Moderne zu ersetzen gilt. Beobachten wir also »zunächst, wie sich die verschiedenen Religionsgemeinschaften zum Selbstmord verhalten« (SM 162). Die Daten zeigen, dass sich Katholiken weniger häufig umbringen als Protestanten. Noch kleiner ist die Rate bei den Juden. Wie lässt sich das erklären? Zunächst zu den Juden: Hier hat die ständige Diskriminierung eine »besonders ausgesprochene Solidarität geschaffen. Die Notwendigkeit, sich gegen die allgemeine Feindseligkeit zur Wehr zu setzen, ja die Unmöglichkeit des freien Verkehrs mit der übrigen Bevölkerung hat sie gezwungen, sich eng zusammenzuschließen. Dadurch wurde jede Gemeinde eine kleine Gesellschaft, die, kompakt und eng verbunden, ein sehr lebhaftes Bewußtsein ihrer selbst« hatte (SM 171). Der Minderheitenstatus zwang die Juden zu einem »sittlich besonders hochstehenden Lebenswandel« und zur »strengen Selbstmordkontrolle« (SM 167). Enge Gemeinschaft schützt vor Selbstmord.

Wie erklärt sich die Differenz der Selbstmordneigung bei den christlichen Konfessionen? Es muss hier die Religion selbst sein, die einen ›immunisierenden‹ Einfluss hat, nicht der Minderheitenstatus. Zunächst haben beide Konfessionen viel gemein. Beide verbieten den Selbstmord, verstehen ihn als Sünde gegen Gott. Der Unterschied ist, dass der Protestantismus der »freien Forschung« Raum lässt, während der Katholik seinem Glauben kritiklos gegenüberstehe, zumal ihm die Einsicht in die Quellen versagt ist. Geschickt instituiert sich diese Kirche als von Einzelnen unanfechtbar (SM 168 f.). Die höhere Selbstmordrate der Protestanten muss demnach an der geringeren Autorität des Glaubens liegen. Der Protestantismus ist ja, so Durkheim, die Religion einer Gesellschaft in der Krise, einer, die nicht mehr als

Ganze bestimmte religiöse Ideen teilt, die vielmehr bereits fraglich geworden sind. Wenn Denken und Handeln vollständig religiös bestimmt sind, sind sie zu selbstverständlich, als dass über sie reflektiert würde. Je individualistischer umgekehrt eine Glaubensgemeinschaft ist, umso »weniger Zusammenhalt und Vitalität« hat sie. Die Protestanten bringen sich also eher um, weil sie als *»Kirche weniger stark integriert«* sind (SM 171).

Wenn dies so ist, gehen steigende Selbstmordrate und Bildung aus derselben Ursache hervor. Beide sind Indikatoren für die schwache Autorität der Tradition. Die Wissenschaft, das Wissen versteht Durkheim nun als funktionale Äquivalente von Tradition, Dogmen, »vernunftlosen Kulturhandlungen«. Daher kann etwa die Philosophie, als erste Wissenschaft, erst aufkommen, wenn die Religion nicht mehr unbedingt gilt (SM 174). Daher auch zeigt sich in den Daten, dass etwa das protestantische Sachsen nicht nur mehr Selbstmörder als Preußen hat, sondern auch weniger Analphabeten. Nun zeichnet sich gerade das Judentum durch eine hohe Bildung aus. Widerspricht sich Durkheim hier nicht? Nein – wenn es den »Juden gelingt, gleichzeitig sehr gebildet und doch dem Selbstmord wenig geneigt zu sein, dann deshalb, weil ihr Wissensdrang einen ganz besonderen Grund hat. Es ist ein allgemeingültiges Gesetz, daß sich die religiösen Minderheiten Mühe geben, in ihrem Wissen den sie umgebenden Volksteilen überlegen zu sein.« Erneut liegt es am Minderheitenstatus, die Juden suchen Bildung »nicht, um kollektive Vorurteile durch reflektierte Ansichten zu ersetzen, sondern einfach um im Kampf besser gerüstet zu sein« (SM 180f.). Sie haben die »Intelligenz der Modernen, ohne deren Verzweiflung zu teilen«. Die Ausnahme ist nur scheinbar. Kurz, der »Mensch sucht Bildung und ergibt sich dem Tod, weil die Glaubensgemeinschaft, der er angehört, ihren Zusammenhang eingebüßt hat« (SM 182 f.).

Wenn die Religion vor Selbstmord schützt, so also nicht wegen des Glaubens, sondern *insofern sie eine Gemeinschaft ist.* Die Wissenschaft ist in der Situation der Säkularisierung ihr funktionales Äquivalent, ein »Heilmittel«, und zwar »das einzige«. Durkheim ist es wichtig, nicht als Anti-Intellektueller dazustehen. Die Wissenschaft hat keineswegs eine »zersetzende Wirkung«, sie ist die »einzige Waffe, mit der wir den Kampf gegen die Auflösung, deren Ergebnis sie selbst ist, aufnehmen können. Ächtung ist keine Lösung. Indem man ihr Schweigen gebietet, gibt man der Tradition niemals ihre Autorität zurück.« (SM 183 f.)

Wenn die Religion vor Selbstmord schützt, insoweit sie – anders formuliert – eine ›soziale Ordnung‹ ist, müssen auch andere ›soziale Ordnungen‹ diese Wirkung haben. Durkheim untersucht zunächst die *Familie*: die Institution der Ehe. Diese Seiten, in denen er den Selbstmordkoeffizienten der Verheirateten, Ledigen und Witwer beiderlei Geschlechts untersucht, gehören zu den technischsten der Studie. Hier zeigt sich, was man aus Daten alles ablesen kann und wie vorsichtig man dabei sein muss. So erweist sich etwa, dass zu frühe Heiraten den Selbstmord befördern, besonders bei Männern; dass »je nach Gesellschaft das eine oder andere Geschlecht durch den Ehestand mehr begünstigt wird«; dass »je nachdem, welches Geschlecht es ist, die entsprechende Selbstmordrate in ihrem Unterschied zur anderen variiert«; und die Ehe in der Provinz den Mann und Witwer eher vor Selbstmord schützt als die Frau und Witwe, während es in Paris umgekehrt ist (»Im Mittel ist der Koeffizient für die verheirateten Männer nur 1,56, für die verheirateten Frauen dagegen 1,7931«, SM 215). Insgesamt aber scheinen sich Witwer eher umzubringen als Verheiratete. Am ehesten bringen sich Unverheiratete um. Es gibt also eine »relative Immunität« der Verheirateten. »*Entweder ist sie auf den Einfluß der häuslichen Umgebung zurückzuführen; dann wurde die Anfälligkeit für Selbstmord also durch das Familienleben neutralisiert* [...] *Oder ihre Ursache liegt in dem, was man die Gattenwahl nennt.*« (SM 197) Ersteres ist der Fall: Die Immunität der Verheirateten liegt in der Familie begründet, in der »Gruppe von Eltern und Kindern«. Die Ehe an sich schützt nicht. Die Familie ist »im selben Sinne wie eine Religionsgemeinschaft« ein Schutz, umso mehr, je größer die Familie oder je »dichter« und vitaler die Gruppe ist (SM 219). Denn wenn »Kollektivgefühle eine besondere Wirksamkeit haben«, so weil sie beim Einzelnen ihr Echo finden, große Gruppen eher »Leidenschaften« entfesseln. In einer Kleinfamilie sind die Gefühle und Erinnerungen nicht sehr intensiv, da das Echo eben nur gering sein kann, es fehlt der Resonanzkörper. Das soziale Leben ist also umso »widerstandsfähiger, je lebhafter und kontinuierlicher« die Beziehungen sind (SM 223 f.).

Wie verhält es sich mit den *politischen Gesellschaften*? Einerseits steigen die Zahlen der Selbstmorde bei Krisen, etwa am Vorabend der Revolution. Es gibt in nationalen Krisen aber auch sinkende Raten. Die Daten zeigen: »Alle Revolutionen, die Frankreich im Laufe dieses Jahrhunderts mitgemacht hat, haben im Augenblick ihres Ausbruchs fallende Selbstmordziffern bewirkt.« (SM 225) Wie lässt sich dies erklären? Jedenfalls nicht durch eine gelähmte Administration, die die Selbstmorde weniger genau erfasst. Es gibt Krisen des Verfalls und solche, die die Leidenschaften entfachen. In ihnen rückt die Gesellschaft zusammen, die Kollektivgefühle werden intensiver, jeder fühlt sich mehr eingebunden. Es entsteht eine »größere Integration des Ganzen«. In der Krise, wenn alle gegenüber einem Dritten »zusammenstehen müssen«, denkt man weniger an sich selbst.

Der egoistische Selbstmord steht mithin »*im umgekehrten Verhältnis zum Integrationsgrad der Kirche, der Familie und des Staats*«. Er »*variiert im umgekehrten Verhältnis zum Grad der Integration der sozialen Gruppen, denen der einzelne angehört*« (SM 231). Was ist also seine ›Eigenart‹? Löst sich das *lien social* auf, entfremdet sich der Einzelne vom kollektiven Leben, interessiert sich eher für seine persönlichen Ziele als die der Gruppe. Will man dies als Egoismus verstehen, so kann man den Suizid, der aus einer »übermäßigen Individuation hervorgeht, als egoistisch bezeichnen«. Er taucht nicht in solchen Gesellschaften auf, die stark integriert sind, in denen sich die Einzelnen in den Dienst der Gruppe stellen und in denen es Sanktionen gibt für den Fall, dass diese sich durch den Tod ihren Pflichten entziehen wollen. Er taucht auf, wenn diese starke Autorität der Gruppe bröckelt – dann erkennt sie den Einzelnen das Recht zu, zu tun, was sie ohnehin nicht verhindern kann. Dies ist die indirekte Begünstigung des Suizids. Den Einzelnen fehlt aber auch jeder Anlass, ihr Dasein »mit Geduld zu ertragen«. Der »exzessive« Individualismus fördert den Selbstmord nicht nur, er ist *selbst* die Ursache (SM 232 f.).

En passant findet Durkheim hier die vielleicht ausgreifendste Formulierung seines Ansatzes, für den sich das Subjekt mitsamt seinen Gefühlen und seinem Wissen aus der Gesellschaft erklärt. »Uns nach ihrem Abbild formend, hat [die Gesellschaft] uns mit jenem religiösen, politischen und sittlichen Glauben durchdrungen, der unser Verhalten bestimmt. Wir bemühen uns, unsere Intelligenz zu erweitern, um unsere Rolle in der Gesellschaft spielen zu können, und [...] es [ist] die Gesellschaft, die uns die Werkzeuge für diese Entwicklung liefert.« Wenn alle »höheren Formen des menschlichen Tuns kollektiven Ursprungs sind«, ist auch ihr Ziel kollektiv. Diese Formen des Handelns und Denkens sind »*die Gesellschaft selbst*, verkörpert und individualisiert in jedem von uns«. Löst sich die Gesellschaft auf, dann gibt es für die soziale Person in uns keine Grundlage mehr. Alles, was uns bisher wertvoll war, wird zur »Phantasmagorie«. Die Gesellschaft zerfließt »in Nichts und läßt uns einsam zurück« (SM 237 f., Hervorh. HD). Zudem hat jede Gesellschaft eine eigene Art, das Leben zu verstehen, sie fällt ein »Gesamturteil« über dessen Wert. Es gibt »Strömungen von Depression und Enttäuschung«, die vom Zerfall des Kollektivs zeugen. Theorien, die den Wert des Lebens herabsetzen, sind die Folge. Die Depression und Melancholie, die den Einzelnen befällt, ist *die des Kollektivs.* Dieser Selbstmordtyp hat den Namen ›egoistisch‹ also verdient, der Egoismus ist der wirkliche Grund (SM 239 f.) – man bringt sich mit höherer Wahrscheinlichkeit in einer Gesellschaft um, deren *vinculum sociale* schwach ist.

Der altruistische Selbstmord: zu starke Integration

> *»Der Primitive kann überall, wohin er geht, seine Götter und seine Familie mitnehmen, nach denen sein soziales Wesen verlangt.«* (SM 240)

In eine ganz andere Kategorie fallen die Witwenverbrennungen, die Selbstmorde der Alten, der Märtyrer. »Primitive Gesellschaften« haben ihren eigenen Selbstmord; sie kennen den egoistischen nicht. Ist bei diesem eine ›übermäßige Vereinzelung‹ der soziale Grund, so sind es dort Selbstmorde, die auf eine ›zu schwache‹ Individualität zurückgehen. »Wenn der Mensch aus der Gesellschaft herausgelöst wird, begeht er leicht Selbstmord. Das tut er auch, wenn er zu sehr in sie verstrickt ist.« Durkheim denkt hier an die »primitiveren Gesellschaften«. Auch sie kennen Selbsttötungen, aber ganz andere. Endemisch tritt hier die Selbsttötung auf, die den religiösen oder mythischen Überzeugungen nach im Dienst des Kollektivs vollzogen wird. So glaubten etwa die »Goten, daß diejenigen, die eines natürlichen Todes sterben, auf ewig dazu verdammt sind, in Höhlen giftiger Tiere herumzuhocken« (SM 242 f.). Durkheim nennt eine ganze Reihe anderer Vorstellungen, die den Selbstmord bei den ›primitiven Völkern‹ legitimieren. All diese Fälle ordnet er in drei Kategorien: Selbstmorde von Alten und Kranken, Witwen, Gefolgsleuten. Hier tötet man sich nicht, weil man sich das Recht dazu nimmt, sondern weil man *»dazu verpflichtet ist«* (SM 244). Die Gesellschaft fordert von den Einzelnen, sich selbst zu zerstören.

Dabei gibt es Abstufungen. Das Kollektiv kann die Verbindung des Einzelnen zum Leben nur »lockern« oder strikt befehlen, »Schluß zu machen« (SM 245). In jedem Fall ist dies nur in Kollektiven möglich, in denen der Wert des Individuums gering ist. Entspringt der egoistische Selbstmord dem »übertriebenen« Individualismus, so ist dieser Ergebnis einer (zu) »rudimentären Individualität«. Durkheim nennt ihn »altruistisch« (unpersönlich, dezentriert). Fälle, in denen es eine Pflicht dazu gibt, heißen *»obligatorischer altruistischer Selbstmord«* (SM 247 f.). Wie gesagt, es gibt auch andere Fälle. In »Polynesien genügt sehr oft eine leichte Beleidigung, um einen Menschen zum Selbstmord zu bestimmen. Ähnlich ist es bei den Indianern Nordamerikas. Ein Ehezwist oder ein Anflug von Eifersucht ist Anlaß genug.« Ebenso weiß man, »mit welcher Bereitschaft sich die Japaner aus dem nichtigsten Anlaß den Bauch aufschlitzen« – hier hat man es eher mit dem *›fakultativen altruistischen Selbstmord‹* zu tun. (SM 248)

Beide setzen eine bestimmte Vorstellung des individuellen Lebens voraus. Es ist nicht sonderlich kostbar. »Diese Bräuche hängen demnach genau wie der obligatorische Selbstmord mit den grundlegenden Moralmaximen primitiver Völker zusammen«, moralischen Maximen, die es darauf anlegen, dass der Einzelne vorrangig dem Kollektiv dient statt eigenen Interessen. Diese Gesellschaften sind »auf Verzicht und auf bedingungslose Unterwerfung ausgerichtet« (SM 249 f.). Ein besonders deutlicher Fall dieses Selbstmordtyps sind die *Märtyrertode*. Aus Durkheims

Perspektive ist es egal, ob der Selbstmörder andere mit sich reißt (Selbstmordattentate) oder nicht (z.B. Selbstverbrennungen). In beiden Fällen strebt das Individuum danach, »sich seines irdischen Seins zu entledigen, um sich in das andere Etwas zu stürzen, das es als seinen eigentlichen Inhalt ansieht«. Handelt es nicht aus Verzweiflung? Dies liegt auf der Hand, aber darin »sind sich alle Selbstmörder ähnlich«. Gleichwohl gibt es eminente Unterschiede: Der ›Egoist‹ ist traurig, weil er »nichts Wirkliches sieht außer dem einzelnen, der radikale Altruist ist traurig, weil für ihn der einzelne allein nicht lebensfähig ist. Der eine steht abseits vom Leben, weil er kein Ziel erkennt, an das er sich halten könnte, [...] der andere, weil er wohl ein Ziel hat, aber außerhalb dieses Lebens.« Kurz, die »Schwermut des einen ist himmelweit verschieden von der des anderen« (SM 252 f.).

Ist die Religion der Grund, sind es die religiösen Vorstellungen, die in den Suizid treiben? Nun, das »Tun des Menschen ist nicht von abstrakten Vorstellungen bestimmt« (SM 254). Diese Vorstellungen sind die einer bestimmten Gesellschaft, diese schafft sie, nicht umgekehrt. Was etwa den Pantheismus anbetrifft, die Verneinung jeder Individualität, so kann sich eine solche Religion nur in einer Gesellschaft bilden, in der der Einzelne wenig gilt. *Die Gesellschaft* ist das Apriori. Ist die Religion je die einer bestimmten Gesellschaft, so sind es auch die Selbstmorde.

Der Pantheismus, auf den Durkheim hier zunächst *en passant* zu sprechen kam, offenbart auch einen weiteren Untertyp, den »überspitzt altruistischen Selbstmord«, den Selbstmord der Mystiker. In jedem Fall sind diese Tötungen für uns nicht zu verstehen. Uns trennt die »ganze Distanz, die primitive Völker von hochkultivierten trennt« (SM 254) – oder besser, die Distanz zwischen modernen, individualistischen und traditionalen, kollektivistischen Gesellschaften.

Der anomische Selbstmord: fehlende Reglementierung

Der anomische Selbstmord ist das prominent wahrgenommene Thema des Buches, da er der Moderne entspringt, ihrer »*Anomie*«, ihrer ›Unordnung‹ (SM 289). Wirtschaftliche Anomie ist Durkheims Diagnose der ›Misere‹ seiner europäischen Gegenwart. Das Gesetz des Marktes, nicht das des Staates, gilt, und da es keine moralischen Imperative, keine Autoritäten gibt, die hier die Einzelnen zügeln, ist es kein ›Gesetz‹. Was ist die ›Eigenart‹ dieses Selbstmordes? Hier ist weniger die Art entscheidend, wie die Einzelnen integriert, als die, in der sie »reguliert« sind. Sie leiden daran, dass ihre Aktivitäten »regellos« geworden sind. Anomie bezeichnet also zwar einen Selbstmordtyp, der mit dem egoistischen gemein hat, dass das Kollektiv dem Individuum »nicht gegenwärtig genug ist«. Indes, die Art, in der das Kollektiv ›fehlt‹, ist nicht dieselbe. Beim egoistischen Selbstmord fehlt das Kollektiv als Sphäre des gemeinsamen Handelns, beim anomischen fehlt das Kollektiv, insofern es die individuellen Wünsche nicht begrenzt. Es fehlt als im Hintergrund wirkende moralische Autorität (SM 295 f.).

Die Gründe, warum man sich in einer solch anomischen Situation eher umbringt, mögen auf den ersten Blick idiosynkratisch scheinen: Die »Vergötzung des Wohlstands« (SM 292), heute Konsumgesellschaft genannt, ist das Kennzeichen der Moderne. Das Subjekt dieser Gesellschaft jagt der Zukunft nach, größerem Wohlstand, neuen Genüssen und Erlebnissen. Die Einzelnen erfasst hier ein »überhitzter Ehrgeiz«, ihre Ziele liegen »himmelweit über allem Erreichbaren«. Die Realität muss demgegenüber verblassen. Und da die Krise der »Dauerzustand« dieser Gesellschaft ist, erlebt man ständig Enttäuschungen. Demgegenüber hat das Subjekt nichts, woran es sich klammern kann, sein Begehren bezieht sich eben auf die Zukunft, das Neue. *Also bringt es sich bei der kleinsten Schwierigkeit um* – es ist eben nicht gewohnt, sich zu beschränken. Die Selbstmordrate ist in der Ökonomie daher konstant höher als in anderen Teilsystemen der Gesellschaft (Politik, Wissenschaft, Recht, Erziehung, etc.). Hinzu kommen steigende Zahlen bei konjunkturellen Höhe- und Tiefpunkten: Sowohl Verluste als auch plötzlicher Gewinn sind selbstmordfördernd. Letztere, weil der Einzelne sich nun ganz neuen Möglichkeiten gegenübersieht, die sozialen Schichten durchlässig werden, auch hier also Grenzen entfallen. Umso »nutzloser wird die Anstrengung«, andere zu übertreffen. »Es ist kein Wunder, daß unter solchen Umständen der Wille zum Leben seine Kraft verliert.« (SM 289)

Es gibt eine weitere Sphäre, in der Durkheim Anomie feststellt: das Familienleben, genauer, das *sexuelle Leben.* Auch hier gilt: »Sobald man von nichts in Grenzen gehalten wird, kann man selbst keine Grenzen einhalten. [...] Wenn man fast den ganzen Bereich der Möglichkeiten ausgekostet hat, träumt man vom Unmöglichen.« Dies erzeugt einen »Zustand von Unruhe, Erregung und Unzufriedenheit, durch den die Möglichkeit eines Selbstmordes realer wird« (SM 312). Hier, in diesen Ausführungen über die Wirkung von Scheidung und Witwerschaft hat man wohl den schwächsten Durkheim vor sich. Die Konsequenz der Scheidung, ein sexuell ›ungeregeltes‹ Leben führen zu müssen, betreffe insbesondere den Mann. Vor allem er begehe den ›sexuellen anomischen‹ Suizid, da die sexuellen Bedürfnisse der Frau ›weniger geistig‹ seien, sie ihren »Instinkten« nur zu folgen brauche, um »Ruhe und Frieden zu finden« (SM 313). Gehen wir darüber einfach hinweg. Georg Simmel hat sich ebenso wenig mit Ruhm bekleckert, als er über ›die Frauen‹ schrieb. Erwähnt werden soll hier nur die These zur Funktion der Ehe: Diese ist weniger eine Institution, die die Frau gegen Notfälle versichert, als eine, die den Mann aufrechterhält.

Die Fußnote zum fatalistischen Selbstmord. Fazit

Egoistischer und altruistischer Suizid sind einander umgekehrt symmetrisch: Man bringt sich um, weil man (schlicht gesagt) ›zu vereinzelt‹ oder ›nicht allein genug‹ ist. Gibt es auch das Gegenstück des anomischen Selbstmords, bringt man sich um, weil das Leben zu sehr reglementiert ist? Man sollte es meinen. Durkheim erwähnt diesen Fall, den *fatalistischen* Suizid, der aus einem Übermaß von Regeln resultiert, indes nur in einer Fußnote. Es ist der Suizid derer, »denen die Zukunft mitleidlos vermauert wird« oder deren »Triebleben durch eine bedrückende Disziplin gewaltsam erstickt wird«. Durkheim denkt an junge Eheleute, kinderlos verheiratete Frauen und antike Sklaven. In all diesen Fällen sieht er keinen aktuellen Wert (SM 318).

Es gibt hingegen einen Selbstmordtyp, der bei ihm nicht auftaucht, aber aktuell relevant ist: derjenige der Selbstmordattentäter. Hätte Durkheim auch diesen (der, aus der Innensicht, ein Märtyrertod ist) zu den altruistischen Selbstmorden gezählt? So versuchen sich heute jedenfalls einige die terroristischen Selbstmordattentate mit Durkheim zu erklären. Die Frage ist wohl, wodurch diese Attentate, die wir aktuell beobachten, motiviert sind – durch das Versprechen einer jenseitigen Zukunft (die Märtyrer, mit ihrem ›altruistischen Selbstmord‹) oder die Verzweiflung und Wut angesichts der Übermacht des Westens (was Durkheim sicher als ›fatalistischen Suizid‹ eingeordnet hätte). Auch abgesehen von diesem Spezialfall ist der Suizid ein aktuelles Thema. Die moderne Gesellschaft beobachtet sich daraufhin ständig, führt Statistiken und bildet Spezialisten aus, die den Selbstmorden zuvorkommen sollen.

Dass es nicht einen Selbstmord gibt, sondern Selbstmorde; dass die Gründe nicht immer dieselben, sondern sogar konträr und vor allem stets gesellschaftlicher Natur sind – das sind auch heute die Aha-Effekte, die Durkheim bei diesem wichtigen Thema erzeugt. Mit dem Suizid ist es »wie mit einer Geisteskrankheit. Für den Laien besteht diese in einer einzigen, immer gleichen Erscheinungsform, die sich nur äußerlich je nach den Umständen unterscheidet«, während der Psychologe sehr wohl weiß, dass es strikt getrennte Krankheiten gibt. Ebenso stellt man sich den Selbstmörder meist als Melancholiker vor – während der Soziologe sehr wohl weiß, dass es sehr verschiedene Gründe gibt (SM 319ff.).

VI Die elementaren Formen des sozialen Lebens und Denken

»Das allgemeine Ergebnis des Buches ist, daß die Religion eine eminent soziale Angelegenheit ist. Die religiösen Vorstellungen sind Kollektivvorstellungen, die Kollektivwirklichkeiten ausdrücken; die Riten sind Handlungen, die nur im Schoß von versammelten Gruppen entstehen können und die dazu dienen sollen, bestimmte Geistzustände dieser Gruppen aufrechtzuerhalten oder wiederherzustellen. Wenn also diese Kategorien religiösen Ursprungs sind, dann müssen sie an der gemeinsamen Natur aller religiösen Fakten teilhaben: Sie müssen also ebenfalls soziale Angelegenheiten werden, Produkte des kollektiven Denkens.« (EF 28)

Die Studie zu den *Elementaren Formen des religiösen Lebens* – den totemistischen Gesellschaften Australiens – ist Durkheims letztes Werk. Es ist monumental, noch einmal originell, zuweilen ist es fulminant. Hier führt Durkheim einerseits die Methode dieser ›französischen Schule der Soziologie‹ durch, die vergleichende Analyse der nicht-modernen Gesellschaften mit der eigenen, um die Grundlagen des sozialen Lebens schlechthin zu ergründen. Was ist eigentlich, wie entsteht und verstetigt sich eine ›Gesellschaft‹? Gestellt ist hier also andererseits auch die Grundfrage der soziologischen Theorie. Beantwortet wird sie mit einer komplexen These zu den imaginären, symbolischen und materiellen Aspekten der Instituiierung von Kollektiven, einer These ihrer ungeplanten, eigendynamischen Emergenz. Diese These steckt in der berühmtesten Passage des Buches, in der Durkheim Szenen ritualgestützter kollektiver Erregung beschreibt.

Grundlegender Text der Religionssoziologie, ist das Werk also auch ein bedeutender Beitrag zur Allgemeinen Soziologie. In dieser emergenz- und symboltheoretischen Konzeption des Sozialen liegt ein starkes Moment der Aktualität Durkheims insgesamt. Die Ritual-, Symbol- und Ding-gestützte ›imaginäre Institution der Gesellschaft‹, die Durkheim hier beschreibt, verläuft dabei durchaus nicht immer auf dieselbe Weise – die Riten sind je spezielle, die Vorstellungen des Kollektivs ebenso. Durkheim interessiert sich namentlich für die totemistischen Kollektive, die im Gegensatz zu den ›anthropistischen‹ Gesellschaften (Seyfert 2011) neben Menschen auch Nichtmenschen (Tiere und Pflanzen) als aktive Mitglieder umfassen. Heute interessiert man sich in diesem Sinne nicht mehr mit evolutionistischen Annahmen, sondern *systematisch* für den Totemismus – als eine Möglichkeit neben anderen, Kollektive zu bilden (vgl. unten).

Es gibt einen vorbereitenden Text, *Sur le totémisme.* In ihm formuliert Durkheim neben einer These zur Exogamie auch eine zur Entwicklung des Totemismus. Der totemistische Kult habe eine »autochthone Evolution«, die aus dem »Leben des Stammes selbst stammt, dessen inneren Ereignissen, den Verbindungen mit benachbarten Stämmen, dem Gebrauch der Zeit, etc.«. Und weiter: »Man weiß heute, dass diese Völker nicht stationär sind; sie haben eine Geschichte, die sie oft selbst ignorieren, aber deren Spur sich in der Textur ihrer Institutionen zeigt.« Auch die Arunta haben (anders als es Durkheim in den *Elementaren Formen* suggerieren wird) also eine lange Vergangenheit, sie zählen gar zu den »fortgeschrittensten« australischen Völkern, da das Kollektiv bereits ein Gefühl seiner Einheit hat (Durkheim 1900/1901: 89 f.). Vor allem aber bereitet Durkheim hier seine religionssoziologische Interpretation vor, die im Gegensatz zu derjenigen führender Totemismusforscher, namentlich jener James G. Frazers (*Totemism and exogamy*, 1910), steht. Der Kern des Totemismus ist, so Durkheim, *nicht* der ökonomische Nutzen der Klane füreinander, *nicht* die Bezeichnung der Einzelnen, *nicht* das Tabusystem. Primär sind vielmehr die »solidarischen Beziehungen« zwischen Menschen und Nichtmenschen, alles »andere tritt in die totemistischen Gesellschaften später ein, erst *nachdem dieses solidarische Band verloren gegangen ist*« (so Seyfert 2011: 186). Sicher handelt es sich bei den totemistischen Riten stets darum, die »Kontinuität der Spezies zu sichern«, aber dies, »um dem Klan die heiligen Wesen zu bewahren, mit denen seine Schicksalsgenossen solidarisch waren«, nicht, um den Nachbarklans genügend essbare Pflanzen oder Tiere zu geben. »Damit es einen Klan des Känguruhs geben kann, braucht es Tiere dieser Art.« (Durkheim 1900/1901: 117)

Zurück zu den *Elementaren Formen*. Durkheim selbst spricht nicht von einer Gesellschaftstheorie als Theorie der Konstitution des Sozialen. Für ihn stellt sich der Ertrag des Buches religions- und wissenssoziologisch dar. Faktisch interessiert er sich gleichwohl für die (symbolische) Konstitution der Gesellschaft, wenn er (wie Arnold van Gennep sagt) eine ›emblemistische‹ und ›kollektivistische‹ Theorie des Totemismus entwirft; faktisch kommt er zudem zu einer These der *differenzierenden Identifikation* des Menschen mit dem Totemtier oder der Totempflanze.

Was will Durkheim also selbst für Fragen beantworten? Vor allem geht es ihm um die Erklärung des Religiösen. Der »Hauptzweck« des Buches ist, die »primitivste und einfachste Religion zu studieren, die bis jetzt bekannt ist«, und sie zu erklären. Dazu muss man zunächst die »Struktur dieses Systems mit der Genauigkeit und der Treue beschreiben, wie es ein Ethnograph« tut. Aber damit hat die Aufgabe des Soziologen erst begonnen, er muss auch die Religion allgemein analysieren, ihre konstitutiven Elemente (die Vorstellungen oder Mythen und die Praxen oder Riten). Dabei ist der Soziologe nicht darauf aus, von allerlei »Wunderlichkeiten und Seltsamkeiten« zu berichten. Ihm geht es letztlich um die eigene, moderne Gesellschaft (EF 17).

Will man in den Gesellschaften einen gemeinsamen sozietalen Grund, generelle soziale Mechanismen behaupten, muss man Religion und Kultur in all ihren Formen rehabilitieren. Statt aus dem Studium ›einfacher‹ Religionen eine »Kriegsmaschine gegen die Religion« zu machen, statt diesen Kulturen ein wirres Denken zuzuschreiben, will Durkheim ihre ›*Wahrheit*‹ zeigen. Alle Formen des religiösen und damit sozialen Lebens sind *funktional*, denn ein »wesentliches Postulat der Soziologie ist [...], daß eine menschliche Einrichtung nicht auf Irrtum und auf Lüge beruhen kann: denn sonst könnte sie nicht dauern« (EF 19, 18). Die Frage nach der Funktion der Religion stellen heißt, das »Problem des Ursprungs der Religionen« neu zu fassen (EF 25 f.).

Mit dieser funktionalen Erklärung des Religiösen verbindet sich ein zweites Ziel. Das ›sekundäre Untersuchungsobjekt‹ ist die soziologische Erklärung des Denkens respektive Wissens. Durkheim begründet (gemeinsam mit Mauss) jene spezifisch französische Variante der Wissenssoziologie, die dann, modifiziert und gegen den Strich gebürstet, Lévi-Strauss entfalten wird – die vergleichende Studie der Ordnungen der Dinge und Menschen. Inwiefern hängen Religion und Wissen zusammen? Jede Religion ist zugleich auch eine Kosmologie, eine Ordnung aller Dinge. Und weil die Religion in diesem Sinne selbst zunächst auch Wissenschaft und Philosophie gewesen ist, sind diese aus ihr entstanden – nicht nur, was den Inhalt des Wissens betrifft, vielmehr auch dessen Form. Die Kategorien, Begriffe, die das ›ganze intellektuelle Leben beherrschen‹, sind religiösen, also sozialen Ursprungs: »Zeit, Ort, Substanz, Qualität, Quantität,

Relation, Tätigkeit, Leiden, Verhalten, Befinden« (EF 27 f.). 1903 hatten Durkheim und Mauss diesen Gedanken zuerst publiziert, in *Über einige primitive Formen von Klassifikation*. Wir kommen darauf zurück. Generell stammen viele der religions- und wissenssoziologischen Ideen Durkheims von seinen Mitarbeitern Henri Hubert, Marcel Mauss und Robert Hertz. Das Buch ist ein Ergebnis der kollektiven Arbeit, was Durkheim nicht sonderlich deutlich macht. Wichtig sind insbesondere folgende Werke: Hubert und Mauss, *Essai sur le sacrifice* (1899) und *Théorie générale de la magie* (1904); Hubert, *La représentation du temps dans la religion* (1905); Hertz, *La prééminence de la main droite* (1909).

Drittens gibt es einen mehr oder weniger impliziten Zweck, den der *Moralwissenschaft*. Durkheim verweist auf die Notwendigkeit jeder Gesellschaft, Götter zu schaffen, faszinierende, das Verhalten leitende Ideale, die symbolisch verkörpert und deren Kraft periodisch erneuert werden muss. Jede Gesellschaft braucht kollektive Attraktionen. Durkheim hofft im Übrigen, endlich einen »Schlußstrich« unter das Missverständnis zu ziehen, der Zwang sei für ihn das Wesentliche des Sozialen. Es handelt sich nur um dessen *»äußeres Zeichen«*. Und wenn er derart aus dem Druck ein »Definitionsmerkmal der soziologischen Phänomene« machte, so nicht, um zu sagen, es sei das einzige Merkmal. Es gibt ein mindestens ebenso wichtiges: die *Energie*, die den Einzelnen in Situationen »kollektiver Wallung« (EF 310) zufließt, das »stimulierende Handeln der Gesellschaft« (EF 291). Der Moderne muss man vor Augen führen, dass auch sie dessen bedarf. Die Essenz des Sozialen ist ideeller Art, es ist die *»moralische Autorität«* (EF 287 f., Fn.). Kurz, auch dieses Buch sucht nach dem ›sozialen Band‹, das für die Existenz jeder Gesellschaft notwendig ist.

Schließlich, viertens, gibt es eine *wissenspolitische* Aufgabe. Noch einmal will Durkheim zeigen, dass das Soziale Gegenstand einer Wissenschaft sein muss – an diesem lebendigen ›Experiment‹ der Arunta. Zu wenige wissen bisher, dass die Gesellschaft Gesetzen unterworfen ist, zu viele halten hier noch »Wunder für möglich«. So denke man immer noch, der Gesetzgeber könne eine »Institution aus dem Nichts erschaffen«, wie es Gläubige von Gott und der Welt annehmen. »Den sozialen Fakten gegenüber benehmen wir uns noch wie Primitive.« (EF 50)

Wie wurde das Buch aufgenommen? Den Zeitgenossen war Durkheim mit diesem auffälligen Interesse für nicht-moderne Kulturen einmal mehr suspekt. Zusammen mit Henri Hubert, Marcel Mauss und Arnold van Gennep galt er etwa dem Ägyptologe Georges Foucart (1913: lxvii f.) der ›französischen Totemismusschule‹ zugehörig. Die Soziologie wurde hier wahrgenommen als eine Art Sekte, die den Totemglauben verbreiten wolle und mit der man die seriöse Ethnologie nicht verwechseln dürfe. Unter den Philosophen, die das Thema der Religion neben den Religionshistorikern bisher für sich beanspruchten, provozierte die Schrift ebenso sehr. Die ›Realität‹ der ›tiefen Gründe‹ des religiösen Phänomens anzuerkennen reiche nicht, deren ›Wahrheit‹ zu behaupten, wie Durkheim voraussetzt. Wenn die Soziologie Gott als Autodivination der Gesellschaft enthüllt: Was bleibt von der Religion?

Es ist der ›notwendig‹ destruktive Charakter der Soziologie, den man fürchtet – destruktiv, da die Soziologie sich vornimmt, das Eigentliche des Religiösen aufzudecken. Die Wissenschaft als solche müsse, so fürchten die Zeitgenossen, ihr Objekt profanieren, sie impliziere per se die Negation des Sakralen. Der Wissenschaft ist eben nichts heilig. Durkheim reagiert auf diese Ängste 1913, im Vortrag über *Das religiöse Problem und die Dualität der menschlichen Natur*, indem er zeigt, dass sein Ansatz kein Reduktionismus ist, da er die ›soziale Natur‹ nicht auf der Seite des Abstiegs verortet, sondern auf der des Aufstiegs. Die Gesellschaft zieht die Einzelnen hinauf, statt sie zu reduzieren. Daher auch, wegen der Empfindlichkeiten, die Bekräftigung am Ende der *Elementaren Formen*: Die Gesellschaft ist nicht das »a-logische« Wesen, »das man nur zu oft in ihr sehen möchte. Im Gegenteil: Das kollektive Bewußtsein ist die höchste Form des psychischen Lebens, denn es ist ein Bewußtsein der Bewußtseine [...] Dem logischen Denken soziale Ursprünge beizumessen heißt nicht, es herabzuwürdigen.« (EF 593)

Mindestens ebenso schockiert die Philosophen eben der zweite Aspekt des Buches, die Wissenssoziologie, die sie seit 1909 aus der *Revue de Métaphysique et de Morale* kannten. Zwei Thesen empören hier: die Kontinuität zwischen religiösem und rationalem Denken und die soziale Genese der Kategorien. Man will wohl glauben, dass die religiösen, moralischen und auch logischen Konzeptionen sozialen Ursprungs sind. Aber dass die Begriffe *Projektionen sozialer Dinge* sind, ist den Experten des Denkens doch unannehmbar. Einmal mehr wehrt man sich gegen den soziologischen Imperialismus. Durkheim antwortet kurz: Die Soziologie ist durch und durch rationalistisch. Sie ist nicht destruktiv, sondern konstruktiv. Sie arbeitet auf demselben Gebiet wie die (theoretische) Philosophie und besser, denn eine »kollektive Vorstellung bietet, weil sie kollektiv ist, schon Garantien der Objektivität« (EF 586, vgl. Soulié 2012: 456f.).

Auch die Ethnologen reagierten kritisch auf den Sonntagsethnologen, der die Kulturen, die er sich zu assimilieren schien, nie besucht hatte. Ihm gegenüber wähnten sie sich per se in einer privilegierten Position, *sie* kannten die Wahrheit des Totemismus. Nicht nur Malinowski sieht in Durkheims These, das Objekt der Kulte sei die Gesellschaft, eine Metaphysik (1913). Arnold van Gennep hat bereits 1906 (*Mythes et légendes en Australie. Étude d'ethnographie et de sociologie*) Durkheims Soziologismus (wohl im Blick auf den Klassifikationsaufsatz) kritisiert: »In Wirklichkeit ist es [...] das Individuum, das Veränderungen erfindet.« (van Gennep 1906: xxxv) Sicher bewundert er dann in seinem Bericht über den ›*aktuellen Zustand des totemistischen Problems*‹ Durkheims ›Ingeniosität‹ (van Gennep 1920 [1917]: 49), aber er äußert sich doch ironisch über diese ›Theologie der *Nouvelle Sorbonne*‹, die Durkheim da vorlegt, zumal dessen Thesen in Bezug auf die australischen Gesellschaften falsch seien: Diese sind ganz und gar nicht ›einfach‹, sondern äußerst komplex. Falsch ist ebenso die ›nominalistische‹ wie ›emblemistische‹ These (Tiere oder Pflanzen als Name und Emblem des Klans). Durkheim verkehre hier die Dinge, er ordne die prinzipiellen Merkmale den sekundären unter. Nur sekundär ist das Totem Name und Emblem, zunächst ist es doch Pflanze oder Tier (ebd.: 43)! Für van Gennep ist das Wesentliche des Totemismus der Glaube an die gemeinsame Herkunft, genauer: »1) Begriff, Gefühl und Institution der *Verwandtschaft* zwischen einer Gruppe und einer Spezies; und 2) die *Lokalisation* auf einem begrenzten Territorium der Gruppe und des Teils der Spezies, mit der man sich verwandt fühlt« (ebd.: 344).

Die ethnologische Kritik scheint wenig von Durkheims Buch übrig zu lassen. Auch Alexander Goldenweiser attestiert ihm zwar Attraktivität (1915), aber nur als Ideensteinbruch. Durkheims Kriterium der Religion, die Trennung des Sakralen/Profanen, erscheint ihm nicht als universell gültig, die Methode, aus einer Zeremonie eine ganze Religionstheorie zu zaubern, zu simpel, die Wissenstheorie zu eng, da sie die Alltagserfahrung ignoriert. Goldenweiser (1922: 361 ff.) systematisiert sodann die Kritik einer Generation von Anthropologen am Totemismuskonzept, wobei nun auch die Basis des Buches, die Identität von Klanorganisation und totemistischem Glauben, infrage steht. Weder sind alle Australier in Klanen organisiert, noch sind totemistische Praktiken und Klans identisch. Alfred Radcliffe-Brown führt die Kritik fort: Durkheim verkenne die Vielfalt der religiösen Formen Australiens, stecke in metaphysischen Thesen fest. Er habe aber immerhin das zentrale Problem erkannt: den rituellen Bezug von Individuen zu *natürlichen Dingen* (Radcliffe-Brown 1952 [1929]: 194 ff.).

Die Frage interessiert die Forschung bis heute. Warum nehmen diese Kulturen eine rituelle Haltung gegenüber Tieren und Pflanzen ein, warum haben die Erzählungen, die die Menschen betreffen, eine derartige Vorliebe für Tiere? Franz Boas versucht (wie Malinowski und nach Frazer) eine ökonomistische These: Ein Tier wird ›totemistisch‹, wenn es ›gut zu essen‹ ist. Durkheim hatte festgestellt, dass die Totemtiere nur rituell oder nur unter Vorkehrungen verspeist werden dürfen, woran ihr heiliger Charakter kenntlich wird (EF 178 ff.). Zudem gibt es Totemtiere, die ›nicht gut zu essen‹ sind. Hier liefern bereits Spencer und Gillen eine bessere Erklärung als Boas und Malinowski (Lévi-Strauss 1965: 82). Weshalb gibt es etwa Mücken als Totems, warum Rituale, die deren Vermehrung sichern? Man dürfe, so Walter Baldwin Spencer und Francis James Gillen, nicht vergessen, dass diese Tiere, »obwohl an sich sehr widerlich, ganz eng mit dem verbunden sind, was der Eingeborene in bestimmten Perioden des Jahres zu erhalten wünscht, nämlich einen starken Regen«. Mücken und alle anderen Spezies werden also, so Lévi-Strauss, »als *Zeichen* gedacht« (ebd.: 83). Als Zeichen der Gruppe, so wird Durkheim hier sagen, nicht des Wetters.

Lévi-Strauss hat Durkheims Theorie am weitesten fortgeführt, auch wenn er ihr eine ›Illusion‹ attestiert (weil Durkheim unter dem Etikett ›Totemismus‹ willkürlich verschiedene Riten versammle) und auch wenn er Durkheims Ansatz umdreht. Zu erklären sei nämlich nicht die Projektion der sozialen Ordnung auf die Natur, *sondern wie sich die soziale Ordnung allererst konstituiert.* Durkheim leite sie letztlich aus der Affektivität ab (die Menschen seien »wie durch einen Instinkt« gezwungen, sich Bilder auf den Körper zu malen oder zu ritzen: EF 317, Lévi-Strauss 1965: 93 f.). Immerhin findet Lévi-Strauss in diesem Buch aber auch den ›besten Durkheim‹, für den jedes soziale Leben eine »intellektuelle Tätigkeit voraussetzt« (ebd.: 124), etwa eben die Klassifikation der Tiere und Pflanzen. So gesehen ist der Totemismus (die Identifikation des Menschen mit anderen Spezies; die Benennung von Verwandtschaften mit Tier- oder Pflanzennamen) ein spezieller Fall von *Klassifikationssystemen*: jenes Klassifizierungssystem, in dem sich die Gruppen in der Differenz voneinander konstituieren, indem sie je andere Tiere (oder Pflanzen) als Totem haben. Die Klassifikation der Tiere (oder Pflanzen) wird von der Sozialordnung verwendet, *um sich zu konstituieren*. Damit formuliert sich das Kernproblem der Anthropologie neu. Es ist nicht mehr das Problem der Projektion des Sozialen auf die Natur, sondern das des *Übergangs von der Natur zur Kultur*.

Carl von Brandenstein nimmt dann in dieser wichtigen Frage nach dem Bezug zwischen Totemtier und Gruppe die dritte Position ein. Demnach beruht die Einteilung in Klans auf den visuellen, taktilen, auditiven usw. Eigenschaften der Tiere (und Pflanzen), die ihrerseits einer klassifizierenden Struktur folgen. *Weder* erhält der Klan den Namen vom Känguru, *noch* wird das Känguru nach ihm benannt. Beiden wird vielmehr *gleichzeitig* ein Eigenschaftswort zugeordnet (von Brandenstein 1982: 13, vgl. Désveaux 2013).

Trotz oder gerade wegen der vielen Kritiken gilt: *Die Elementaren Formen* sind heute das attraktivste Werk Durkheims, für die soziologische Theorie und die Anthropologie. Für diese ist es eines der wirkmächtigsten überhaupt. Dies gilt zunächst hinsichtlich dessen, was Durkheim *negiert*: Seither sind die Kinderkrankheiten der Ethnologie, der Evolutionismus und die These einer ›primitiven Mentalität‹, obsolet. Sodann für das, was Durkheim begründet – zunächst den Funktionalismus[5], die dominante Theorie der Anthropologie bis zum Strukturalismus, und schließlich diesen selbst.

Die Anthropologie ist übrigens heute nachsichtiger als damals. Aus ihrer Sicht hat Durkheim bei allen Fehlern immerhin »*alle* Entwicklungen der zeitgenössischen australischen Anthropologie vorweggenommen«. Er erkannte die Bedeutung der mythischen *dreamtime*, der Darstellungs- oder Gedenkriten, des ›Sexualtotems‹. Dies ist womöglich gar das Fundament dieses Totemismus (Désveaux 2013: 233). In ihm bilden Männer und Frauen eines Stammes »zwei verschiedene und sogar feindliche Gesellschaften« (vgl. EF 229ff.), indem sie verschiedene Totems haben. Wie wird die Schrift also aktuell wahrgenommen? Ihre Lektüre ist eine »zugleich lustvolle wie leidige Erfahrung. Lustvoll, da man einen Autor auf dem Höhepunkt seiner geistigen Fähigkeiten vor sich hat; leidvoll, da Durkheim seine Fähigkeit, das ethnologische Material zu beherrschen, doch überschätzt«. Zudem hat es etwas »Rührendes, sich vorzustellen, wie dieser Mann reifen Alters, mit seinem strengen Aussehen, dem gepflegten Kinnbart und den vermutlich ziemlich puritanischen Sitten nach Hause kommt, seinen Gehrock ablegt, sich an seinen Schreibtisch setzt und in ein ganzes Universum von Initiationen, Subinzisionen, Doppelbestattungen, Orgien, Blutvergießen und Selbstverstümmelungen eintaucht« (Désveaux 2013: 214).

Natürlich gibt es weiterhin Kritik: Durkheim nutze diese Kulturen nur als ›Vergrößerungsglas‹ für die eigene (ebd.: 215 ff.) und er schreibe, getarnt durch die ethnologischen Fakten, im Grunde eine Theologie. Denn die Gesellschaft nimmt nun exakt jenen Platz ein, an den die monotheistischen Religionen Gott setzten. Zu allem Überfluss will er auch noch neue Götter erfinden! (Latour 2012)

Was ist nun der Inhalt des Buches? Durkheim teilt seine Erklärung des ›einfachsten‹ sozialen Lebens und Denkens in drei

Teilbücher. Das erste ist ›*Einleitenden Fragen*‹ gewidmet, insbesondere der soziologischen Definition der Religion. Das zweite, umfangsreichste, gilt den totemistischen *Vorstellungen*, das dritte ihren *Ritualen*. Hinzu kommen die Einleitung, die dem 1909 veröffentlichten Aufsatz *Sociologie religieuse et théorie de la connaissance* entnommen ist (darin entfaltet Durkheim vor allem die wissenssoziologische Seite des Buches), sowie das Fazit: *In welchem Maß die gewonnenen Erkenntnisse verallgemeinert werden können.*

Angesichts des Titels ist es wichtig zu wissen, dass Durkheim das *religiöse* mit dem *sozialen* Leben in eins setzt: Die Religion, so schrieb er 1897 an Mauss, sei die ›Matrix‹ des sozialen Lebens (und nicht die Ökonomie, Durkheim 1998: 71). Es ist zunächst im religiösen Leben alles enthalten, was sich in der Moderne ausdifferenzieren und säkularisieren wird – Recht, Moral, Wissenschaft, Politik, Familie. Die Studie zu den ›elementaren Formen des *religiösen* Lebens‹ ist eine zu den ›elementaren Formen des *sozialen* Lebens‹. Zudem ist sie eben auch eine Studie zu den ›elementaren Formen des religiösen *Denkens*‹.

Angesichts des Titels ist zweitens wichtig zu wissen, warum es um ›elementare‹ Formen geht. Bei den moderneren Kulturen ist alles schon zu verstellt. »Man sehe nur einmal die Religionen Ägyptens, Indiens oder des klassischen Altertums an! Nichts als ein Dickicht von vielfältigen Kulten ...!« (EF 22) Angesichts des Untertitels *Das totemistische System in Australien* ist drittens wichtig zu wissen, warum es ausgerechnet um diese Gesellschaften geht: Sie bilden die ›elementaren‹ Formen des sozialen respektive religiösen Lebens, weil die soziale Struktur die *einfachstmögliche* ist. Diese besteht aus Klanen, in denen allen alles gemeinsam ist. Alle führen dieselben Bewegungen aus und denken dasselbe. Nichts scheint so »unentwickelt wie diese Mythen, die aus einem einzigen Thema bestehen, das endlos wiederholt wird, wie diese Riten, die aus einer kleinen Anzahl ständig wiederholter Gesten bestehen« (EF 23). Zudem ist es die ›einfachste‹ Religion, weil zur Erklärung des Totemismus kein Element nötig sei, »das von einer voraufgegangenen Religion geborgt« ist (EF 17).

Die Arunta erfüllen also alle Bedingungen, die Durkheim braucht. Die Einzelnen sind ›völlig homogen‹, es ist die ›einfachste Religion‹, auch die Technik ist »höchst rudimentär«. Vor allem ist eben die soziale Struktur die »einfachste« (EF 137 f.). Hinzu kommt, dass es ausgezeichnete Daten gibt, etwa Spencers und Gillens *The Native Tribes of Central Australia*, 1899, und *The Northern Tribes of Central Australia*, 1904. Zusätzlich bezieht Durkheim ab und an den nordamerikanischen Totemismus ein, um den australischen zu ergänzen – dort, wo er nicht mehr die ›ursprüngliche‹ Gestalt zeigt, hinsichtlich der Phratrien, der Heiratsklassen. Im Übrigen ist er durchaus reserviert gegenüber Begriffen wie ›Wilde‹ und ›Primitive‹, es gebe schlicht keine besseren (EF 17, Fn. 1; EF 79). Bis heute schwankt man ob der ›richtigen‹ Bezeichnungen für diese ›anderen‹ Kulturen: Völker ohne Schrift, nichtmodern, indigen – sie alle enthalten Fallstricke.

Was also macht Durkheim auf diesen 600 Seiten? Zunächst hat das Buch einen negativen Ertrag: Es weist alle Deutungen zurück, die in ›einfachen‹ Religionen nur Illusionen sehen. Sodann zeigt es positiv die *Funktion* all jener Mythen und Riten, die uns auf den ersten Blick so fremd sind. Die Argumentation ist verwickelt, zumal sie stets noch bisherige Theorien diskutiert, die wir heute nicht mehr präsent haben – nicht verwickelter jedoch als die Mythen und Riten der Arunta selbst.

Was ist, soziologisch gesehen, eine Religion? (Buch 1)

Wenden wir uns zuerst der religionssoziologischen Seite zu. Das erste Buch bemüht sich, den *Regeln* folgend, zunächst um eine *Definition der Religion*, um all jene Phänomene, die nicht in unseren vom Christentum geprägten Blick fallen, nicht zu vergessen. Was ist eine Religion? Es gibt Religionen ohne Monotheismus und solche, die weder Götter noch Geister kennen. Immer aber handelt es sich um ein System von Mythen oder Dogmen sowie Riten oder Zeremonien. Dies sind die »Elementarphänomene« jeder Religion (EF 60f.). Wovon handeln sie?

Durkheim findet in allen Glaubensvorstellungen denselben Zug: Sie klassifizieren die Dinge in zwei Gattungen, in *profan* und *heilig*. Diese Aufteilung ist das entscheidende Merkmal des religiösen Denkens. Dabei kann jedes Ding heilig sein, es liegt nicht an ihm. Die profanen und heiligen Dinge sind weiterhin stets entgegengesetzt. Und nicht unbedingt handelt es sich um von Respekt bestimmte Verhältnisse. Oft kommt es vor, dass der Mensch auf seine Götter einen »Zwang ausübt, um von ihnen das Gewünschte zu erhalten« (EF 63 f.). Zudem brauchen ja auch die Götter die Menschen. Nicht die Hierarchie definiert also das Heilige, sondern die Tatsache, dass zwischen beiden Welten ein »logisches Loch« klafft. Daher die Kontaktverbote. Das heilige Ding ist eines, welches das »Profane nicht ungestraft berühren darf« (EF 65 f.). Dieses Loch kann nur durch spezielle Riten überwunden werden, die eine »Verwandlung *totius substantiae*« bewerkstelligen (EF 68). Das ist zum Beispiel die Funktion der Initiationsriten.

Was hat den Menschen veranlasst, sich zwei derart getrennte Welten vorzustellen? Anstelle einer womöglich verfrühten Antwort ist es Durkheim zunächst wichtig, Magie und Religion zu trennen. Religiöse Überzeugungen sind stets die einer Gruppe, die »bekennt, ihnen anzuhängen und die dazugehörigen gemeinsamen Riten zu praktizieren«. Hier stellen sich die Einzelnen die heilige Welt und deren Bezüge zur profanen stets auf dieselbe Weise vor und setzen diese Vorstellung in dieselben Praktiken um. Es handelt sich also um eine »Kirche«, die jede Religion besitzt. Die Magie hingegen sei eine eher individuelle Angelegenheit. *»Es gibt keine magische Kirche«*, zwischen Magier und Klient gibt es »keine dauerhaften Bindungen« (EF 71 ff.). Daher die Definition:

> *»Eine Religion ist ein solidarisches System von Überzeugungen und Praktiken, die sich auf heilige, d.h. abgesonderte und verbotene Dinge, Überzeugungen und Praktiken beziehen, die in einer und derselben moralischen Gemeinschaft, die man Kirche nennt, alle vereinen, die ihr angehören.«* (EF 75)

Auf der Suche nach der elementaren Religion stellt Durkheim nun zunächst fest, dass in allen bis dato untersuchten ›Religionssystemen‹ zwei Religionen stecken: Die eine (der *Naturismus*) wendet sich an natürliche Dinge (die kosmischen Kräfte: Winde, Flüsse, Gestirne; Dinge, die die Erde bevölkern: Pflanzen, Tiere, Felsen). Die andere (der *Animismus*) wendet sich an bewusste Vermittler (Geister, Seelen, Dämonen, Gottheiten), die sich vom Menschen durch ihre Kräfte und darin unterscheiden, dass sie unsichtbar sind. Welche von ihnen ist ursprünglich, und wieso sind stets beide da? Sicher ist, dass der Animismus nicht ursprünglich ist: Es gibt ›einfache‹ Religionen ohne Totenkult. Zudem führt die Animismus-Theorie (Edward B. Tylors *Primitive Culture. Researches into the Development of Mythology, Philosophy, Religion, Art, and Custom*, 1871) die Religion auf eine Illusion zurück. Aus soziologischer Sicht aber ist es

»unzulässig, daß Ideensysteme wie die Religionen, [...] aus denen die Völker zu allen Zeiten die Energie geschöpft haben, die sie zum Leben brauchen, nur Illusionen sind. Heute erkennt man allgemein an, daß das Recht, die Moral, das wissenschaftliche Denken selbst aus der Religion gekommen sind, daß sie lange mit ihr vermischt waren und von ihrem Geist durchdrungen sind. Wie hätte ein eitles Traumgeflecht so stark und so dauerhaft das menschliche Bewußtsein beeinflussen können?« (EF 104)

Die ›naturistische‹ Theorie (Albert Réville, Andrew Lang, Max Müller) hingegen stellt sich vor, die Erfahrung der Natur, genauer, das »erdrückende Gefühl ihrer Unendlichkeit« sei in den Glauben projiziert worden (EF 106). Wie ist zu erklären, dass etwas so Profanes wie die tägliche Naturerfahrung Heiliges hervorbringt? Beide Theorien sind unmöglich, denn ob man das Heilige in den Menschen oder das Universum verlegt, man setzt eine »Schöpfung aus dem Nichts« voraus. Da weder Mensch noch Natur von sich aus heilig sind, muss die Heiligkeit aus einer anderen Quelle stammen. Es muss eine dritte »Wirklichkeit geben, die dieser Art des Deliriums (das in einem Sinn jede Religion ist) eine Bedeutung und einen objektiven Wert gibt« (EF 127 f.). Anders formuliert: Gegenüber Naturismus und Animismus muss es einen »Kult geben, von dem die beiden nur abgeleitete Formen [...] sind. Dieser Kult existiert in der Tat: die Ethnographen haben ihm den Namen Totemismus gegeben.« (EF 128)

Was also ist der Totemismus? Es ist die Religion, in der die heiligen Dinge in *tierlicher* oder *pflanzlicher* Form auftreten. Durkheim hält sie für ursprünglich. In den späteren Religionen habe sich die ›Menschenform‹ von den Tieren und Pflanzen gelöst. Der Unterschied zwischen Tier oder Pflanze, Mensch und Gott wird demgegenüber im Totemismus ›noch‹ »nicht gefühlt«, und zumeist sei die »*Tierform die Grundform*«, unter der man sich auffasst (EF 101 f., Durkheim zitiert A. Réville). Der so verstandene Totemismus, für Durkheim gebunden an die Klanorganisation, behauptet also die »Konsubstantialität«, die *Identität* von Mensch und Tier (resp. Pflanze, EF 131).

Die totemistischen Vorstellungen und ihre soziale Funktion (Buch 2)

Das zweite Buch widmet sich den totemistischen Vorstellungen, wobei es sich auf die »Grundbegriffe« konzentriert, die Grundideen, die das *Totem* betreffen und sich zugleich auf die Basis der sozialen Organisation beziehen, den *Klan*. Es geht um folgende Ideen: Die Individuen verstehen sich als verwandt, und zwar verwandt durch den Namen, wobei dieser Name auch der einer »bestimmten Gattung von materiellen Dingen« ist, mit denen man sich verwandt weiß. Diese Dinge, die der »Kollektivbezeichnung« des Klans wie auch seiner einzelnen Mitglieder dienen, heißen »Totem«. Jeder Klan hat sein eigenes (EF 144f.). Die Dinge, die als Totem dienen, sind meist Tiere, seltener Pflanzen, noch seltener Unbelebtes. Meist ist das Totem zudem kein Individuum, sondern die Gattung – nicht dieses oder jenes Känguru, das Känguru im Allgemeinen. Drei Weisen der Weitergabe des Totems gibt es: Entweder bekommt das Kind das Totem der Mutter, des Vaters, oder es ist das Totem des mythischen Ahnen, das auf ›mystische Weise‹ die Mutter befruchtet (EF 150). Nicht nur jeder Klan hat ein Totem. Auch die Phratrien, die mehrere Klane in sich vereinen und von denen jeder Stamm zwei hat, haben je eines. Meist sind es wiederum Tiere (›weißer und schwarzer Kakadu‹; ›Adlerfalke und Rabe‹). Das Totem der Phratrie ist dem des Klans übergeordnet. Somit ist der Kreis der Totems, die ein Individuum haben kann, durch die Phratrie bestimmt. Bis hierhin hat Durkheim seine *nominalistische These* vorbereitet: Die Totemtiere dienen der Gruppe dazu, ihre Individuen zu benennen und damit zu integrieren (und die Gruppen voneinander zu differenzieren: Durkheim hält dies allerdings für sekundär).

Das Totem ist ein Name. Es ist auch ein *Zeichen*, ein *Emblem*. In Form von Skulpturen, ausgestopften Tieren, Ornamenten ist es ständig präsent. Dass es derart ständig vor Augen und Ohren steht, vermittelt »schon ein Gefühl von dem Platz, den das Totem im sozialen Leben der Primitiven einnimmt«. Indes schien es bisher dem Menschen äußerlich, »bisher sahen wir es nur auf Dingen«. Nun – es gibt auch Tätowierungen, die das Totem darstellen, und sie sind »bei weitem« am wichtigsten (EF 161 f.). Es gibt eigens Operationen, die die Körper den Totemtieren anähneln. Im Schildkrötenklan etwa werden die »Haare bis auf sechs Locken rasiert, zwei auf den Seiten, je eine hinten und vorne, um die Beine, den Kopf und den Schwanz des Tieres zu imitieren«; es gibt Operationen des Zahnziehens beim Regenklan, um die Physiognomie Wolken mit scharfen Rändern ähnlich zu machen, die den Regen ankündigen. Narben haben die Form von Linien, die das Totemtier darstellen. Kurz, die körperlichen »Verunstaltungen« geben den Einzelnen in stilisierter Form das Aussehen ihres Totems. Hinzu kommen rituelle Bemalungen zum selben Zweck (EF 163).

Das Totem ist Name und Emblem. Und es ist *heilig*. Durch es werden die Dinge in heilige und profane eingeteilt. Besonders heilig – am heiligsten, sagt Durkheim (während er gerade noch die Tätowierungen hervorhob) – sind den australischen Stämmen *churinga*, wertvolle Holzstücke oder Steine, von denen jede Gruppe eine ganze Sammlung besitzt (vgl. dazu Karsenti 2013: 530 f.). Sie tragen Zeichnungen, Gravuren, Ornamente. Für nicht Initiierte (Frauen, Kinder) sind sie tabu und werden an besonderen Orten (*ertnatulunga*) aufbewahrt. Sie haben oft die Funktion von Schwirrhölzern (*bull-roarers*) – bei schneller Umdrehung erzeugen sie ein Brummen, das wichtige Zeremonien begleitet.

Das *churinga* hat eine ansteckende Heiligkeit, sie erstreckt sich auf den Ort, an dem es aufbewahrt wird, und auf die Umgebung. Man pflegt dieses Ding sorgsam, fettet es ein, reibt, poliert es. Dabei ist, wie Durkheim festhält, der heilige Charakter deutlich zugeschrieben. Diese Dinge haben nichts, was sie dazu prädestiniert, »Sitz einer Ahnenseele oder das Bild seines Körpers zu sein«. Es sind eben Stücke aus Holz oder Stein – wie unsere Urkunden, die ja auch ›nur‹ ein Stück Papier sind. Die Heiligkeit muss also von woanders her kommen – woher sonst, wenn nicht vom Totemzeichen? (EF 170 ff.) Neben den *churinga* gibt es noch *nurtunja*, Holzpfähle, deren Spitzen mit Adlerfalkenfedern geschmückt sind; und *waninga*, ›so etwas wie‹ Fahnen. Beide werden bei zentralen Zeremonien benutzt. Auch ihr heiliger Charakter kann »nur eine Ursache haben«: Sie stellen das Totem dar (EF 174). Diese Dinge sind also heilig, weil sie das Totemzeichen tragen. Dabei bestehen die Zeichen im australischen Fall aus abstrakten Figuren: Männer und Frauen werden durch Halbkreise dargestellt, Tiere durch ganze Kreise oder Spiralen, Menschen- oder Tierspuren durch punktierte Linien. Es geht also nicht darum, das Tier möglichst getreu darzustellen, sondern es geht um die »Idee« des Tieres (EF 175 ff.).

Nun gibt es auch die *Lebewesen*, eben die individuellen Tiere oder Pflanzen, die die Gattung vertreten. Sie sind ebenfalls Gegenstand von Riten, und zwar nur, sofern sie auf den heiligen Artefakten abgebildet sind. Auch sie beziehen ihre Heiligkeit demnach vom Zeichen. Dass sie heilig sind, zeigen die Verbote: Man darf sie nicht essen (wenigstens nicht täglich), nicht sehen oder berühren. Im Vergleich zu denen, die sich auf das Emblem beziehen, sind sie aber weniger streng. Das Zeichen erzeugt eine »viel größere Ehrfurcht als das Wesen«, das dargestellt ist. All dies führt zu dem »erstaunlichen Ergebnis, *daß die Bilder des Totemw wesens viel heiliger sind als das Totemwesen selber*« (EF 185).

Was ist der Platz des *Menschen* in diesem System? Auch jedes Klanmitglied ist heilig, und zwar, weil der Mensch glaubt, Mensch und zugleich Tier (oder Pflanze) zu sein. Er trägt ihren Namen und glaubt sich ›daher‹ mit ihnen identisch. »Ein Mitglied des Känguruhklans heißt selbst Känguruh; der Mann ist also in einem gewissen Sinn ein Tier dieser Gattung [...] Jeder Mann (sic!) hat also eine doppelte Natur: es existieren zwei Wesen in ihm: ein Mensch und ein Tier.« Die Mythen zielen auf nichts anderes, als zwischen Mensch und Tier genealogische Beziehungen herzustellen. Diese Gesellschaften stellen an den Beginn der Menschheit

»seltsame Tiere, von denen die Menschen, man weiß nicht wie, abstammen, oder Mischwesen, die zwischen den beiden Gattungen stünden, oder unförmige Wesen, die man kaum beschreiben kann, denn sie besitzen keine bestimmten Organe und Glieder [...] Mythische Mächte, manchmal unter Tierformen, hätten dann eingegriffen und diese zweideutigen und unaussprechlichen Wesen, die [...] die ›Übergangsphase zwischen dem Menschen- und dem Tierzustand‹ darstellen, in Menschen verwandelt. Diese Umwandlungen werden uns als das Ergebnis gewaltsamer, fast chirurgischer Eingriffe dargestellt. Mit Axthieben oder, wenn es sich um einen Vogel handelt, mit Schnabelhieben wurde der Mensch aus dieser amorphen Masse gehauen.« (EF 186 f.)

Wie immer man sich diese mythische Prozedur vorstellt – durch sie hat der Mensch an der Natur des Totemtieres teil. Daher ist auch er heilig, zumindest Teile von ihm, vor allem das Blut des männlichen Organismus. Diese ›Wesensidentität‹ ist wörtlich zu nehmen. Der Mensch hat zu den totemistischen Tieren oder Pflanzen nicht die »Haltung eines Gläubigen gegenüber seinem Gott«. Beide stehen auf einem Niveau, man versteht sich mit dem Tier verwandt, es ist Freund oder Bruder. Man kann es zu Hilfe rufen, und es kommt und hilft (EF 193). Die Tiere sind also den

Klanen nicht nur zugeordnet, sie sind auch deren *socii*, deren »rechtmäßige Mitglieder«. Tiere und Menschen reden »miteinander, verstehen sich und harmonieren auf natürliche Weise«. Sie bilden also ein »solidarisches System, in dem alle Teile in Sympathie verbunden sind« (EF 207 f.). Man ahnt: Der Totemismus ist viel komplizierter, als man zunächst meinen könnte. Durkheim hat schon drei Kategorien heiliger Dinge unterschieden: das Totemzeichen, die Pflanze oder das Tier, die menschlichen Klanmitglieder.

Das Bild ist indes noch unvollständig. Der Totemismus ist auch ein *kosmologisches System*, eine Einteilung der Welt. Die zum Klan gehörenden Dinge umfassen nicht nur die Totemtiere und die Menschen, diese Religion »erstreckt sich bis an die letzten Grenzen des bekannten Universums« (EF 213 f.). Alle Dinge werden den Klanen in einem System zugeordnet. Das System seinerseits ist an sinnlich wahrnehmbare Ähnlichkeiten oder Differenzen der Dinge angelehnt. Diese werden also einerseits *nach den Kollektiven geordnet*, andererseits wird aber auch der Gegensatz der Dinge *auf die Menschen ausgedehnt.*

Dessen Systematik erklärt sich indes für Durkheim einzig aus der Strenge der sozialen Einteilungen (EF 202 ff.), sie sind primär. Denn die »einzigen Gruppierungen«, die Dinge von sich aus haben, sind »Haufen«, aber keine streng differenzierten, in sich hierarchisierten Gruppen. Man habe nicht »daran gedacht, die Dinge des Universums in homogene Gruppen (Klassen genannt) zu vereinen, wenn wir nicht vor unseren Augen das Beispiel der menschlichen Gesellschaften gehabt hätten, wenn wir nicht damit begonnen hätten, aus den Dingen selber Mitglieder der Gesellschaft der Menschen zu machen« (EF 205 f.). Man stellt die Totems im Besonderen einander *untergeordnet* vor. Dafür konnte nur die Gesellschaft Vorbild sein, denn die Hierarchie ist eine »ausschließlich soziale Angelegenheit« (EF 206). Es ist Durkheims wissenssoziologische These, dass es sich bei den Ideensystemen stets um die Projektion der sozialen Ordnung handelt. Für die Klassifizierung der Welt gilt: »Die Phratrien haben als Gattung und die Klane als Arten gedient. *Weil die Menschen in Gruppen eingeteilt waren*, konnten sie die Dinge gruppieren.« (EF 201 f., Hervorh. HD)

Und es ist noch ein wenig komplizierter. Der Totemismus ist auch ein *System, das mehrere Gruppen übergreift*, statt dass jeder Klan seine eigene ›Totemreligion‹ hätte – die Dinge werden auch nach den Namen der Phratrien aufgeteilt. So gehören etwa alle unbelebten Dinge neben den Klans dieser oder aber jener Phratrie an. Die Kosmologie muss aus einer »Verständigung« resultieren, da die Welt so aufgeteilt ist, dass »sich ein und derselbe Gegenstand nicht bei zwei verschiedenen Klanen wiederfindet« (EF 215 f.).

Bisher erscheint der Totemismus mit all dem als Institution, die Lebewesen und Dinge in Gruppen aufteilt. Es gibt aber auch *individuelle Totems* und solche, die sich auf eines der Geschlechter beziehen, namentlich das weibliche. James George Frazer hatte diese drei Arten von Totems nebeneinandergestellt: Klantotem, Sexualtotem und Individualtotem (1887: 2). Zudem gibt es den *Lokaltotemismus*, der sich auf den Erwerb des Totems bezieht. Das Bild wird also noch komplizierter. Für Durkheim ist entscheidend, welches Totem, welcher Totemismus primär ist.

Zunächst zum Individualtotem: Zwischen dem Einzelnen und dem Tier, von dem er seinen Namen bezieht, bestehen erneut enge Beziehungen. Man hat an dessen Eigenschaften und Fehlern teil. Hat man den Adler zum Totem, so besitzt man die Gabe, in die Zukunft zu schauen. Zudem sind Leben und Sterben von Tier und Mensch aufs Engste verbunden. Das Tier schützt seinen Tobruder, es ist sein »Patron«. Umgekehrt kann der Mensch auf sein Totem einwirken, er »gibt ihm Befehle« (EF 220 f.). Dieses Totem wird durch einen »überlegten Akt« erworben, in den Initiationsriten, genauer: den Träumen, die die Riten auslösen, in deren Folge der junge Mann in einen »Zustand außerordentlicher Überreizung« verfällt, der dem »Delirium« ähnelt (EF 224f.).

Das Sexualtotem hingegen ist kollektiv. Ihm gehören Individuen desselben Geschlechts an, wobei es zwischen Männern und Frauen »zu wirklichen und blutigen Schlachten« kommt, wenn die diesbezüglichen Verbote verletzt werden. Es sind zudem »Stammestotems«, da der Stamm, so erzählen es die Mythen, von einem Paar ›mystischer Wesen‹ abstammt (EF 230). Es geht hier um die Frage, wie im Totemismus die Geschlechter aufgefasst werden – um *gender studies avant la lettre*. Im Fall der totemistischen Gesellschaft hat man es, wir erwähnten es, eher mit zwei Arten zu tun, als mit zwei Geschlechtern. Die weibliche dient der männlichen, damit »beauftragt, ihr lebende Individuen zu liefern. Durkheim hat dies klar gesehen: Der ganze männliche Initiationsprozess zielt darauf ab, die Jungen von den Frauen zu trennen«, aus beiden getrennte Gesellschaften zu machen (Désveaux 2013: 228) Das angezielte Ergebnis der Initiationsriten (denen nur die männlichen Heranwachsenden unterzogen werden) ist die »radikale Zustandsveränderung. Vor der Initiation lebte [der Junge] mit den Frauen: damit war er vom Kult ausgeschlossen. Jetzt wird er in der Gesellschaft der Männer zugelassen.« (EF 421) Daher die Prozeduren der Umformung der Körper (Beschneidung, Aderlass, Hautritzung, Rasierung, die Subinzision – eine Operation, die den menschlichen Penis dem des Kängurus anähnelt): Man formt aus dem »Rohmaterial«, das die Frauen liefern, einen Körper, der dem männlichen Totemtier gleicht. Kurz, der Totemismus versteht Männer und Frauen als differente Spezies (Désveaux 2013: ebd.).

Welche dieser Vorstellungen ist nun ursprünglich – das individuelle oder das kollektive Totem, und wenn Letzteres, welches?

Durkheim diskutiert hier erneut schon bekannte Thesen. Zunächst ist der Ursprung des Totemismus keine andere religiöse Überzeugung, etwa der *Ahnenkult*, wie Tylor annimmt. Man verehrt nicht bestimmte Tiere, weil man sie als Inkarnation der Ahnen ansieht. Zwar glaubt man im Totemismus, dass die mythischen Ahnen des Klans sich »periodisch inkarnieren; *aber ausschließlich in tierischen Körpern*«, was voraussetzt, dass sich der Mensch bereits als Verwandter des Tieres auffasst. Zudem ist eben der Totemismus kein Tierkult, das Tier an sich wird nicht verehrt (EF 237). Die Theorie des Ahnenkults lässt schließlich das Verhältnis von Individual- und Gruppentotem aus. Ist Ersteres ursprünglich, wäre die Religion individuell entstanden. Dann kann man nicht erklären, wieso zwei Klane eines Stammes stets verschiedene Totems haben, man versteht die systematische Art nicht, in der die Totems unter Stammeshälften und Klans verteilt sind. Der Totemismus muss anderes sein als eine individuelle Praxis. Wenn das Individualtotem zudem ursprünglich ist, müsste es sich bei den ›einfachsten‹ Gesellschaften am klarsten finden. Australien aber ist das Verbreitungsgebiet des »Kollektivtotems« (EF 248). Kurz, die Kollektivtotems sind ursprünglicher.

Bleibt noch zu klären, warum die Tiere oder Pflanzen als heilig und warum sie als identisch mit dem Menschen gelten. Erklärt sich dies anhand des *Lokaltotemismus*, den Frazer auch *Empfängnistotemismus* nennt? Dieser Vorstellung nach erhält ein Kind nicht das Totem seiner Eltern, sondern – wegen der speziellen Vorstellungen der Arunta hinsichtlich der Empfängnis (vgl. Désveaux 2013) – dasjenige, das sein Zentrum dort hat, wo die Mutter die ersten Symptome der Schwangerschaft fühlt. War die Frau gerade »mit dem Einsammeln irgendeiner Pflanze oder mit der Beobachtung eines Tieres beschäftigt«, als sie die Symptome bemerkt, glauben die Arunta, die Seele dieses Tieres oder der Pflanze sei in sie übergewechselt (EF 250f.). Aber um »sich vorstellen zu können, daß die menschlichen Seelen Tier- oder Pflanzenseelen sind, müßte man schon glauben, daß der Mensch das, was in ihm wesentlich ist, von der Tier- oder Pflanzenwelt borgte«. Wieder ist das Entscheidende bereits vorausgesetzt – dass Tier- und Menschennatur identisch und beide heilig sind (EF 252). Wie steht es mit der These, nach der die Tiere und Pflanzen als Inkarnationen des Heiligen gewählt wurden, weil sie ›*gut zu zeichnen sind*‹ (Andrew Lang in *Social Origins*, 1903), die doch Durkheims These so ähnelt? (»Sobald es konstituierte menschliche Gruppen gab, hätte jede das Bedürfnis gehabt, sich von der Nachbargruppe zu unterscheiden und ihr deshalb einen anderen Namen gegeben«; die Namen hätte man Tieren oder Pflanzen entnommen, weil sie leicht zu zeichnen sind, EF 255) – Auch hier erklärt sich der heilige Charakter nicht. Damit hat man nichts erklärt.

Wie also erklärt man den Totemismus, insbesondere den der Klane, der – aus Gründen, die wir noch kennenlernen werden – primär ist? Bisher wurde sichtbar, dass es drei Kategorien heiliger Dinge gibt: die Bilder des Totems, die Tiere oder Pflanzen, die Menschen. Sind all diese Dinge heilig, kann dieser Charakter nicht an einem von ihnen allein haften. Es muss ein gemeinsames »Prinzip« geben. In der Tat: »An dieses Prinzip«, das ›Totemprinzip‹, wendet sich der Kult. *Der Totemismus ist also keine Religion dieser oder jener Tiere, Menschen oder Bilder, sondern die einer »anonyme[n] und unpersönliche[n] Kraft, die sich in jedem dieser Wesen befindet, ohne mit einem von ihnen zusammenzufallen. Keiner besitzt sie ganz, aber alle sind daran beteiligt.«* (EF 260f., Hervorh. HD)

Das Totemprinzip ist ein Gott »ohne Namen, ohne Geschichte, der der Welt immanent ist und in einer unzählbaren Vielfalt von Dingen wohnt«. Der Australier stellt sich ›Gott‹ nicht unter einer personalen Form vor, sondern in Tier- oder Pflanzenform. Das Tier ist die materielle Form, unter der ihm die »immaterielle Substanz, diese Energie« fasslich wird – sie ist der ›wirkliche‹ Gegenstand des Kults. Das Mitglied eines Rabenklans versteht sich also nicht ›wirklich‹ als Rabe, sondern nur, sofern in ihm ein »Prinzip lebt, das das Wesentlichste darstellt, was ih[m] und den Tieren desselben Namens gemeinsam ist«. Dieses Prinzip wird »unter der äußeren Form des Rabens gedacht«. Es gibt anonyme Kräfte, man fühlt sie und projiziert sie in die Tiere, und zwar so viele differente Tiere, wie es Klans im Stamm gibt (EF 262). Was der Totemismus den anderen Religionen bietet, ist die Idee einer *religiösen Kraft*.

»Jetzt kann man besser verstehen, warum es uns unmöglich war, die Religion durch die Idee von mythischen Persönlichkeiten, Göttern oder Geistern zu definieren [...] [A]n der Basis des religiösen Denkens stehen keine bestimmten und unterscheidbaren Gegenstände oder Wesen [...], sondern unbestimmte Mächte, anonyme Kräfte, die je nach den Gesellschaften mehr oder weniger zahlreich sind.« (EF 276)

Woher stammt aber wiederum diese Idee einer anonymen Kraft? Offensichtlich nicht von den Dingen, die als Totems dienten. Die Tiere sind äußerlich nur zu oft recht ›bescheiden‹. Rabe, Ente, Hase, Eidechse, Raupe, Frosch haben nichts, was so »starke oder dauerhafte Eindrücke vermitteln könnte«, wie es die »religiösen Gemütsregungen« sind. Das Tier dient als *Symbol* »von etwas anderem! Aber wovon?« Einerseits symbolisiert es das ›Totemprinzip‹, andererseits den Klan – so viel hat Durkheim bisher erarbeitet. Wenn es aber beides symbolisiert, sind *»dann nicht Gott und die Gesellschaft eins? [D]as Totemprinzip kann also nichts anderes als der Klan selber sein, allerdings vergegenständlicht und geistig vorgestellt unter der sinnhaften Form von Pflanzen- oder Tiergattungen, die als Totem dienen.«* (EF 283 f., Hervorh. HD)

Wie ist diese ›Selbstvergottung‹ der Gesellschaft vor sich gegangen? Nun, das war nicht schwierig. Eine Gesellschaft hat ja

»alles«, um das »Gefühl des Göttlichen zu erwecken«. Sie ist für die Einzelnen, was »Gott für seine Gläubigen ist« – ihnen überlegen, während sie von ihm abhängen. Die Gesellschaft erzeugt in uns dasselbe Gefühl der Abhängigkeit. Und sie hat wie Gott eine eigenständige Natur und eigene Ziele, die sie aber »nur über unsere Vermittlung erreichen kann«. Wie Gott verlangt sie, »daß wir ihr dienen, und unterwirft uns allen möglichen Zwängen, Entbehrungen und Opfern, ohne die das soziale Leben unmöglich wäre« (EF 285). Das ist die religionssoziologische Idee Durkheims: Die Gesellschaft ist die unpersönliche Kraft, die wir in die Götter oder heiligen Prinzipien projizieren.

Um sie ganz zu verstehen, muss man indes noch die Deutung der *Rituale* kennen. Das dritte Buch entfaltet sie. Wir lassen vorerst die Wissenssoziologie beiseite, die sich hier auch andeutet, wenn Durkheim sagt, das Totemprinzip sei die »erste Form des Begriffs der Kraft« und Kausalität (EF 280). Und bevor wir uns den Ritualen zuwenden, müssen wir noch einen Umweg gehen: Zunächst bereitet Durkheim seine Kernthese weiter vor, indem er eine *Affekttheorie des Sozialen* entfaltet, eine Theorie kollektiver Gefühle und der aus ihnen stammenden Vorstellungen der Gesellschaft. Die unpersönliche Macht, die das Kollektiv ausübt, ist der Respekt, den es erheischt. Kollektive sind nicht nur Zwangsapparate, sie sind auch affektiv, anziehend, sie schaffen intensive Gefühle, intensivere, als es der Einzelne allein vermag. Die Handlungen, die das Kollektiv einem ›aufzwingt‹, rufen »Respekt« hervor, weil die in den Festen und Versammlungen, aber auch in den täglichen Kontakten erzeugten Affekte stärker sind (Respekt, Demut, Patriotismus, Heldenmut, Euphorie, Trauer, [...], EF 286 f.). Es ist das »stimulierende Handeln« aller, der »Energiefluß« (EF 291) des gemeinsamen Handelns, der in die anonyme Kraft projiziert wird. Man hat ihn sich – vor Durkheim – mythologisch erklärt, nicht soziologisch (EF 287).

Aus all dem folgt: Die Gesellschaft ist der Ursprung des Glaubens und sie schafft nach wie vor permanent heilige Dinge – Menschen, Dinge, Ideen. So gesehen wäre die Idee der Menschenrechte das ›Totem‹ der Moderne. Die »Fähigkeit der Gesellschaft, sich zu vergotten oder Götter zu erschaffen«, ist für den Franzosen in der Tat »nirgends deutlicher als in der Französischen Revolution« (EF 293 f.), in diesem Kult, den sie aus den Leitideen *Liberté, Égalité, Fraternité* machte.

Die Affekt- und Symboltheorie der Gesellschaft (die ›kollektive Erregung‹)

Inzwischen können wir auch verstehen, weshalb gerade der Klan (nicht Phratrie oder Stamm) die Idee solcher Kräfte erweckt – von ihm hängt der Einzelne am direktesten ab. Daher ist das Klantotem zentral, nicht das individuelle oder sexuelle. Diese haben gleichwohl ihre Funktion, sie teilen die Einzelnen weiteren Gruppen zu und verbinden die Generationen. Es gibt bei den Arunta vor allem *eine* kollektive Handlung, die dieses Heilige im Klan schafft: das Ritual des *corrobbori.* An ihm entfaltet Durkheim seine Theorie der Herstellung und Mythisierung des Kollektivs – in Situationen ›*kollektiver Efferveszenz*‹ (*Erregung*).

Die meiste Zeit des Jahres leben die Arunta in kleine Gruppen zerstreut jagend oder fischend. Ihr Leben ist »schleppend und farblos«. In der anderen Phase, bei Festen und Zeremonien, vor allem eben beim *corrobbori*, ist »alles anders«. Hier werden die Leidenschaften angestachelt, und da der ›Primitive‹ (wie Durkheim nun ganz inakzeptabel weiter schreibt) »nur unzulänglich seiner Vernunft und seinem Willen unterworfen« ist, »verliert er leicht die Selbstbeherrschung«. Schon die Versammlung an sich »bringt ihn außer sich«.

»Sind die Individuen einmal versammelt, so entlädt sich [...] eine Art Elektrizität, die sie rasch in einen Zustand außerordentlicher Erregung versetzt. Jedes ausgedrückte Gefühl hallt ohne Widerstand in dem Bewußtsein eines jeden wider [...] Der erste Anstoß vergrößert sich auf solche Weise immer mehr, wie eine Lawine anwächst, je weiter sie läuft. Und da diese starken und entfesselten Leidenschaften nach außen drängen, ergeben sich allenthalben nur heftige Gesten, Schreie, wahrhaftes Heulen, ohrenbetäubendes Lärmen jeder Art, was wiederum dazu beiträgt, den Zustand zu verstärken [...] Zweifellos kann ein Kollektivgefühl nur dann kollektiv ausgedrückt werden, wenn eine bestimmte Ordnung eingehalten wird, die den Einklang und die Gesamtbewegungen erlaubt; darum neigen diese Gesten und Schreie von selbst dazu, rhythmisch und regelmäßig zu werden: daher die Gesänge und Tänze. Aber selbst wenn diese eine regelhaftere Form annehmen, so verlieren sie doch nichts von ihrer natürlichen Heftigkeit; auch der geregelte Tumult bleibt Tumult. Die menschliche Stimme genügt für diese Aufgabe nicht mehr. Man verstärkt sie auf künstliche Weise: die Bumerangs werden aneinander geschlagen; *bull-roarers* (Schwirrhölzer) werden gedreht. [...] Die entfesselten Leidenschaften sind so heftig, daß sie durch nichts mehr aufgehalten werden können. [...] Das führt zu einer so heftigen Überreizung des physischen und geistigen Lebens, daß es nicht lange ertragen werden kann: Der Akteur, der die Hauptrolle spielt, fällt schließlich erschöpft zu Boden [...]

Man kann sich leicht vorstellen, daß sich der Mensch bei dieser Erregung nicht mehr kennt. Er fühlt sich beherrscht und hingerissen von einer Art äußeren Macht, die ihn zwingt, anders als gewöhnlich zu denken und zu handeln. Ganz natürlich hat er das Gefühl, nicht mehr er selbst zu sein. Er glaubt sogar, ein neues Wesen geworden zu sein. Die Verkleidungen, die Masken, mit denen er sein Gesicht verdeckt, drücken wirklich diese innere Verwandlung aus, mehr noch: sie tragen dazu bei, sie hervorzurufen. Da sich aber zur gleichen Zeit auch seine Genossen auf die gleiche Weise verwandelt fühlen und ihr Gefühl durch ihre Schreie, ihre Gesten und ihre Haltung ausdrücken, so geschieht es, daß er sich wirklich in eine fremde, völlig andere Welt versetzt glaubt [...], in eine Umwelt voller intensiver Kräfte, die ihn überfluten und verwandeln.

Wie sollen solche Erfahrungen [...] nicht die Überzeugung stärken, daß es wirklich zwei verschiedene und miteinander nicht vergleichbare Welten gibt? In der einen schleppt er träge sein tägliches Leben dahin, in die andere kann er aber nicht eindringen, ohne alsbald mit außerordentlichen Mächten in Verbindung zu treten, die ihn bis zur Raserei aufpeitschen. Die erste ist die profane Welt, die zweite die Welt der heiligen Dinge. In diesem gärenden sozialen Milieu und aus dieser Gärung selbst scheint also die religiöse Idee geboren worden zu sein.« (EF 295-301)

Voilà. Das ist Durkheims komplexe Soziologie der Religion. Die Religion *erklärt sich durch die rituell gestützte Konstitution des Kollektivs, das wegen der Intensität der Affekte, die es erzeugt, geheiligt wird.*

Gleich darauf findet Durkheim zum zweiten Aspekt seiner Erklärung des sozialen Lebens der Gesellschaft: der *Symboltheorie*. Es geht um die Antwort auf die Frage, warum die kollektiven Kräfte meist in ›Tierform‹ gedacht werden – und zunächst, warum es überhaupt eines Zeichens oder Emblems bedarf, eines Symbols. Dies kommt daher, dass die gemeinsam erzeugten und erlebten Gefühle »spontan« auf etwas übertragen werden, das sie ausgelöst haben könnte (EF 301 f.). *Egal, was es ist, es muss ein Symbol her.* Und dieses drückt das kollektive Gefühl nicht nur aus, es stellt es her (EF 315). Durkheim erwähnt als Symbol etwa gemeinsame Körperbewegungen. Indem sich alle im selben Takt bewegen (etwa das Totemtier nachahmen), erhält die Gruppe ein Selbstgefühl. Zudem gilt, dass solche Gefühle ohne materielle Symbole eine »ungewisse Existenz« hätten. Sie sind intensiv, solange man versammelt ist, und »fallen in sich zusammen«, sobald man sich löst. Erst wenn die »Bewegungen«, die die Gefühle begleiten, mit einem dauerhaften Ding, einem Artefakt, verbunden sind, werden sie selbst dauerhaft. Das Ding gräbt das Gefühl »unablässig ins Gedächtnis ein« und hält es wach, so als ob die Ursache, die es hervorrief, weiterwirkt. Kurz, die Symbole oder »Embleme« (und deren materielle Grundlage, die Artefakte) waren zur Herstellung der »Selbstbesinnung der Gesellschaft« nötig und sind es, »um die Fortdauer dieses Bewußtseins zu sichern«.

Die Symbole sind also keine »Anhänger, die fertigen Vorstellungen angehängt werden [...]: Sie sind vielmehr deren integraler Teil.« (EF 316)

Das ist eine veritable Theorie der symbolischen Herstellung der Gesellschaft (oder, mit Castoriadis gesprochen: der Gesellschaft als imaginärer Institution). Das soziale Leben ist, so sagt es Durkheim, in allen »Aspekten und zu allen Augenblicken seiner Geschichte nur dank eines umfangreichen Symbolismus möglich« (EF 317). Visuelle Symbole sind dabei nur eine Möglichkeit. Die Kollektivgefühle können sich auch in Personen oder Ideen verkörpern – oder in Tieren.

Warum sind es nun vornehmlich sie, die als Symbol dienen? Durkheim gibt mehrere Antworten. Die Richtung hat er sich dabei durch die These vorgegeben, dass das ›wirklich‹ Heilige das Zeichen ist. Demnach muss das Totem ›*gut zu zeichnen*‹, vertraut sein. Das Tier erfüllt diese Anforderung in Gesellschaften, die jagen und fischen, am besten. Es ist mit ihrem Leben enger verbunden als Pflanzen, ganz zu schweigen von Sonne, Mond, Sternen. Auch müssen die Totems ›*gut zu klassifizieren sein*‹, sie müssen eine »genügende Vielfalt an genau unterscheidbaren Dingen« bieten, um allen Klans eines Stammes einen Namen zu geben. Auch hier eignet sich die (reiche australische) Tierwelt am besten. Und die Totems müssen an den heiligen Orten konzentriert vorkommen – wie der Stamm, der sich dort versammelt. Carl Strehlow zufolge (*Die Aranda- und Loritja-Stämme in ZentralAustralien*, 1907 ff.) liegen die »Totemzentren« also oft dort, »wo die Tiere, die der Gruppe als Totem dienen, in Mengen vorkommen«, so dass »jede Gruppe das Tier oder die Pflanze zum Zeichen« nimmt, das am häufigsten in der Nähe des heiligen Ortes vorkommt (EF 319 f.).

Bleibt noch zu erklären, wozu sich die Menschen mit dem Tier *identisch machen* und sich mit ihm *identisch wissen*. Durkheim entfaltet hier eine These der ›ursprünglichen‹ Identität. Ihr zufolge haben sich die Menschen ›zunächst‹ nicht von den Tieren unterschieden. ›Ursprünglich‹ war in ihrem Kopf alles »miteinander vermischt. Die Felsen haben ein Geschlecht; sie können sich vermehren; die Sonne, der Mond, die Sterne sind Männer oder Frauen, die menschliche Gefühle haben [...], während die Menschen im Gegenteil wie Tiere oder Pflanzen aufgefaßt werden.« Der Mensch hat nicht zunächst nur die Welt nach »seinem Bild begriffen«, der Totemismus erklärt sich nicht nur durch die Ausdehnung menschlicher Charaktere auf die Tiere; vielmehr hat der Mensch sich auch umgekehrt nach dem Bild der natürlichen Welt begriffen, er hat in die »Idee, die er sich von sich selber machte, [...] Elemente eingeführt, die von den Dingen kamen«. Der Mensch hat sich also ›zunächst‹ in Form eines Tieres oder einer Pflanze »vorgestellt« und diese umgekehrt als Verwandte verstanden (EF 321 ff.). Durkheim will diese Denkweise dabei nicht als so ›archaisch‹ und fremd hinstellen, wie Lucien Lévy-Bruhl und mit ihm viele, wenn sie vom ›prälogischen Denken‹ sprechen. Die Mentalität dieser Gesellschaft kennzeichne sich nicht nur durch eine die »Unterscheidung ausschließende Neigung«. Wenn sie »Dinge vermengt, die wir unterscheiden, so unterscheidet [sie] im Gegensatz andere [...] aufs heftigste«. Man versteht etwa die »Sonne und den weißen Kakadu als Einheit«, differenziert aber den weißen und schwarzen Kakadu sehr deutlich. Noch stärker trennt dieses Denken die heiligen und profanen Dinge – es kann sie »nicht zu gleicher Zeit denken« (EF 326).

Die Vorstellung der Arunta von der Seele zeigt nun genauer, wie die Gesellschaft ›in‹ den Individuen existiert, inwiefern sie nämlich, wie Castoriadis sagen wird, eine ›imaginäre Institution‹ ist und warum es daher auf die Totemtiere oder -pflanzen so ankommt. Die Arunta kennen ein Land der Seelen. Jede Totemgruppe hat darin ihr eigenes Areal, den Ort, an dem die Gründer des Klans »in die Erde eingedrungen sind und an dem sie seit ihrem

Tod weiterleben« (EF 333). Woher erklärt sich die Vorstellung der Seele, die Idee, dass es im Menschen zwei Wesen gibt? Diese Kollektive stellen sich eine ›Fundamentalseele‹ (*Alcheringa*) vor, von der jedes Individuum eine Reinkarnation ist. Wenn ein Individuum stirbt, verlässt die Seele den Körper und reist in dieses Land der Seelen, um sich erneut zu reinkarnieren. Die Ahnen, denen die Seelen ursprünglich entstammen, waren Tiere, Pflanzen oder »Mischwesen, in denen das tierische oder pflanzliche Element überwog«. Die individuellen Seelen sind dann derselben Gestalt, auch in ihnen gibt es ein tierisches (oder pflanzliches) Element, das das menschliche überwiegt. Kurz: *Die Seele ist das in jedem inkarnierte Totemprinzip* (EF 338). Indem es in die Einzelnen »eindringt«, muss es sich individualisieren, es lebt nur durch sie hindurch (EF 339). Es braucht dazu ein »körperliches Element« (EF 343) – das des Tieres oder der Pflanze.

Nun hat der menschliche Körper (bis auf die gemalten oder geritzten Zeichen) nichts, was an ein spezielles Tier erinnert. Woher also, noch einmal, die Vorliebe vor allem für Tiere? Alles wird Durkheim hier »klar«, da die Seele durch eine Eigenschaft mit der Tier*gattung* »nah verwandt ist«: die der *Metempsychose* (EF 356). Die Seele ist unsterblich, ebenso wie die tierische oder pflanzliche *Gattung*. Die Tiere werden also gewählt, insofern sie *Gattungs*vertreter sind. Ihre Ahnenseele steht für die Gesellschaft, die die Einzelnen überlebt. Daher denken wir in uns »zwei Wesen«, das körperliche, sterbliche; und das immaterielle, unsterbliche. *Das Kollektiv und seine Einzelnen*, dieser Gegensatz verbirgt sich also in der »Antithese, die alle Völker [...] zwischen dem Körper und der Seele« aufstellen (EF 357 f.). Daher unterscheiden die Arunta die Seelen der Ahnen und die individuellen Seelen: Diese machen ›wirklich‹ den »Bestand des Stammes« aus, sind von kurzer Dauer; jene sind unsterblich, in ihnen stellt man sich das Kollektiv vor (EF 365).

Die soziologisierte Monadologie – was ist die ›Gesellschaft‹?

Es folgt eine zunächst unscheinbare Passage. Im Rückgriff auf Gottfried Wilhelm Leibniz konzeptualisiert Durkheim die ›*Gesellschaft*‹, noch genauer, in ihrem Verhältnis zu den Einzelnen. Dieses klärt sich zunehmend für ihn selbst, am Ende jenes langen Prozesses, in dem er seine Konzeption des Sozialen immer wieder überarbeitet, optimiert, absichert, präziser fasst. Gerade diese Passage erweist sich für die Anthropologie als anschlussfähig, nachdem bereits Mauss sie in einem Vortrag von 1938 weitergesponnen hatte: *Eine Kategorie des menschlichen Geistes. Der Begriff der Person und des ›Ich‹*. Seine Analyse der historisch und kulturell variablen Vorstellung der ›Person‹ hatte einen »enormen Einfluss auf die ethnografische Forschung« (Tarot 2008).

Folgen wir Durkheim. Der Begriff der Seele besteht also aus zwei Faktoren. Der eine ist das *unpersönliche Prinzip*, das für das Kollektiv steht. Damit es andererseits »Einzelpersönlichkeiten gibt«, muss ein Faktor dieses Prinzip aufteilen und differenzieren. Ein »Individualisierungsfaktor ist nötig. Der Körper spielt diese Rolle.« (EF 366) Durkheim erinnert sich hier an Leibniz: Dieser sei zu »analogen Ergebnissen« gekommen, zu einer Theorie der ›Persönlichkeit‹ in der *Monadologie* von 1714. Die Monade ist dieser Lektüre nach ein persönliches, autonomes Wesen, wobei alle Monaden (also: Personen) denselben Inhalt haben. Die Monaden sind so gelesen nichts anderes als die individuellen Bewusstseine, die alle ein Objekt ausdrücken: die Welt. Da diese selbst ein System von Vorstellungen ist, ist jedes einzelne Bewusstsein »nichts anderes als der Widerschein des Universalbewußtseins« in seiner Perspektive. Es gibt differente Perspektiven, je nachdem, wie die Monade in Bezug auf das »Gesamtsystem, *das sie konstituieren*«, gelagert ist (EF 367, Hervorh. HD). Bei Leibniz hieß es: »Wenn wir Seele all das nennen wollen, was Perzeption und Apperzeption [...]

hat, dann könnten alle einfachen Substanzen oder geschaffenen Monaden Seelen genannt werden«; wobei der Begriff ›Seele‹ präziser nur denjenigen zukommt, deren Perzeption von »Bewußtsein begleitet« ist (Leibniz 2002: § 19). Und weiter: Jede Monade ist ein »Spiegel des Universums« (§ 63). Durkheim überträgt dies wie folgt: Eine Person ist wie die Monade ein »relativ« autonomes Wesen (nicht ganz autonom, hier »übertreibe« Leibniz, wenn er sagt, sie hätte »keine Fenster«, § 7). Dieser Lesart nach formuliert dann Leibniz eine Theorie der Person, die zwei Ursprünge hat – zum einen Eindrücke aus dem *Organismus*, zum anderen Ideen und Gefühle aus der *Gesellschaft*. Die allgemeinen Ideen, etwa die Glaubenssätze, sind stets die des Kollektivs. Der Körper ist die Basis solcher Ideen, das individualisierende Element. Ohne ihn, ohne die Einzelnen sind Kollektivideen und -gefühle eben nicht existent.

Mit einem Seitenhieb auf den zeitgenössischen Individualismus fährt Durkheim fort: Persönlicher und individualistischer sein sind konträre Dinge. *Individuell* sind wir durch unsere Körper und seine Leidenschaften, denen wir unterworfen sind, während nur die Idee der *Person* mit der Autonomie verknüpft ist, die wir Modernen suchen (EF 368 f.). Die weitere Geschichte des Totemismus lässt diese zunehmende ›Personalisierung‹ der Subjekte vorausahnen. Je zentralistischer das soziale System, umso zentralistischer die Kraft, in die man es sich projiziert; umso abstrakter und allgemeiner werden die Götter; umso freier der Einzelne. Zuerst werden die Phratrientotems ›überörtlich‹, dann denkt man sich ›große Götter‹, in die sich der Stamm, nicht nur der Klan projiziert. Damit ist der Totemismus überschritten.

Die totemistischen Riten und ihre soziale Funktion (Buch 3)

Die totemistischen Vorstellungen sind nicht unabhängig von den Ritualen. Beide bilden eine Einheit, und so hatte sie Durkheim implizit behandelt. Nun, im dritten Buch, werden sie klassifiziert und erklärt. Durkheim beginnt mit den ›negativen‹ Kulten (präziser, ihren negativen Aspekten), speziell den *Verboten*, die der Trennung des Profanen vom Sakralen dienen. Es folgen die ›positiven‹ Aspekte, die wichtigsten positiven Riten: *Initiationsriten*, *mimetische* oder *Imitationsriten*, *Darstellungs-* respektive *Gedenkriten*, *Reinigungs-* und *Kommunionsriten*, *Sühne-* und *Trauerriten*.

Negative Kulte sind zunächst solche, die etwas verbieten, es sind die vielen Tabus – der polynesische Begriff für jene Institution, die bestimmte, durch das Verbot geheiligte Dinge dem gewöhnlichen Gebrauch entzieht. Die wichtigsten Verbote sind Berührungsverbote. Ist etwas heilig, darf man es nicht essen. Zuweilen darf man es nicht anschauen (eine »Frau darf niemals die Kultinstrumente sehen«, EF 412), aus- oder ansprechen (»Es gibt Ritualgesänge, die Frauen bei Todesstrafe nicht hören dürfen«, EF 415). Es gibt zudem heilige Orte und Zeiten, an denen jede profane Beschäftigung untersagt ist (EF 417 f.).

Diese Verbote entsprechen der ansteckenden Eigenschaft des Heiligen. Die religiösen Kräfte nämlich scheinen stets bereit, »aus den Orten zu entschlüpfen, an denen sie zu Hause sind, um in alles einzudringen, was in ihre Reichweite gerät« (EF 431). Diese Idee ist nicht überraschend – diese Kräfte sind ja »nur hypostasierte kollektive Kräfte« (EF 436 f.), und diese sind, erinnern wir uns, besonders intensiv. Sie verbreiten sich »wie ein Ölfleck«, infizieren alles, auch das, was man gerade in der Hand oder vor Augen hat. Daher also »nehmen Menschen, Tiere, Pflanzen oder Felsen am gleichen Totem teil (!): die Menschen, weil sie Tiernamen tragen;

die Tiere, weil sie an das Totembild erinnern; die Pflanzen, weil sie zur Nahrung dieser Tiere dienen; die Felsen, weil sie den Ort bezeichnen, an dem die Zeremonien gefeiert werden« (EF 438 ff.).

Die negativen Kulte sind zunächst die Voraussetzung für den positiven Kult. Sie separieren das Heilige und sensibilisieren die Einzelnen. Dies gilt namentlich für die *Initiationsriten*, in denen der Neuling asketischen Praxen unterworfen wird, um eine Zustandsveränderung herbeizuführen. Die negativen Riten haben also zugleich positive Effekte. Denn weshalb sind die Initiationsriten derart grausam, warum bedarf es offenbar der Schmerzen? Es geht, so Durkheim, nicht so sehr darum, den Charakter der zu Initiierenden zu prüfen. Der Ritus bringt diesen Charakter vielmehr erst hervor, er vermittelt die Eigenschaften, »derenthalber es ihn überhaupt gibt« (EF 425).

Wenn damit auch die negativen Kulte im Grunde positiv sind – was ist insgesamt die soziale Funktion des Ritus, warum gibt es keine Religion ohne Rituale? Es sind in jedem Fall nicht rein materielle Zwecke, die diese totemistischen Rituale erklären. Im Gegensatz zur Ansicht Boas' oder Malinowskis geht es darin nicht etwa um die Vermehrung der Tiere zugunsten der Nachbarklans. Es sind vielmehr »rein moralische« Zwecke (EF 498). Genauer gesagt, werden die Riten weniger ihres Inhalts als um des Ritus selbst willen abgehalten. *Man führt einen Ritus stets genauso durch wie immer und bewahrt dadurch das Kollektiv vor Veränderungen*, vor dem Einfluss der Zeit. Der Ritus zeichnet sich eben dadurch aus, dass man ihn immer in derselben Weise – ritualisiert – durchführt. Man begeht ihn also, »um den moralischen Charakter der Kollektivität zu bewahren und nicht wegen physischer Wirkungen, die er bewirken könnte« (EF 499).

Aber gehen wir weiterhin langsam vor, vollziehen wir zunächst die Klassifikation der Riten nach, denn es gibt durchaus weitere Funktionen. Durkheim unterscheidet (1.) *Nachahmungsriten* (in denen man sich mit dem Totemtier identisch macht); (2.) *Darstellungs-* oder *Gedenkriten* (in denen man gestisch oder erzählend die mythische Vorzeit erinnert); und (3.) *Darbietungs-*, *Opfer-*, *Sühne-* oder *Trauerriten*. Diese Klassifizierung beschreibt offenbar die Form der rituellen Handlung. Das formal selbe Ritual kann dabei mehreren Zwecken dienen (Nachahmungsriten werden zur Initiation oder Vermehrung benutzt). Umgekehrt können verschiedene Ritenformen denselben Zweck erreichen (um die Vermehrung »zu sichern, kann man auf Darbietungen [...] oder auf Erinnerungsaufführungen zurückgreifen«, EF 519 f.).

Die Gedenkriten (2.) kamen bereits zur Sprache, wo es um die Vorstellung der Arunta darüber ging, wie man ein Totem erwirbt und wie Menschen und Tiere genealogisch zusammenhängen. Widmen wir uns also nur noch den anderen beiden Riten. Unter dem Thema *Nachahmungsriten* (1.) beschreibt Durkheim insbesondere das *intichiuma*. Es ist ein zentrales Vermehrungsritual, das je nach Stamm verschiedene Formen hat. Es umfasst zuweilen auch Gedenkriten oder solche, die weder mimetisch noch erzählend zu sein scheinen. So gibt es Riten, die die Vermehrung auslösen, indem die Kraft des *churinga* verbreitet wird (man schleift es und verteilt den Schleifstaub); oder indem Blut vergossen wird (auf dem Felsen, auf dem sich die Geister der Känguru-Tiere befinden, um die Kängurus zu vermehren). Das *intichiuma* hat auch eine Darbietungsseite, ist auch ein Opferritus: Zunächst werden die Tabus in Bezug auf die Totemtiere verstärkt. Dann findet ein Ritual statt, das das Verbot aufhebt. Man sammelt oder jagt die Art, die sich nun vermehrt hat, und verzehrt sie rituell. So jedenfalls hatte es Robertson Smith dargestellt: das *intichiuma* als Prototyp jener »großen religiösen Institution«, des Opfers (EF 454).

Mindestens ebenso interessant ist indes der mimetische Aspekt dieses Ritus. Je nach dem Totem »springt oder frißt man wie ein Känguruh, fliegt man wie die fliegenden Ameisen, schreit man wie die Fledermaus, krächzt man wie der wilde Truthahn, wie der Adler, pfeift man wie die Schlange, quakt man wie der Frosch, usw. Ist das Totem eine Pflanze, so macht man die Gesten des Erntens, des Essens.« (EF 475 f.) Was ist die Funktion solcher Nachahmungsgesten? Zunächst sind rituelle Gesten schlechthin »Mittel, mit denen sich die Gruppe periodisch erneuert«. Sodann haben die Nachahmungsgesten einen speziellen Effekt: Die Menschen versammeln sich, bewegen sich alle auf dieselbe Weise und werden sich dadurch ihrer Einheit bewusst – die sie sich als Wesensgleichheit mit einem Dritten vorstellen, dem Tier. Sie machen, wie Durkheim sagt, in diesen »materiellen Akten«, den Bewegungen, mit denen sie das Tier nachahmen, ihre »kollektive Existenz geltend« (EF 520). Man fühlt sich mit dem Tier identisch, bewegt sich, schreit wie es – und bezeugt sich so, Mitglied eines Kollektivs zu sein. Genauer gesagt, wird man sich dessen erst bewusst. Der Ritus drückt also nicht einfach eine schon bestehende Verwandtschaft aus – er *»bewirkt sie oder er stellt sie wieder her«* (EF 482, Hervorh. HD). Das mimetische Ritual *schafft* das Kolektiv, es produziert Gruppenmitglieder. Und es produziert noch etwas, nämlich nicht weniger als das *kollektive Bewusstsein, Mensch zu sein.*

Um dies zu sehen, muss man sich allerdings bei Arnold Gehlen informieren, der die Effekte der totemistischen Riten noch genauer ausformuliert hat: Der mimetische Ritus und der mit ihm verbundene Mythos etablieren einerseits das Kollektiv, sofern sich alle Einzelnen mit *»demselben* anderen, einem X, identifizieren und von daher verhalten. Alle bewegen sich im selben Takt, eben den Bewegungen des Tieres – damit hat ihr Selbstbewusstsein einen »gemeinsamen Schnittpunkt«, einen nötigen symbolischen Außenhalt. »Alle Mitglieder des Bären-Clans mögen symbiotisch schon eine Gruppe sein. Geistig werden sie ein ›Wir, diese Gruppe‹ nur«, wenn sich alle sicht- und fühlbar im selben Takt bewegen, eben dem des Tieres (Gehlen 1993 [1940/1950]: 375). Damit kündigt sich nun der zweite Effekt an, den Durkheim implizit gelassen oder nicht wirklich gesehen hat: Im identifizierenden Gestus erlebt der Mensch ja zugleich die *Differenz* zum Tier, er wird sich also bewusst, *kollektiv einer anderen Gattung*, der des Menschen, anzugehören. Der Mensch, so hatte Gehlen vorausgesetzt, braucht stets ein Bild seiner selbst. Und dieses ist immer nur indirekt zu haben, indem man sich mit etwas identifiziert, von dem man sich gerade als different erlebt (Gehlen 2004 [1956]: 236; vgl. dazu Seyfert 2011: Kap. 5.2). Die Identität, Mensch zu sein, entsteht in jenen Riten, in denen man sich, das Tier nachahmend, gleichwohl ja nicht als Tier erlebt – sondern als Mensch, im *Anlegen* der Häute und Federn, in der *Nachahmung* der Schreie und Bewegungen. In den totemistischen Ritualen blitzt ein »rituelles Mensch-Werden« auf. In diesen Gesellschaften ist die ›Tierform die Grundform‹ – zugleich entdecken sie die »Menschenform«, wie Robert Seyfert sagt (2011: 195).

Schließlich widmet sich Durkheim den *Trauer-* oder *Sühneriten* (3.). Die Affekte, die das Kollektiv erzeugt, sind andere als bei den bisher beschriebenen Festen. Entsprechend sind auch die Körperbewegungen, die Gesten andere. Was ist ihre Funktion? Es ist ein weiterer Schlenker des Buches und gibt der These der Autodivination des Kollektivs in den religiösen Ideen und Praxen den letzten Schliff: Wenn *die Gesellschaft* in »Umstände gerät, die sie traurig machen, sie erschrecken«, müssen die Einzelnen sich ihre Traurigkeit, Angst oder Wut zeigen. Diese »kollektiven Manifestationen [...] geben der Gruppe die Energie wieder, die die Ereignisse ihr zu nehmen drohten« – egal, ob es sich um einzelne Todesfälle oder Unglücke handelt, die die ganze Gruppe treffen. Daher erklären sich auch die Dämonen, »übelwollende Wesen«. Sie sind ihrerseits *»objektivierte Kollektivzustände«*. Sie sind die »*Gesellschaft selbst*, gesehen unter einem ihrer Aspekte« (EF 552 f., Herv. HD). Es gibt ein ›heilvolles‹ und ein ›unheilvolles Heiliges‹, kollektive Euphorie und Niedergeschlagenheit. Welche Färbung das Kollektiv auch hat, wie

»komplex die Manifestationen des religiösen Lebens auch seien, es ist im Grund eins und einfach. Es antwortet überall einem gleichen Bedürfnis und kommt überall aus dem gleichen Geisteszustand. In all seinen Formen hat es das Ziel, den Menschen über sich hinauszuheben und ihn ein höheres Leben leben zu lassen, als jenes, das er führen würde, gehorchte er [...] allein seinen spontanen Eingebungen: Die Glaubensauffassungen fassen dieses Leben in Vorstellungen; die Riten organisieren es und regeln seinen Verlauf.« (EF 555)

Das religionssoziologische Ergebnis: Die imaginierte, transfigurierte Gesellschaft

Um welches Leben es geht, liegt nun offen zutage. Hinter den religiösen Ideen und Kräften verbirgt sich *die Gesellschaft*, das soziale Leben ist das ›*höhere*‹. Wenn der Australier in den Ritualen außer sich gerät, dann nicht aufgrund irgendeiner Illusion. Seine Ekstase ist »wirklich«, und sie ist »wirklich« das Ergebnis äußerer, das Individuum übersteigender Kräfte. Wenn man glaubt, es handele sich um eine tier- oder pflanzenförmige Macht, so irrt man sich nur »bezüglich des Buchstabens oder des Symbols«. Hinter diesen Mächten »liegt eine konkrete und lebendige Wirklichkeit« – eben die des Kollektivs. Die Funktion der Religion ist ja nicht die möglichst detailgetreue Darstellung der Welt, sie ist ein »Begriffssystem, mit dessen Hilfe sich die Menschen *die Gesellschaft* vorstellen, deren Mitglieder sie sind«, die »außerhalb« und »größer« als diese ist. Indem die Riten die »Bande, die den Gläubigen an seinen Gott binden, [...] verstärken, verstärken sie

[...] *die Bande, die das Individuum mit seiner Gesellschaft verbindet«.* Gott ist ja »*nur der bildhafte Ausdruck der Gesellschaft*« (EF 309 ff., Herv. HD). Immer gilt: Die Gesellschaft ist das Erklärende. Sie »hebt den Gläubigen über sich hinaus: sie selbst tut das« (EF 559 f., Herv. HD).

Im Totemismus findet Durkheim also alle Ideen und Rituale, die auch in moderneren Religionen auftauchen: die Einteilung der Dinge (heilig/profan), den Begriff der Seele und des Geistes, der mythischen Persönlichkeit, der Gottheit, den negativen Kult, asketische Praxen, Opferriten, Nachahmungs-, Gedenk-, Sühneriten. Indem er hier nur eine einzige Religion untersucht hat, will er ein ›Experiment‹ durchgeführt haben. Lassen sich diese ›elementarsten‹ religiösen Vorstellungen und Rituale »*nur* soziologisch erklären«, dann gilt dies für *alle* Religionen (EF 557). Und wenn diese Wirklichkeit, die die Religionen vorstellen, *die Gesellschaft* ist, hat (nur) die Soziologie die Möglichkeit, sich in sie einzufühlen, sie zu übersetzen.

Das wissenssoziologische Ergebnis: Der soziale Ursprung des Denkens

Es gibt noch die wissens- und erkenntnissoziologische Seite des Buches, auf die Durkheim seit der Einleitung nur sporadisch zurückgekommen war. Die These ist nicht weniger kühn: Alle Formen des Denkens, alle Kategorien sind kollektiven Ursprungs, sind aus dem sozialen Leben abgeleitet. Etwa das Denken in zeitlichen Abschnitten: Es ist nicht das Ergebnis individuellen Denkens und auch nicht *a priori* gegeben, wie die Kantianer meinen. Es ist »nicht meine Zeit, die auf diese Weise« – eingeteilt in Jahre, Tage, Stunden – organisiert ist; es ist die »Zeit, wie sie von allen Menschen einer und derselben Zivilisation gedacht wird«

(EF 28). Ebenso gilt für den Raum, dass er stets unterteilt ist und diese Unterteilungen nur kollektiven Ursprungs sein können:

> »An sich hat er weder rechts noch links, weder oben noch unten, weder Nord noch Süd, usw. Diese Unterschiede entstehen natürlich, weil den Regionen verschiedene affektive Werte zugeteilt worden waren. Da sich alle Menschen einer und derselben Zivilisation den Raum auf die gleiche Weise vorstellen, müssen diese affektiven Werte und die Unterscheidungen, die davon abhängen, ebenfalls gleich sein. Das setzt fast notwendig voraus, daß sie sozialen Ursprungs sind.« (EF 29)

Es gibt etwa Gesellschaften, die sich ihren Raum in Kreisform denken, weil das Lager eine kreisrunde Form hat. Dasselbe will Durkheim für die Begriffe Gattung, Kraft, Persönlichkeit, Kausalität ›beweisen‹; ebenso für die Begriffe des Widerspruchs oder der Identität. In *Über einige primitive Formen von Klassifikation* hatten Durkheim und Mauss dies vorbereitet, dicht orientiert an den Fakten der australischen Stämme, der Zuni, der Chinesen. In Bezug auf die Aktivität des Klassifizierens hieß es hier bereits: Die ›Klasse‹ als Gruppe von Dingen basiert stets auf dem Vorbild des Kollektivs, die Dinge sind nie von selbst geordnet. Der Beweis: Jede »Klassifikation impliziert eine hierarchische Ordnung«, für die sich nur in der Gesellschaft das »Vorbild« findet (Durkheim/Mauss 1993 [1903]: 175 f.). Am deutlichsten zeigen dies wiederum die australischen Gesellschaften. Sie sind in zwei Hälften (Phratrien) geteilt, die je mehrere Klane umfassen; die Totems sind strikt auf sie verteilt. Alle »Mitglieder des Stammes finden sich solcherart klar abgegrenzten Bereichen zugeordnet«, wobei die Klassifikation der Dinge die der Menschen »reproduziert« (ebd.: 178).

Zurück zu den *Elementaren Formen*: Das logische Denken ist eine Notwendigkeit für das Soziale, die Gesellschaft braucht zu ihrer Existenz einen »logischen Konformismus«. Nur so verfügen die Einzelnen über gemeinsame Inhalte, die wiederum jede gemeinsame Handlung voraussetzt (EF 38 f.). Je nach Gesellschaft haben die Kategorien dabei eine andere Stellung, die sich Durkheim aus der jeweiligen sozialen Struktur erklärt. Insbesondere die Stellung des Satzes vom ›ausgeschlossenen Dritten‹ ist hier instruktiv. Wenn es Gesellschaften gibt, in denen er nicht gilt, da sie sich Wesen denken, die zugleich »eins und mehrere sind, materiell und spirituell, die sich unendlich teilen können, ohne etwas zu verlieren«, dann zeugt dies von der historisch-kulturellen Variabilität des Denkens. Dann stellt sich nicht weniger als das »Erkenntnisproblem neu« (EF 30 ff.).

Bedeuten die Variabilität der Denkweisen und ihr sozialer Ursprung, dass die Logik weder universell noch objektiv ist? Der klassische Empirismus endet so, er endet damit, so Durkheim, im Irrationalismus (denn rational und universal sind für ihn deckungsgleich). Der Apriorismus hingegen setzt das logische Denken einfach voraus, lässt es unerklärt. Die Soziologie allein ermögliche demgegenüber eine »neue Haltung« (EF 34 f.). Diese neue Haltung ist letztlich ein Spagat: Die Denkweisen sind sozialen Ursprungs und dennoch objektiv und rational. Sie gelten für alle Bereiche, nicht nur für das Soziale.

Wie geht das? Man dürfe hier nicht vergessen, dass die Gesellschaft zwar eine eigene Wirklichkeit ist, aber nicht eigenständig sei; sie bleibt »Teil der Natur«. Sie ist, so fährt Durkheim nun recht comtianisch fort, »deren höchste Äußerung«. Das Soziale ist von anderen Regionen nur durch seine »größere Kompliziertheit« getrennt. Die Gesetze, die sich hier abzeichnen, müssen daher auch anderswo gelten (»wenn auch unter verhüllteren Formen«). Durkheim demonstriert dies an der Zeit: Ihre »Basis« ist der »Rhythmus des sozialen Lebens«. Wenn es diesen gibt, »kann man sicher sein, daß es einen anderen im Individualleben gibt, oder allgemeiner, im Leben des Universums« (EF 40 f.). Kurz, wenn die »Welt, die das Gesamtbegriffssystem ausdrückt, die Welt ist, die sich die Gesellschaft vorstellt, kann uns allein die Gesellschaft die allgemeinsten Begriffe liefern, nach denen die Welt vorgestellt werden muß« (EF 590). Dass die Kategorien sozialen Ursprungs sind, heißt mithin nicht, dass sie keinen objektiven Wert hätten. Das logische Denken sei nämlich erst möglich geworden, als sich dem Einzelnen jenseits seiner ›flüchtigen‹ Vorstellungen eine »Welt von beständigen Idealen« bot, die zudem allen gemeinsam war (EF 583 f.). Zudem sind die Kategorien ›Typusbegriffe‹, ihre Rolle ist es, andere Begriffe »zu umfassen«. Die allgemeinste Kategorie ist dann die der *Totalität* – und diese ist nichts anderes als ein Synonym für ›*Gesellschaft*‹, nur deren »abstrakte Form«. Die Gesellschaft ist eben das, was »alle Dinge umfaßt, die oberste Klasse, die alle anderen Klassen umschließt« (ebd.). So gibt es auch einen ›*Gesamtraum*‹, der die Räume der Individuen beinhaltet; eine ›*Gesamtdauer*‹, die die Dauern der Individuen rhythmisiert; die ›*Totalzeit*‹, die die Zeit der Einzelnen umfasst; die *Kausalität* als Vorbild aller individuell erwarteten Regelmäßigkeiten, usw. Ist die Gesellschaft Ursprung der Kategorien, dann ist sie nicht das »a-logische, unzusammenhängende und fanatische Wesen, das man nur zu oft in ihr sehen möchte. Im Gegenteil, das kollektive Bewußtsein ist die höchste Form des psychischen Lebens«, es ist das »Bewußtsein der Bewußtseine« (EF 593 f.).

Ist die Gesellschaft derart das Vorbild des Denkens, so ist sie umgekehrt »nur möglich, wenn die Individuen und die Dinge [...] in verschiedene Gruppen aufgeteilt, d.h. klassifiziert sind« (EF 592). Sie setzt eine Organisation ihrer selbst voraus, eine Einteilung der Individuen und Dinge. Deshalb müssen Zeit und Raum aufgeteilt werden! Hier übersteigt Durkheim wohl seinen Denkmechanismus, der die Gesellschaft immer schon voraussetzt, und stellt die Frage, wie es eigentlich zu ihr kommt. Der Schlusssatz aber formuliert noch einmal den bisherigen Standpunkt, den Soziozentrismus: Von dem Moment an, in dem Durkheim ›erkannt‹ hat, dass »über dem Individuum die Gesellschaft steht«, wird alles in Bezug auf den Menschen klar: All das, was im Einzelnen nicht aus ihm stammt und ihn ›übersteigt‹, *kommt aus der Gesellschaft.* Diese These »so methodisch wie möglich an den Fakten« zu messen, das habe er hier versucht (EF 596). Es ist sein weitreichendstes, kühnstes, wissens-, sozial- und gesellschaftstheoretisch modernstes Buch.

›Neue Stunden schöpferischer Erregung‹: das politische Ziel der Totemismus-Analyse

Ein letzter Aspekt ist der moralsoziologische. Er weist voraus auf Durkheims ungeschriebenes Buch (*Die Moral*) und ist zugleich jener Aspekt, der sich im Gesamtwerk immer dort findet, wo Durkheim aus den Begriffen ›Moral‹, ›soziales Band‹, ›Solidarität‹ Synonyme machte. Kollektive bedürfen zu ihrer Existenz nicht nur eines logischen, sie brauchen auch einen ›moralischen Konformismus‹, gemeinsame Werte und Ideale. Wie schafft man eine neue Moral? War dies die Frage von *Arbeitsteilung* und *Selbstmord*, wo Durkheim noch versuchte, selbst einen Vorschlag zu machen, so wird er nun anders antworten: Jede Gesellschaft, auch die eigene, hat die Fähigkeit und Notwendigkeit, sich zum Gott zu machen. Dazu braucht es Situationen kollektiver Erregung, Feste und Zeremonien. Alles Weitere muss man der Eigendynamik des Sozialen überlassen, der Affektivität, die die Ideen Einzelner haben. Diese These hätten auch seine Kritiker Maurice Hauriou (die ›*idée directrice*‹, 1925) und Henri Bergson (die ›offene Gesellschaft‹, 1932) geteilt, die sich ganz auf diese Kreativität im Gesellschaftlichen konzentrieren. Durkheim ist hier jedenfalls weit entfernt von dem konservativen Bewahrer, den man immer in ihm sehen wollte. Es gibt, so sagt er nämlich, »historische Perioden, in denen die sozialen Interaktionen unter dem Einfluß großer kollektiver Erschütterungen häufiger und aktiver werden«, in denen eine »allgemeine Gärung« entsteht, die für »schöpferische Epochen kennzeichnend ist«. In solchen Perioden werde der Mensch »anders« (EF 290f.).

Auch die moderne Gesellschaft sei darauf angewiesen, periodisch die Gefühle und Ideen in Bezug auf sie zu erneuern. Dass sie keine Idee hat, worin die neuen Feste und Zeremonien bestehen werden, was ihr Inhalt sein könnte, liege nicht an der Spezifik dieser ›rationalen‹ und ›individualistischen‹ Gesellschaftsform – es liegt einfach an der Zeit des »Übergangs und der moralischen Mittelmäßigkeit«, als die Durkheim seine Zeit wahrnahm. Man teilt nicht mehr die alten Werte, neue sind noch nicht in Sicht. Aber sie werden kommen, ein »Tag wird kommen, an dem unsere Gesellschaften aufs neue Stunden der schöpferischen Erregung kennen werden, in deren Verlauf neue Ideen auftauchen und neue Formen erscheinen werden, die eine Zeitlang als Führer der Menschheit dienen werden« (EF 571 f.). Damit ist ein letztes Motiv angesprochen, das Durkheim äußerst wichtig war und das sich durch das ganze Werk zieht: Diese Soziologie verstand sich als *Moralwissenschaft*, sie hatte das theoretische Ziel, die Moral der Gesellschaften zu studieren und das praktische, der französischen Gesellschaft eine neue Moral zu geben. Diese Soziologie ist auch eine ›Moralistik‹, wobei die ›Moral‹ ein *fait social* wird, etwas gesellschaftlich Funktionales. Das Werk dazu wollte Durkheim allerdings erst noch schreiben.

VII Die Soziologie als Krisen- und Moralwissenschaft

»Wenn je einer ein Individuum war, eine Person in allem, was dieser Ausdruck an schöpferischer Eigenständigkeit und an Widerstand gegen kollektive Begeisterung enthält, so war es Durkheim. Seine moralische Auffassung entspricht so gut seinem eigenen Charakter, daß man kein Paradox aufstellen würde, wenn man dieser Auffassung den Namen Individualismus gäbe. Sein erstes Werk ›De la division de travail social‹ legt eine ganze Philosophie der Geschichte vor, in der die Entstehung, die Unterscheidung und die Befreiung des Individuums als der Hauptzug des Zivilisationsfortschrittes erscheint, die Übersteigerung der menschlichen Person als sein wirkliches Ziel. Diese Philosophie der Geschichte endet in der moralischen Regel: Unterscheide dich, sei eine Person.«

(Fauconnet 1999 [1934]: 12f.)

Die Soziologie der Moral: die ›Physik‹ der moralischen und rechtlichen Phänomene

Durkheim hat seine *Moral* nur noch auf wenigen Seiten niederlegen können, mit »feiner und zittriger« Hand, in einer »letzten Anstrengung des Willens und des Pflichtbewußtseins« (Mauss 1986 [1919]: 50). Marcel Mauss hat sie posthum publiziert (Durkheim

1986 [1917]). Nach dem wenigen, was wir kennen, würde die Moral so aussehen: Durkheim definiert zunächst den Gegenstand, geht dann zu ›traditionellen‹ Moralkonzeptionen über, um sie zu kritisieren, ebenso wie diejenigen, die aus der Moral etwas Subjektives machen: Tarde und die Kantianer. Das erste Buch sollte dann den ›soziologischen Idealismus‹ entfalten, die Theorie der Moral, der zufolge diese das kollektive Bindemittel ist und den Menschen erst zum Menschen macht. Die soziologische Moraltheorie führt sodann zur Frage, wie die Moral in das Individuum kommt. Beendet hätte Durkheim sein Werk mit dem Postulat und der Frage: *Wir haben die Pflicht, uns an die Gesellschaft zu binden – wie können wir es?*

Das Thema ist also alles andere als neu. Die Schrift wäre inhaltlich den Vorlesungen gefolgt, insbesondere der *Physik der Sitten und des Rechts*, die er von 1890 bis 1900 hielt, wobei ›Physik‹ so viel heißen soll wie die objektive, distanzierte Untersuchung der Moral der differenten Gesellschaften. Auch hier fühlt man sich an Foucault (und Nietzsche) erinnert. Voraussetzung und Frage sind zumindest homolog: Gesetzt, die Moral ist eine Wirklichkeit, ein soziales Phänomen wie andere auch, welche Funktion hat sie? Die moralsoziologische Frage ist mithin gerade nicht die der Ethik: Was ist das moralisch Gute? Die Antwort lautet: Die *Gesellschaft* ist Zweck und Quelle der Moral (und nicht das Subjekt).

Inwiefern? Einerseits wird Durkheim wie in der *Arbeitsteilung* antworten: ›Moral‹ oder ›Solidarität‹ sind das Bindemittel der Kollektive. Man kann und muss es klassifizieren (in eine familiale, berufliche, staatsbürgerliche, internationale Moral). Die Moralwissenschaft ist dann eine historische Institutionenanalyse, die deren Leitideen zum Gegenstand hat. Es gibt indes eine zweite Funktion. Ihre Betonung mag das Neue sein, das Durkheim vorhatte: Es wäre die reflexive Veränderung der Gesellschaft, ihre

Flexibilisierung, die Institutionenkritik. Canguilhem, der Durkheim wegen der Gleichsetzung des Normalen mit dem Normativen kritisiert hatte (vgl. oben), hat es nicht anders formuliert, wenn er die Suche nach dem Neuen als ›Normalzustand‹ der Gesellschaft beschreibt (Canguilhem 2002 [1955]). Er folgt wiederum Bergson, dessen Gesellschaftstheorie 1932 ihrerseits aus einer Durkheim-Kritik resultiert – dieser privilegiere ›geschlossene‹ Gesellschaften. Durkheim denkt nun in diesem letzten Text in gewissem Sinn tatsächlich die ›offene Gesellschaft‹, die sich durch die moralischen Ideen Einzelner integriert. Es ist die Funktion der *Moralistik* als sozialer »Kunst der Moral«:

»Der Moralist betrachtet sich selbst überhaupt nicht als jemand, der sich dafür einsetzt, der öffentlichen Meinung zu folgen; er gesteht sich im Gegenteil das Recht zu, diese Meinung zu kritisieren, sie neu zu formen [...] Das Ideal von morgen wird nicht das von heute sein. [...] Die Aufgabe des Moralisten ist es, diese notwendigen Veränderungen vorzubereiten. Da er sich nicht durch die institutionalisierte Moral aufhalten läßt, da er für sich ja das Recht beansprucht, *tabula rasa* zu machen, [...] kann er ein völlig eigenständiges Werk schaffen, am Neuen arbeiten.« (Durkheim 1986 [1917]: 34f.)

Die Moralwissenschaft hat diese ›Kunst‹ zum Objekt. Aber sie ist wohl auch selbst Moralistik, mischt sich ein, will neue Moralen erfinden. Man kann hier bei Durkheim eine ›Sozioprudenz‹ angelegt sehen, eine »Klugheitsschulung im Hinblick auf das Soziale, eine Hochschulung der sozialen Intelligenz«, da diese Soziologie die soziale Tatsache nicht nur entdeckt, sondern implizit auch dazu da ist, ihr Komplement, die Intelligenz im Umgang mit sozialen Tatsachen, zu steigern. An die Stelle der moralischen Fakten treten so gesehen »reine« (von aller Moralphilosophie gereinigte) soziale Tatsachen, an die Stelle der Moralphilosophie tritt die Soziologie (Fischer 2013: 95, 113). Übrigens ist Lucien

Lévy-Bruhl Durkheim mit dem moralwissenschaftlichen Buch zuvorgekommen: *La morale et la science des mœurs* (1903). Am Ende kommt er wie dieser zu ›praktischen Konsequenzen‹, zur Idee einer ›rationalen moralischen Kunst‹ mit der Aufgabe, die Moral dem Gesellschaftswandel anzupassen.

Die Soziologie der Erziehung und der Pädagogik

»Durkheim hat sein Leben lang neben der Soziologie Pädagogik gelehrt. Von 1887 bis 1902 hat er an der philosophischen Fakultät von Bordeaux eine einstündige Vorlesung über Pädagogik gehalten. [...] An der Sorbonne hatte er von 1902 bis 1906 den Lehrstuhl der Erziehungswissenschaften vertreten, ehe er [...] ihn selber besetzte. Bis zu seinem Tod hat er der Pädagogik ein Drittel, und oft zwei Drittel seines Unterrichts vorbehalten.« (Fauconnet 1999: 7)

Die Schriften zur Erziehung und Pädagogik (wie die der *Physik der Sitten*) dienen diesem Ziel. Durkheims Nachfolger an der Sorbonne, Paul Fauconnet, hat sie posthum herausgegeben. Es sind zum Teil bereits publizierte Texte, etwa die Antrittsvorlesung *Pädagogik und Soziologie* von 1902; zum anderen handelt es sich um Vorlesungsmanuskripte, namentlich die 1934 veröffentlichte Vorlesung *Erziehung, Moral und Gesellschaft* von 1902/03. Natürlich geht es Durkheim hier zunächst um eine Soziologie von Erziehung und Pädagogik, nicht um diese selbst. Er analysiert die Erziehung, statt zu erziehen (wie der Erzieher) oder über die richtige Erziehung nachzudenken (wie der Pädagoge).

Durkheim spricht, so betont er immer wieder, *als Soziologe* von der Erziehung und Pädagogik. Als solcher hat man zunächst das Postulat aufzustellen, dass diese eine »eminent soziale Angelegenheit« sind und dass sie daher »stärker von der Soziologie«

abhängen »als jede andere Wissenschaft«. Dies ist, so fügt er hinzu, die »Leitidee meiner Lehre« (Durkheim 1999 [1902/03]: 37). Aber Durkheim ist eben auch selbst ein Pädagoge, der Erzieher der Nation: Die Pädagogik, die er auch vertritt, ist keine reine Wissenschaft, sie ist ein Mittelding, eine »praktische Theorie«. Sie entwirft »Handlungsprogramme« und »Leitideen« (Durkheim 1972 [1911]: 60). Nicht von ungefähr betitelte René König seinen Eintrag im Lexikon der *Klassiker des soziologischen Denkens*: der ›Soziologe als Moralist‹ (König 1976).

Bevor wir zum praktischen, politischen Ziel Durkheims, seinen ›Leitideen‹ kommen: Wie wurde dieser Zweig seiner Soziologie von den Zeitgenossen wahrgenommen, der ja nicht die Gestalt einer Monografie erhielt? Es überrascht wenig, dass es auch hier Widerstände gab. Das gesamte Werk ist ja ein ›Gegen-Werk‹. Fauconnet nennt einerseits alle ›Humanisten‹. Sie sehen in Durkheim einen Nationalisten, der die Interessen der Menschheit dem Staat unterordne. Durkheim thront, so verteidigt ihn Fauconnet hier schwach, über jeder solchen Kritik – er wolle ja gar kein Erziehungsprogramm aufstellen, sondern analysiere Tatsachen (Fauconnet 1999: 10 f.). Inhaltlich kann man Durkheim hier durchaus verteidigen, wie wir sehen werden. Er gilt heute als der Soziologe und Moralist der Idee der Menschenrechte. Fauconnet nennt als zweite Kritik die individualistische: Wenn die Erziehung die Einfügung des Kindes in die Gesellschaft ist, wenn sie eine Sozialisierung ist – wie wird das Kind dann zur *Person*, zum autonomen Individuum? Diesem Problem hat sich Durkheim selbst gestellt, an dieser Stelle nicht ohne politischen Hintergrund den modernen ›Kult des Individuums‹ verteidigend.

Was also ist der Inhalt der Durkheim'schen Erziehungswissenschaft oder Pädagogik (die Begriffe werden nicht immer scharf getrennt)? Das Hauptthema ist ein altbekanntes: die Solidarität, die Moral, das soziale Band. Die Erziehungssoziologie oder die

Pädagogik Durkheims ist also nichts anderes als die positive Wissenschaft der Moral. Darauf läuft die ganze Durkheim'sche Soziologie in ihrem praktischen Erkenntnisinteresse zu: Wie schafft man eine neue Moral? Nicht ohne Grund heißt die Vorlesung eben *Erziehung, Moral und Gesellschaft.* In ihr behandelt Durkheim zunächst die Moralität im Sinne der »moralische[n] Zivilisation, die die Erziehung dem Kind vermittelt«. Sodann geht es um die (biegsame) »Natur des Kindes, das diese Moralität übernehmen soll«. Die Vorlesung ist das »Vollendetste«, was Durkheim zur Soziologie der Moral schrieb, neben dem Fragment von 1917, der »Prolegomena seiner *Moral*« (so Fauconnet 1999: 19).

Durkheim teilt die Moralität weiter in drei Grundelemente (es klingt teilweise recht preußisch), ohne die sich moderne Gesellschaften nicht erfolgreich institutionalisieren können: den ›Geist der Disziplin‹, der ›Selbstverleugnung‹, der ›Autonomie‹. Jeweils stellen sich die Fragen funktional: Wozu dient dieser ›Geist‹ je in dieser modernen Gesellschaft? Durkheim geht zugleich über die Analyse hinaus, wenn er die Ziele formuliert, die die eigene Gesellschaft betreffen – die Antwort auf die Frage, welche Ziele ›wir, die Franzosen des 20. Jahrhunderts‹, brauchen. Wir kommen nun, ganz zum Schluss dieses langen Durchgangs durch das Werk, zu diesem normativen Durkheim und damit endlich zum politischen Kontext.

Die moderne Solidarität: Der Kult des Individuums

Der stets latente Zug seiner Soziologie ist das, was Durkheim mit Fug und Recht als Moralistik hätte bezeichnen können: als soziale Kunst (in seinen Worten), als politisches Ideal (in unseren). Wir kommen zum normativen Durkheim. Was will Durkheim für eine Moral schaffen, abgesehen von der Installierung der Berufsgruppen, die wohl doch nicht den affektiven Gehalt haben können, den es braucht, um Kollektive zu binden? Auch die Antwort darauf verbirgt sich hinter einer offensichtlich kühlen, historischen Analyse, wie sie die *Arbeitsteilung* und der *Selbstmord* durchführten: der Analyse des historischen (Durkheim würde meinen: evolutionären) Wandels von den ›mechanisch‹ solidarischen, durch Ähnlichkeit integrierten Gesellschaften zu den ›organisch‹ solidarischen, durch individuelle Differenz integrierten. Sie erfinden den »Kult des Individuums«: Der Einzelne wird »zum Gott, zum Gott *par excellence*« (Durkheim 1991: 84).

Solche (modernen) Gesellschaften sind nicht mehr religiös zentriert. Ihr ›zentrales Imaginäres‹ ist das Subjekt, die individuelle Person, wie sie im Diskurs über die Menschenrechte erfunden wurde. Daher kann man Durkheim auch als *Soziologen der Menschenrechte* verstehen. Sie erscheinen ihm als die einzig ›konsensfähigen Werte der modernen Gesellschaft‹. Nicht nur Matthias König sieht Durkheim insgesamt von den Effekten der französischen Revolution affiziert. Mit dem ›Kult des Individuums‹ bezeichnet er ja den revolutionären Kult, die hier erfundene, seither ins Verfassungsrecht moderner Gesellschaften übernommene *Déclaration des Droits de l'Homme et du Citoyen* 1789. Diese *idée directrice* des republikanischen Frankreich ist der Hintergrund seiner Soziologie als Moralwissenschaft, hieraus erkläre sich *das* Problem Durkheims – das Verhältnis von Individuum und Gesellschaft (König 2002: 19 f.). Durkheim will, so König weiter, diesen Diskurs und die entsprechende Gesellschaft dadurch verwirklichen, dass er ihn zum Objekt der Moralsoziologie macht. Welches sind die Leitideen des ›Kults des Individuums‹?

»Da die Vertreter des französischen Volkes [...] erwogen haben, daß die Unkenntnis, das Vergessen oder die Verachtung der Menschenrechte die einzigen Ursachen des öffentlichen Unglücks und der Verderbtheit der

Regierungen sind, haben sie beschlossen, die natürlichen, unveräußerlichen und heiligen Rechte der Menschen in einer feierlichen Erklärung darzulegen, damit diese Erklärung allen Mitgliedern der Gesellschaft beständig vor Augen ist [...] Infolgedessen erkennt und erklärt die Nationalversammlung in Gegenwart und unter dem Schutze des Allerhöchsten folgende Menschen- und Bürgerrechte:

(1) Die Menschen sind und bleiben von Geburt frei und gleich an Rechten. Soziale Unterschiede dürfen nur im gemeinen Nutzen begründet sein.

(2) Das Ziel jeder politischen Vereinigung ist die Erhaltung der natürlichen und unveräußerlichen Menschenrechte. Diese Rechte sind Freiheit, Eigentum, Sicherheit und Widerstand gegen Unterdrückung [...]

(17) Da das Eigentum ein unverletzliches und heiliges Recht ist, kann es niemandem genommen werden, wenn es nicht die gesetzlich festgelegte, öffentliche Notwendigkeit augenscheinlich erfordert und unter der Bedingung einer gerechten und vorherigen Entschädigung.«

Wir alle kennen diesen feierlichen Text, jedenfalls den Grundideen nach – die Erklärung der Menschenrechte von 1789. Der Text als solcher ist eine soziale Tatsache, und zwar eine, die sich, so erzählt es uns Durkheim in der Vorlesung *Physik der Sitten und des Rechts*, aus der historischen Entwicklung des Staates erklärt. Der *Staat* schafft die modernen Subjekte und heiligt sie, indem er deren Freiheitsrechte einsetzt. Damit erklärt sich für Durkheim »alles«, man versteht nun, dass der Individualismus keine gegenstaatliche Idee ist, sondern der modernen Form der politischen Integration, dem Staat selbst entstammt. Das Individuum ist das »Produkt des Staates«, dessen Handeln ist »wesentlich auf die Befreiung des Individuums ausgerichtet«. Sieht man von »anomalen Fällen« ab, so gilt: »Je stärker der Staat, desto größer die Achtung vor dem Individuum.« (Durkheim 1991: 85) Was sich mit diesem ›Kult des Individuums‹ etabliert, ist also eine ›staatsbürgerliche Moral‹. Ist das Individuum heilig, kann man es nicht mehr »zu einem Instrument in den Händen der Götter degradieren«. Eine solche Gesellschaft kann nicht mehr religiös zentriert sein. Der *Einzelne* muss, wie Durkheim scheinbar neutral-analytisch sagt, dann das Zentrum des öffentlichen Handelns, das höchste Ziel des Staates sein. »Man mag sagen, dieser Kult des Individuums sei ein Aberglaube, von dem wir uns befreien sollten. Doch das widerspräche allen Lehren der Geschichte, denn je weiter die Geschichte voranschreitet, desto größeres Gewicht erlangt die Würde der Person.« (Durkheim 1991: 84)

Wen wundert es, dass Durkheim seitens der kritischen Intellektuellen als Staatsideologe verfemt war, seitens der Staatsbefürworter als Anarchist, seitens der Kleriker als Laizist? Er war zwar ganz und gar nicht ›religiös unmusikalisch‹, aber Republikaner. Von den vielen Fronten, an denen er kämpfte, war eine die (katholische) Kirche; Durkheim galt auch als Vordenker des Laizismus. Im Kontext des Gesetzes über die Trennung von Staat und Kirche 1905 hat er sie als ›Monster‹ bezeichnet: Aus soziologischer Sicht sei sie ein Monster, da es »anormal« sei, dass eine so große Institution »einer so absoluten intellektuellen und moralischen Homogenität unterliegt« (Durkheim 1975 [1905]: 369). Andererseits ist der moderne, ›recht verstandene‹ Individualismus ein Ergebnis der christlichen Religion als Religion der »Innerlichkeit« (Durkheim 1991: 86).

Und er ist nun selbst eine Religion, eben ein veritabler *Kult*. Er hat alles, um dieselbe Funktion zu übernehmen, die die Religionen erfüllten; er kann ebenso »jene Gemeinschaft des Geistes und des Willens« schaffen, die die »Grundvoraussetzung jeglichen sozialen Lebens« ist. In dieser Gemeinschaft arbeitet man »für die Größe des Menschen« statt zum »Ruhme von Zeus, Jahwe oder Athene«. Der Kult des Individuums ist wirklich eine Religion, und zwar eine, die menschlicher ist, da einem dieser »Gott« viel näher steht (Durkheim 1991: 102). Das ist einmal eine kreative These zur Säkularisierung! »In der Tat ist eines der Hauptaxiome unserer Moral (man könnte sogar sagen, das Hauptaxiom), daß die menschliche Person heilig ist. Sie hat Recht auf den Respekt, den der Gläubige aller Religionen seinem Gott vorbehält.« (Durkheim 1999: 153 f.)

Wie steht es um den zeitgenössischen »französischen Individualismus«, was ist die ›Diagnose‹, gibt es diesen Kult wirklich schon? »Theoretisch hat er seinen Ausdruck in der Erklärung der Menschenrechte gefunden, wenngleich ein wenig überspitzt.« Aber praktisch bleibt noch einiges zu tun, man muss ihn ›verwurzeln‹, muss diese »individualistische Moral« erfolgreich institutionalisieren, und dazu muss die »Gesellschaft so gestaltet werden, daß sie diese Moral möglich macht und auf Dauer stellt« (Durkheim 1991: 88 f.). Wie stellt man eine Moral auf Dauer?

Erneut bringt Durkheim die Berufsgruppen ins Spiel. Sie federn die Staatsgewalt ab, verhindern eine ›Tyrannei‹ des Staates, eine Kontrollgesellschaft. Zum anderen ist es die Aufgabe der Erziehung, die richtigen Subjekte zu formen. Hier kommt also die *Erziehungssoziologie* oder die Sozialisationstheorie ins Spiel – durchaus zu einem ganz konkreten praktisch-politischen Zweck. Durkheims inhaltliche Vorstellungen zur Erziehung sind durchaus detailliert und sie sind, was die Annahmen hinsichtlich des kindlichen Charakters betrifft, nicht eben originell. Das Kind ist die knetbare Masse, ein »stetig fließendes Bewußtsein«, mit »leidenschaftlichen Bewegungen, die bis zur Erschöpfung durchgehen«. Man muss es zur »Freude an einer regelmäßigen und abgemessenen Tätigkeit« erziehen, in ihm »Eigenständigkeiten schaffen« – kurz, all das dem Kind aufzwingen, was in ihm nicht »vorgeformt« ist. Andererseits ist das Kind ein »Gewohnheitstier« und beeinflussbar, aufgeschlossen »besonders für die imperative Beeinflussung«. Beides sind die »Hebel«, um das »Erziehungswerk bis auf den Grund des kindlichen Bewußtseins voranzutreiben« (Durkheim 1999: 177 f.).

Was muss man ihm einpflanzen? Vor allem drei Kollektivgefühle – die Bindung an Familie, Vaterland, Menschheit. Diese affektiven Bindungen schließen sich nicht aus. Man kann allen angehören, sie stellen eher »verschiedene Phasen unserer sozialen und moralischen Entwicklung dar« (ebd.: 123). Welches ist die wichtigste Bindung? Im Prinzip möchte Durkheim antworten: die Menschheit. Andererseits ist der Staat »augenblicklich die am höchsten organisierte menschliche Gruppe«. Auch wenn zu hoffen steht, dass »in Zukunft noch größere Staaten gegründet werden«, so wird es wohl keinen Staat geben, der die ganze Menschheit umfasst (ebd.: 125). Die Europäische Union müsste ihm daher wertvoller als Frankreich gewesen sein – der Annahme folgend, dass die Entwicklung in eine fortschreitende Richtung zeigt.

Dazu braucht es entsprechende Subjekte. Man muss, so also Durkheims Sozialisationstheorie, das Kind vor allen Dingen an die Gruppe anschließen. Es muss »mit allen Fasern seines Wesens« an ihr hängen, an der Gesellschaft, in die es hineingeboren wird, sie muss ein »integrierender Teil seiner selbst« werden. Dies gibt Gelegenheit, noch einmal zu sagen, was die Gesellschaft *ist*: Sie ist »nicht das Werk der Individuen, die sie zu dieser oder jener Phase der Geschichte umfaßt hat«; sie ist »vor allem eine Summe von Ideen und Gefühlen, von gewissen Arten zu sehen und zu fühlen, von gewissen intellektuellen und moralischen Physiognomien, die für die ganze Gruppe kennzeichnend sind. *Die Gesellschaft ist vor allem ein Bewußtsein: das Bewußtsein der Kollektivität.* Dieses Kollektivbewußtsein muß in die Seele des Kindes eingeschleust werden.« Was wäre dazu besser geeignet als der Geschichtsunterricht, in dem es den »Genius eines Volkes« kennenlernt (ebd.: 309 f.)? Dazu bedarf es einer Erziehung der Erzieher. Die Lehrer müssen die kosmopolitische Tendenz des »Nationalcharakters« erkennen, der im französischen Geist angelegt sei – den »Durst nach Rationalismus«. Allerdings ist dieser Kosmopolitismus ›notwendig‹ unvollständig, er ist kein Ideal, sondern ein Fakt. Die Franzosen »denken mehr für die Menschheit«, als etwas für sie zu tun (ebd.: 312 f.).

Einmal mehr müsste man hier auf den politischen Kontext eingehen, etwa die Front von ›Irrationalisten‹ und ›Rationalisten‹. Durkheim weiß, gegen wen er schreibt – gegen alle, die im französischen Geist die andere Seite kennen und betonen. Womöglich hat sich das französische Denken mehr als anderswo in Gegensatzpaaren entfaltet. Es gibt nicht nur Descartes, sondern *auch* Pascal, Rousseau *und* Voltaire, Comte *und* Biran, Bergson *und* Durkheim (Worms 2009). Was wäre der Durkheim'sche Moment, um welches Problem dreht man sich um 1900, in entgegengesetzter Richtung? Es ist, so Frédéric Worms, das des ›Geistes‹, das auf unerwartete Weise in der Soziologie eine zentrale Rolle spielt und neue Horizonte gegenüber den klassischen Geisteswissenschaften öffnet: die Soziologie von Wissen und Erkenntnis, der Mentalitäten, der kollektiven Repräsentation. Dieses Problem des ›Geistes‹ ist indes nicht nur ein theoretisches, es ist auch ein praktisches. Es steht auch infrage, wohin der ›französische Geist‹ driftet. Um hier zu intervenieren, legt Durkheim seine ganze Soziologie als Moralwissenschaft an, einen ›eigenen Typ politischer Theorie‹ erfindend, die »Moralpolitik«, so Hans-Peter Müller (2009: v.a. 241 ff.).

Das zeitgenössische Problem (das in der Dreyfus-Affäre nur besonders virulent wird) ist die Institutionalisierung des ›recht verstandenen‹ Individualismus. Durkheims Soziologie dient, so Müllers Interpretation, insgesamt zu nichts anderem als dazu, die Bedingungen sichtbar zu machen, die den Menschenrechtsdiskurs wirklich machen. Er legt dieses Projekt szientistisch an, als Wissenschaft, nicht als Philosophie der Moral, auf der Suche nach einem ›sicheren‹ Wissen über das ›normale‹ Funktionieren moderner Gesellschaften. Diese Suche erstreckt sich über drei Forschungsbereiche: die Sozialisationstheorie, die Moral- und die Religionssoziologie.

Wie hängt die Norm des Individualismus mit der Dreyfus-Affäre zusammen? Zur Erinnerung: Dreyfus, dieses zugunsten der Staatsräson unschuldig verurteilte Individuum (zumal mit dem Minderheitenstatus des Juden, womit sich alle antisemitischen Vorurteile aktivieren), wird von ›den Intellektuellen‹ verteidigt. Daraufhin werfen die Anti-Dreyfusards diesen Hochverrat vor: Ihr Individualismus treibe Frankreich in die sittliche und kognitive Anarchie. Durkheims Unterscheidung des schlecht verstandenen (utilitaristischen oder egoistischen) vom recht verstandenen (moralischen) Individualismus ist eine direkte Intervention in diese Debatte. Deswegen ist Durkheim Dreyfusard: Weil hier ein Einzelner zugunsten des Kollektivs verurteilt wird. Für Durkheim gehört eine solche Reaktion einer vergangenen Gesellschaft an, für die Moderne ist sie ›anormal‹, pathologisch. Die Empörung, die ›Affäre‹, hat die Funktion, deren Ideal der Unverletzlichkeit der Person wiederherzustellen.

Dies ist der normative Durkheim, der sein moralpolitisches Ziel als normalwissenschaftlich definiert, indem er die soziale Struktur (die integrierenden Kollektive), die Institutionen, die Religion respektive Soziologie (als idealisierte respektive ›objektive‹ Selbstbeschreibung der Gesellschaft) analysiert sowie in der Behauptung einer ›anormalen‹ die ›normale‹ Gestalt der zeitgenössischen Gesellschaft vor Augen stellt. Einige Forscher sehen gerade hier den aktuellen Durkheim: im Kontext von Europäisierung und Globalisierung. Als veritabler Klassiker ist er eben in vielerlei Hinsicht aktuell, und gewiss nicht nur in dieser.

VIII Zum Abschluss: Einige Stimmen zu Durkheims Aktualität

Was bleibt von diesem Autor, welchen Sinn macht es heute, sich als durkheimianisch oder anti-durkheimianisch zu verstehen? Auch wenn uns ein Jahrhundert trennt, bleiben Durkheim und seine Schule für die Soziologie eine Referenz. Und nicht nur für sie. So wird Durkheim immer hervorgeholt oder ist implizit anwesend, wenn das Thema des Selbstmords diskutiert wird (es ist ein wichtiges Gesellschaftsthema); wenn die Soziologie mittels quantitativer (hypothesenprüfend, per Wahrscheinlichkeitsrechung und Statistik), aber auch qualitativer Methoden arbeitet (dem komparativen Ansatz folgend, der funktionalen Analyse, der kultursoziologischen Analyse der Mythen, des Rechts, der Moral, etc.). Er wird das Feld der soziologischen Ansätze weiter strukturieren – positiv wie negativ, in den Übernahmen wie in rituellen Aversionen.

Durkheim also, eine Autorität im Denken über ›Gesellschaft‹. Die Sozialwissenschaft mobilisiert immer noch seine Begriffe: die der Institutionen, der Repräsentationen, der Integration, des Zusammenhalts, oder Begriffe seiner Mitarbeiter, wie den des kollektiven Gedächtnisses. Aber auch: Durkheim, ein ›Totem‹, bei dem es genügt, den Namen wie ein Wappen hochzuhalten, um zu wissen, wovon man sich abgrenzt. Die Fruchtbarkeit seiner Soziologie zeigt sich gerade auch in den Aversionen, sein Erbe reduziert sich eben nicht auf eine platte Wiederholung.

Es gibt, um mit ihnen zu beginnen, sehr wohl Stimmen, die die *absolute* Inaktualität Durkheims unterstreichen. Namentlich für Bruno Latour ist dies eine hoffnungslos altmodische ›Soziologie des Sozialen‹, eine, die ›*das Soziale*‹ subjektiviert. Hinter allem steckt ›die‹ Gesellschaft, die wie ein mächtiges, aber unsichtbares Tier das menschliche Denken und Handeln beherrscht. Das sei Mumpitz, die Durkheim'sche Konzeption ein ›verwesendes Monster‹. Es brauche eine ›neue‹ Soziologie, eine der ›Assoziationen‹, die nicht mehr von der Gesellschaft, sondern nur noch von ›Kollektiven‹ spricht, in denen sich jede Art von Entität tummelt. Latour ist also immer noch der Meinung, Durkheim mache die Gesellschaft zum Subjekt, hypostasiere sie, mache aus ihr eine ›soziale Kraft‹. Dies ist eine mögliche Lesart, sie wurde seit dem Erscheinen der ersten Werke vorgebracht. Latour trägt aber auch eine neue Kritik vor: Durkheims Konzeption ›des Sozialen‹ deprivilegiere die Dinge, sie ist ›asymmetrisch‹, da in ihr alle ›Nichtmenschen‹ nur zur Projektionsfläche taugen, während das ›eigentliche‹ Soziale doch in der ständigen *Assoziation* verschiedenster ›Aktanten‹ besteht (Latour 2007: 121 ff.)!

So klar hat man es bisher nicht gesagt, dass diese Soziologie allerhand ausblendet. Durkheim und jede ähnliche Soziologie verstellen sich die Analyse dessen, »wie eine *kollektive* Handlung möglich ist«, als eine, die verschiedene Kräfte verwebt und dabei Asymmetrien hervorbringt (ebd.: 128 f.). Die soziale Wirklichkeit ist ein komplexes Chaos, in dem – im Gegenteil zu dem, was Durkheim sagt – die Teile mehr bedeuten als das Ganze. Man muss also ›das Soziale‹ verflüchtigen, die »Umrisse und Gestalten derer [...] verändern, die als Beteiligte versammelt werden« und die je konkreten Wege verfolgen, in denen sie »als dauerhaftes Ganzes handeln« (ebd.: 125). Wie ist insbesondere zu erklären, dass die Dinge bei Durkheim (und anderen) keine Rolle spielen, die Soziologie ›objektlos‹ ist, wie »soll man erklären, daß so viele Sozialwissenschaftler [sogar] stolz darauf sind, ›soziale Bedeutungen‹ anstatt materieller Verhältnisse zu betrachten«? Weil sie »inkommensurabel« sind! (Ebd.: 126 f.)

Die anti-artefaktische Haltung, die Reinigung des Sozialen von den Dingen folge einem polemischen Argument. Um sich seine Nische zu schaffen, habe Durkheim die Artefakte den anderen Disziplinen überlassen und sich ganz auf die kleine »Parzelle« konzentriert, die ›Bedeutung‹, ›Symbol‹, ›Intention‹, ›Sprache‹ enthält (ebd.: 143). Allein Tarde habe die Fluidität des Sozialen und seine relationale Struktur verstanden. In der Tat hatte dieser früh bemerkt, für Durkheim sei das Individuelle nur die Manifestation der sozialen Tatsache, dieser »platonischen Idee«. Demgegenüber sei doch klar, dass die individuellen Akte schon in sich sozial sind, zudem von der mentalen und vitalen Konstitution des Milieus abhängen – die ›sozialen‹ Dinge sind stets »Hybride, *sozio-psychische* oder *sozio-physische Tatsachen*« (Tarde 1898: 69).

Demgegenüber gibt es ebenso gewichtige Gründe, Durkheim weiterhin für aktuell, für aktualisierbar zu halten. Auf die einzelnen Konzepte, die in den verschiedenen Büchern stecken (etwa die These zur modernen, funktional differenzierten Gesellschaft und ihrem notwendigen Ideal; oder die Zurechnung der Selbstmorde auf Gesellschaftstypen), sind wir bereits eingegangen. Hier soll nur jener Aspekt genannt werden, der das Durkheim-Paradigma insgesamt betrifft, die *grundlegende* soziologische Vorstellung darüber, was eigentlich eine Gesellschaft ›ist‹, wie die Einzelnen zu ihr beitragen und umgekehrt von ihr geformt werden. Man muss sich dazu ein wenig anstrengen, sich von den Vorurteilen gegenüber dem Werk trennen, die zuweilen altmodisch klingenden Begriffe übersetzen und es immer noch einmal neu lesen. Wir greifen nur einige Stimmen heraus, und zwar solche, die den Tenor dieser Einführung ergänzen: die Betonung der Aktualität des Klassikers, von dem wir ›vielleicht nicht mehr lernen können, wie zu antworten wäre, aber doch, welche Fragen zu stellen sind‹ (Luhmann, vgl. oben).

Bruno Karsenti etwa buchstabiert Durkheims Perspektive in einer zentralen soziologischen Frage noch einmal nach: Hat diese Soziologie wirklich ›die Gesellschaft‹ zum Objekt? Durkheim spricht, so erkennt man in dieser Lektüre, mitnichten vom Großsubjekt ›Gesellschaft‹ – es ist eben eine emergenztheoretische Konzeption. Die Individuen sind der Gesellschaft immanent. Durkheim hatte dafür den Begriff der *Assoziation* vorgeschlagen, in den *Regeln*, genau dort, wo es ihm selbst um die Frage geht, was eine ›Gesellschaft‹ ist (R 187). Sie ist, so hat er seither immer wieder geschrieben, ein Ganzes, das nicht mit der Summe der Teile identisch ist. Eine Assoziation hat eben gegenüber ihren Teilen (den Individuen) neue Eigenschaften. Besonders klar wird Karsenti die Aktualität dessen an jener Stelle der *Elementaren Formen*, an der Durkheim mit Leibniz vom ›Körper als Individualisierungsfaktor‹ sprach und den Begriff der ›Person‹ einführte. Dieser Begriff sei das Ergebnis von zwei Faktoren, so sagte Durkheim: einem unpersönlichen – dem ›geistigen Prinzip‹ – und einem »Individualisierungsfaktor«, der es »aufteilt und differenziert« – dem Körper. Nur so gibt es ›Einzelpersönlichkeiten‹ (EF 366), eben Personen, statt nur Exemplare einer Gattung. Darauf sieht Karsenti das ganze Werk hinauslaufen: nämlich auf eine Theorie der »Präsenz der Gesellschaft in uns«, eine Theorie der »société en personnes« (Karsenti 2006: 210ff.).

Philippe Descola bezieht sich auf dieselbe Stelle aus den *Elementaren Formen* und schlägt eine andere Schneise durch Durkheims Werk. Seine Frage ist, welche Kollektive je in den Kulturen entstehen, angesichts dessen, dass es ja ganz verschiedene Körper gibt – die der Menschen und die der vielen Nichtmenschen; und dass es ganz verschiedene Weisen gibt, diesen Körpern einen Personenstatus zuzuschreiben. Durkheim hat erkannt, dass die Individuation der Einzelnen und Kollektive nur über ein »Spiel von Identität und Kontrast« möglich ist, das die »jeweiligen Attribute der Seele und des Körpers betrifft« (Descola 2011 [2005]: 196 f.). Aus diesem ›Spiel‹ resultieren dann diverse Arten von Kollektiven. Unsere Art, Kollektive zu bilden und nur Menschen als Gesellschaftsmitglieder zu verstehen, ist nur eine Möglichkeit. Konfrontiert mit einem zunächst unspezifischen *alter* kann man nämlich »annehmen, dass dieses Objekt *Elemente* der Physikalität und Innerlichkeit analog denen von sich selbst besitzt (*Totemismus*); dass Innerlichkeit und Physikalität ganz distinkt von sich selbst sind (*Analogismus*); dass das Objekt eine ähnliche Innerlichkeit und differente Physikalität hat (*Animismus*)« – oder eben, dass das andere Wesen (die Tiere) keine Innerlichkeit, aber eine ähnliche Physikalität wie wir besitzen. Diese unsere Art, die *socii*, die Gefährten zu bestimmen, nennt Descola *Naturalismus* (Descola 2006: 140 f.). Damit erscheint im Übrigen auch Durkheims Totemismusanalyse weiterhin als aktuell (unter der Bedingung, dass man seinen Evolutionismus beiseitelässt): Statt allein Menschen als *socii* zu verstehen, vermischt der Totemismus Menschen und Nichtmenschen, wie wir gesehen haben. Sie nutzen einander, um soziale Identitäten und lokale Bindungen zu schaffen.

Auch Michel Maffesoli hält, neben namhaften Durkheimforschern wie dem erwähnten Karsenti oder Camille Tarot (1998), die mit der Leibniz-Passage unmittelbar verknüpfte Theorie des Symbolischen (und Imaginären) in den *Elementaren Formen* für das Zentrum des Werkes. Dabei interessiert er sich zugleich ausgerechnet für die seit Lévi-Strauss verfemte Theorie der Affekte. Die *Leidenschaft und ihre Gesten* sind, so Maffesoli, die wesentlichen Pfeiler jedes sozialen Lebens. Es gibt keine Vorstellung des Kollektivs, die nicht auch einem Begehren entspricht (Maffesoli 1991: 5, 13). Das haben seit Durkheim und bis zu Maffesoli (1986

[1982]) wirklich nicht viele Soziologen gesagt und geschrieben. Dieser Lesart zufolge ist die totemistische Identifikation, die den Einzelnen mit seiner tierischen und menschlichen Umgebung solidarisch macht, die »*ultima ratio* jeder Sozialität«. Auch im Quartier einer Stadt, in den Banden, Netzwerken, kurz, den diversen sozialen Gruppierungen sieht Maffesoli diese tiefe Solidarität am Werk. Die Hartnäckigkeit politischer und religiöser Ideen, die ständigen Events zeigen, wie vergeblich es wäre, das aktuelle soziale Leben auf ein ökonomisches Substrat und Kalkül reduzieren zu wollen. Stattdessen sind die agierenden Kräfte die kollektiven *Vorstellungen*; und deren Affektivität, ihre Anziehungskraft ist die »Konstante der Geschichte«. Die sozial konstitutive Kraft affektiver Ideen zeigt sich besonders deutlich in Perioden des Übergangs, in Momenten einer ›Kultur im Entstehen‹. In solchen Momenten »appellieren alle Gründungsmythen an das Nebulöse, Fluide, Bewegende« (ebd.: 19). Wenn Durkheim dem Klan wegen seiner wenig zentralisierten Autorität und dem schwankenden Territorium eine geringe institutionelle Konsistenz bescheinigt und deswegen vor allem seine symbolische Aktivität für zentral hält, erahnt er zumindest diese Kraft des Symbolischen. Und noch ein Aspekt seiner Analyse ist für Maffesoli – Denker der ›postmodernen‹ Gesellschaft, Inhaber des Lehrstuhls ›Émile Durkheim‹ an der *Sorbonne* – zentral, will man jede, gerade auch die aktuelle Gesellschaft verstehen: In den kollektiven Festen zähle weniger der Inhalt als der Fakt der Versammlung, die Institutionen stützen sich vor allem auf ihre ›*aggregative* Tugend‹.

Kurz, die Aktualität des Durkheim-Paradigmas sieht die französische Forschung, der wir unterstellen, sich am besten in es einzufühlen, vor allem in dessen *Symboltheorie*. Das Soziale ist imaginärer und daher notwendig symbolischer Natur. Kollektive konstituieren sich (als diese je spezifische Gesellschaft mit genau diesen Subjekten) stets kulturell, unter anderem in der Sprache, den Bildern, den Architekturen. Für diese kultursoziologische Wendung der Gesellschaftstheorie von den starren, alles präformierenden sozio-ökonomischen Strukturen (den Klassen- oder Schichtverhältnissen) zur These der symbolgestützten *Selbstherstellung* der Gesellschaft hat Durkheim die komplexe Theoriegrundlage geschaffen. Vor Ernst Cassirer, Claude Lévi-Strauss, Cornelius Castoriadis, vor dem *symbolic turn* taucht der Begriff des Symbols bereits 1901, im vielleicht ersten Lexikonartikel ›Sociologie‹ auf: Der Zustand der Gesellschaft muss den Einzelnen »übersetzt« oder »symbolisiert« werden, so formulieren Mauss und Fauconnet (1901: 172) den Standpunkt ihres Paradigmas. Der Symbolbegriff, erklärt Mauss anderswo, sei der Durkheim-Schule »ganz zu eigen. Schon lange ist es Durkheims und unsere Lehre«, dass eine »Gemeinschaft« nur durch Symbole möglich sei. »Schon lange also haben wir für eines der Merkmale der sozialen Tatsache eben ihren symbolischen Aspekt gehalten.« (1989 [1924]: 158) Bei dieser modernen soziologischen Theorie, das sollten wir nicht vergessen, haben wir es nie mit Durkheim allein zu tun, sondern mit einer ganzen Gruppe kongenialer Denker.

Anhang

Anmerkungen

1 Eine Liste aller Lehrveranstaltungen Durkheims in Paris bei Fournier 2007: 528 f.

2 Überblicke über Arbeiten und Autoren z.B. bei Mauss 1925, Fauconnet 1927, Bouglé 1935, Lévi-Strauss 1954.

3 André Lalande, neben Boutroux und Parodi maßgeblicher republikanischer Philosoph, Schüler Durkheims am *Lycée de Sens*. Ihm verdankt man die Aufzeichnung dieser ersten Vorlesung (Durkheim 2004 [1883/84]).

4 Die Rolle der Zahl für die Art des Kollektivs ist nicht zwingend ein schlichtes Argument. Gilles Deleuze hat der numerischen Strategie von Kollektiven erhellende Zeilen gewidmet (Kap. 12, Satz VI: *Die nomadische Existenz beinhaltet notwendigerweise die numerischen Elemente einer Kriegsmaschine*, Deleuze/Guattari 1992 [1980]: 535 ff.).

5 Dabei ist ›Funktionalismus‹ nicht deckungsgleich mit der eher schlichten Position eines Malinowski, der jede Institution auf die Befriedigung eines psychologischen oder physiologischen Bedürfnisses zurückführt. Das botanische und zoologische Interesse sei den totemistischen Kulturen demnach durch das »Knurren des Magens eingegeben« – Tiere und Pflanzen seien heilig, weil sie ›gut zu essen sind‹ (Lévi-Strauss 1973: 13).

6 Hubert und Mauss haben 1899 in ihrer Theorie des Opfers die Gegenthese verfochten: Das *intichiuma* sei kein Opferritus; vor dem Totemismus habe es bereits Opferinstitutionen gegeben, womit die Evolution der Religion nicht allein auf den Totemismus zurückführe, es gebe vielmehr einen magischen Ursprung aller religiösen Phänomene. Dies ist eine der seltenen offenen Differenzen von Mauss gegenüber Durkheim.

Literatur

Siglen

AT	*Über die Teilung der sozialen Arbeit. Studie über die Organisation höherer Gesellschaften* [frz. zuerst 1893], eingeleitet von Niklas Luhmann, übersetzt von Ludwig Schmidts, Frankfurt/M. 1988 [zuerst 1977].
EF	*Die elementaren Formen des religiösen Lebens* [1912], übersetzt von Ludwig Schmidts, Frankfurt/M. 1994.
R	*Die Regeln der soziologischen Methode* [1895], übersetzt, hrsg. und eingeleitet von René König, Darmstadt 1961.
SM	*Der Selbstmord* [1897], übersetzt von Sebastian und Hanne Herkommer, Frankfurt/M. 1973.

Primärliteratur

Deploige, Simon/Emile Durkheim (1907), A propos du conflit de la morale et de la Sociologie. Lettres de Durkheim et réponses de S. Deploige, in: *Revue néo-scolastique* 14, 56, 606-621.

Durkheim, Émile (1893): Définition du fait moral [Introduction], in: Ders., *De la division du travail social*, Paris 1893, 4-39

(1895): Lo statto attuale degli studi sociologici in Francia, in: *La riforma sociale* 3, 607-622 und 691-707.

(1896/97): Préface, in: *Année sociologique* 1, I-VII.

(1897/98): De la définition des phénomènes religieux, in: *Année sociologique* 2, 1-28.

(1900/1901): Sur le totémisme, in: *Année sociologique* 5, 82-121.

(1906): Tarde, G., L'Interpsychologie, in: *L'Année sociologique* 9, 133-135.

(1909): Sociologie religieuse et théorie de la connaissance, in: *Revue de métaphysique et de morale* 17, 733–758.

(1915): La sociologie, in: *La science française, Larousse et Ministère de l'Instruction publique et des Beaux-Arts*, vol. 1, Paris, 39-49.

(1967 [1898]): Individuelle und kollektive Vorstellungen, in: Ders., *Soziologie und Philosophie*, Frankfurt/M., 45-83.

(1967 [1906]): Bestimmung der moralischen Tatsache, in: Ders., *Soziologie und Philosophie*, Frankfurt/M., 84-116.

(1972 [1903]): Pädagogik und Soziologie (Antrittsvorlesung an der Sorbonne 1902), in: Ders., *Erziehung und Soziologie*, Düsseldorf, 72-94.

(1972 [1911]): Wesen und Methode der Pädagogik, in: Ders., *Erziehung und Soziologie*, Düsseldorf, 50-71.

(1975 [1897]): Lettre à C. Bouglé, in: Ders., *Textes 2. Religion, morale, anomie, Paris*, 393-394.

(1975 [1905]): Débat sur les conséquences religieuses de la séparation des Églises et de l'État, in: Ders., *Textes 2*, Paris, 165-168.

(1975 [1914]): Une confrontation entre bergsonisme et sociologisme: Le progrès moral et la dynamique sociale, in: Ders., *Textes. 1. Éléments d'une théorie sociale, Paris*, 64-70.

(1977 [1904/05]): *Die Entwicklung der Pädagogik. Zur Geschichte und Soziologie des gelehrten Unterrichts in Frankreich*, München.

(1981 [1887]): Einführung in die Sozialwissenschaft, in: Ders., *Frühe Schriften zur Begründung der Sozialwissenschaft*, Darmstadt, 26-52.

(1981 [1887/88]): Einführung in die Soziologie der Familie, in: Ders., *Frühe Schriften zur Begründung der Sozialwissenschaft*, Darmstadt, 53-76.

(1981 [1889]): Ferdinand Tönnies. Gemeinschaft und Gesellschaft, in: Ders., *Frühe Schriften zur Begründung der Sozialwissenschaft*, Darmstadt, 77-84.

(1981 [1892]): Montesquieus Beitrag zur Begründung der Soziologie, in: Ders., *Frühe Schriften zur Begründung der Sozialwissenschaft*, Darmstadt, 85-128.

(1986 [1917]): Einführung in die Moral, in: Hans Bertram (Hg.), *Gesellschaftlicher Zwang und moralische Autonomie*, Frankfurt/M., 33-53.

(1986 [1898]): Der Individualismus und die Intellektuellen, in: Hans Bertram (Hg.), *Gesellschaftlicher Zwang und moralische Autonomie*, Frankfurt/M., 54-70.

(1989 [1897/98]): Notiz über Soziale Morphologie, in: Marcel Mauss, *Soziologie und Anthropologie 1*, Frankfurt/M., 182.

(1991 [1890-1900]): *Physik der Sitten und des Rechts: Vorlesungen zur Soziologie der Moral*, Frankfurt/M.
(1993 [1913/14]): Pragmatismus und Soziologie, in: Ders., *Schriften zur Soziologie der Erkenntnis*, hrsg von Hans Joas, Frankfurt/M., 11-168.
(1995): ›Deutschland über alles‹. Die deutsche Gesinnung und der Krieg, in: Ders., *Über Deutschland. Texte aus den Jahren 1887 bis 1915*, hrsg. v. Franz Schultheis und Andreas Gipper, Konstanz, 245-290.
(1998): *Lettres à Marcel Mauss*, présentées par Philippe Besnard et Marcel Fournier, Paris.
(1999 [1902/03]): *Erziehung, Moral und Gesellschaft. Vorlesung an der Sorbonne 1902/1903*, Frankfurt/M.
(1999a [1902/03]): Pädagogik und Soziologie. Antrittsvorlesung, in: Ders., *Erziehung, Moral und Gesellschaft: Vorlesung an der Sorbonne 1902/1903*, Frankfurt/M., 37-55.
(2004 [1883/84]): *Durkheim's Philosophy Lectures: Notes from the Lycée de Sens Course, 1883-1884*, hrsg. von Neil Gross und Robert A. Jones, Cambridge.
(2009 [1900]): Die Soziologie und ihr Wissenschaftsbereich, in: *Berliner Journal für Soziologie* 19, 164-180.
(2013 [1913/14]): Pragmatismus und Soziologie. Anhang zu: Stéphane Baciocchi/Jean-Louis Fabiani: Das verlorene Argument in Durkheims Pragmatismus-Vorlesung (1895-1955): Kritisches zu Methode und Wahrheit, in: Tanja Bogusz/Heike Delitz (Hg.), *Émile Durkheim. Soziologie – Ethnologie – Philosophie*, Frankfurt/M., New York, 457-465.
Durkheim, Émile/Lavisse, Ernest (1915), *Lettres à tous les Français*, Paris.
Durkheim, Émile/Mauss, Marcel (1993 [1903]): Über einige primitive Formen von Klassifikation. Ein Beitrag zur Erforschung der kollektiven Vorstellungen, in: Émile Durkheim, *Schriften zur Soziologie der Erkenntnis*, hrsg. von Hans Joas, Frankfurt/M., 169-256.

Sekundärliteratur

Adorno, Theodor W. (1967): Einleitung, in: Émile Durkheim, *Soziologie und Philosophie*, Frankfurt/M., 7-44.
Adorno, Theodor W./Suhrkamp, Peter (2003): *So müsste ich ein Engel und kein Autor sein: Adorno und seine Frankfurter Verleger: Der Briefwechsel mit Peter Suhrkamp und Siegfried Unseld*, Frankfurt/M.

Agathon (1911): *L'esprit de la Nouvelle Sorbonne. La crise de la culture classique – la crise du français*, Paris.

– (2013): *Les jeunes gens aujourd'hui*, Paris.

Albrecht, Clemens (2013): Nachwort des Herausgebers, in: René König, *Emile Durkheim. Zur Bestimmung der französischen Soziologie in Deutschland, René König Schriften. Band 8*, Wiesbaden, 387-413.

Bergson, Henri (2012 [1907]): *Schöpferische Evolution*, Hamburg.

– (1992 [1932]): *Die beiden Quellen der Moral und der Religion*, Frankfurt/M.

Berthelot, Jean-Michel (1995): *1895: Durkheim: L'avènement de la sociologie scientifique*, Toulouse.

Besnard, Philippe (1979): La formation de l'équipe de l'*Année sociologique*, in: *Revue française de sociologie* XX, 7-31.

– (1986): L'impérialisme sociologique face à l'histoire, in: Société française de sociologie (Hg.), *Historiens et sociologues aujourd'hui*, Paris 1986, 27-35.

– (2000): La destinée du *suicide*: réception, diffusion, posteriorité, in: Massimo Borlandi/Mohamed Cherkaoui (Hg.), *Le Suicide un siècle après Durkheim*, Paris, 185-218.

– (2003): *Études durkheimiennes*, Genf.

Bloch, Marc/Febvre, Lucien (1933): *Correspondance*, Paris.

Bogusz, Tanja/Delitz, Heike (Hg.) (2013): *Émile Durkheim. Soziologie - Ethnologie – Philosophie*, Frankfurt/M., New York.

Borlandi, Massimo/Cherkaoui, Mohamed (Hg.) (2000): *Le Suicide un siècle après Durkheim*, Paris.

Boudon, Raymond (1988): Individualisme ou holisme: un débat méthodologique fondamental, in: Henri Mendras/Michel Verret (Hg.), *Les champs de la sociologie française*, Paris, 31-45.

Bouglé, Célestin (1935): *Bilan de la sociologie française contemporaine*, Paris.

– (1996 [1924]): Préface, in: Émile Durkheim, *Sociologie et philosophie*, Paris, LXI-LXX.

Bourdieu, Pierre/Boltanski, Luc (1974): Le titre et le poste: rapports entre le système de production et le système de reproduction, in: *Actes de la recherche en science sociales* 2, 95-107.

– (1981 [1967]): Soziologie und Philosophie in Frankreich seit 1945: Tod und Wiederauferstehung einer Philosophie ohne Subjekt, in: Wolf Lepenies (Hg.), *Geschichte der Soziologie. Studien zur kognitiven, sozialen und historischen Identität einer Disziplin*, Band 3, Frankfurt/M., 496-551.

Bröckling, Ulrich (2007): *Das unternehmerische Selbst. Soziologie einer Subjektivierungsform*, Frankfurt/M.
Brunschvicg, Léon (1927): *Le progrès de la conscience dans la philosophie occidentale*, Paris.
Canguilhem, Georges (1977 [1943/66]): *Das Normale und das Pathologische*, Frankfurt/M.
– (1968): Qu'est-ce que la Psychologie? (1958), in: Ders., *Études d'histoire et de philosophie des sciences*, Paris 1968, 365-381.
– (2002 [1955]): Le problème des régulations dans l'organisme et dans la société, in: Ders., *Ecrits sur la médecine*, Paris 2002, 101-125.
– (2009 [1952]): Das Normale und das Pathologische, in: Ders., *Die Erkenntnis des Lebens*, Berlin, 281-307.
Castoriadis, Cornelius (1984 [1964/65, 1975]): *Gesellschaft als imaginäre Institution. Versuch einer politischen Philosophie*, Frankfurt/M.
Chevalier, Jacques (1959): *Entretiens avec Bergson*, Paris.
Clark, Terry N. (1973): *Prophets and Patrons. The French University and the Emergence of the Social Sciences*, Cambridge.
Clastres, Pierre (1976 [1974]): *Staatsfeinde. Studien zur politischen Anthropologie*, Frankfurt/M.
Davy, Georges (1960): Emile Durkheim, in: *Revue française de sociologie* 1-1, 3-24.
Deleuze, Gilles/Guattari, Félix (1992 [1980]): *Tausend Plateaus. Kapitalismus und Schizophrenie 2*, Berlin.
Delitz, Heike (2013): *Bergson-Effekte im französischen soziologischen Denken. Aversionen, Attraktionen und ein Paradigma soziologischer Theorie.* Habilitationsschrift an der Universität Bamberg, Publ. in Vorb.
Descartes, René (2011 [1627/28]): *Regulae ad directionem ingenii. Lateinisch-deutsch*, Hamburg.
– (2011 [1637]): *Discours sur la méthode. Französisch-deutsch*, Hamburg.
Descola, Philippe (2006): Beyond Nature und Culture, in: *Proceedings of the British Academy* 139: 137-155.
– (2011 [2005]): *Jenseits von Natur und Kultur*, Berlin.
Désveaux, Émmanuel (2013): Von Émile Durkheim zu Carl G. von Brandenstein: Lesarten des australischen Totemismus, in: Tanja Bogusz/Heike Delitz (Hg.), *Émile Durkheim. Soziologie – Ethnologie – Philosophie*, Frankfurt/M., New York, 213-236.

Douglas, Mary (1986 [1970]): *Ritual, Tabu und Körpersymbolik. Sozialanthropologische Studien in Industriegesellschaft und Stammeskultur*, Frankfurt/M.

Espinas, Alfred (1879): *Die thierischen Gesellschaften. Eine vergleichend-psychologische Untersuchung*, Braunschweig.

Evans-Pritchard, Edward (1981): *A History of Anthropological Thought*, New York.

Fauconnet, Paul (1927): The Durkheim School in France, in: *The Sociological Review* 19, 1, 15-20.

– (1999 [1934]): Das pädagogische Werk Durkheims, in: Émile Durkheim, *Erziehung, Moral und Gesellschaft. Vorlesung an der Sorbonne 1902/1903*, Frankfurt/M., 7-36.

Fischer, Joachim (2013): Durkheims Soziologie als Sozioprudenz, in: Tanja Bogusz/Heike Delitz (Hg.), *Émile Durkheim. Soziologie - Ethnologie - Philosophie*, Frankfurt/M., 95-118.

Foucart, Georges (Hg.) (1913): *Histoire des religions et méthode comparative, 2. Ed.*, Paris.

Fournier, Marcel (2007): *Émile Durkheim. 1858 – 1917*, Paris.

Friedman, Susan W. (1996): *Marc Bloch, Sociology and Geography: Encountering Changing Disciplines*, Cambridge.

Gauchet, Marcel (2005 [1977]): La dette du sens et les racines de l'État. Politique de la religion primitive, in: Ders., *La condition politique*, Paris, 45-90.

Gehlen, Arnold (1993 [1940/1950]): *Der Mensch. Seine Natur und seine Stellung in der Welt*, Frankfurt/M.

– (2004 [1956]): *Urmensch und Spätkultur. Philosophische Ergebnisse und Aussagen*, Frankfurt/M.

Girard, René (1976): Differentiation and Undifferentiation in Lévi-Strauss and Current Critical Theory, in: *Contemporary Literature* 17, 3, 404-429.

Goffman, Erving (1964): The neglected situation, in: *American Anthropologist* NS 66, 6, Part 2, 133-136.

– (1974): *Das Individuum im öffentlichen Austausch. Mikrostudien zur öffentlichen Ordnung*, Frankfurt/M.

Goldenweiser, Alexander (1915): Review of Durkheim, in: *American Anthropologist* 17, 4, 719-735.

– (1922): *Early Civilization: an introduction to anthropology*, New York.

Granet, Marcel (1926): *Danses et légendes de la Chine ancienne*, Paris.
Habermas, Jürgen (1981): *Theorie des kommunikativen Handelns. Band 2: Zur Kritik der funktionalistischen Vernunft*, Frankfurt/M.
Halbwachs, Maurice (1925): Les origines puritaines du capitalisme, in: *Revue d'histoire et de philosophie religieuses*, 5: 132-154.
– (2001 [1918]): Die Lehre Emile Durkheims, in: Ders., *Theorie und Methode. Ausgewählte Schriften*, Konstanz, 11-83.
– (2003 [1944]): *Stätten der Verkündigung im Heiligen Land - Eine Studie zum kollektiven Gedächtnis*, Konstanz.
Hauriou, Maurice (1965 [1925]): Die Theorie der Institution und der Gründung. Essay über den sozialen Vitalismus, in: Roman Schnur (Hg.), *Die Theorie der Institution und zwei andere Aufsätze von Maurice Hauriou, Darmstadt*, 27-66.
Häuser, Henri (1903): *L'enseignement des sciences sociales*, Paris.
Heilbron, Johann (1985): Les métamorphoses du durkheimisme 1920-1940, in: *Revue française de sociologie*, XXVI, 2, 205-237.
Hertz, Robert (2007 [1907]): Beitrag zur Untersuchung der kollektiven Repräsentation des Todes, in: Ders., *Das Sakrale, die Sünde und der Tod: Religions-, kultur- und wissenssoziologische Untersuchungen*, Konstanz, 65-180.
– (2007 [1909]): Die Vorherrschaft der rechten Hand. Eine Studie über religiöse Polarität, in: Ders., *Das Sakrale, die Sünde und der Tod: Religions-, kultur- und wissenssoziologische Untersuchungen*, Konstanz, 181-217.
Hollier, Denis (2012 [1979]): *Das Collège de Sociologie 1937-1939*, Berlin.
Hubert, Henri/Mauss, Marcel (2012 [1899]): Essay über die Natur und die Funktion des Opfers, in: Marcel Mauss, *Schriften zur Religionssoziologie*, Berlin, 97-217.
Jerusalem, Wilhelm (1926): Vorbemerkungen des Herausgebers, in: Lucien Lévy-Bruhl, *Das Denken der Naturvölker*, Wien/Leipzig, V-XVII.
Joas, Hans (1997): *Kreativität des Handelns*, Frankfurt/M.
Karady, Viktor (1976): Durkheim, les sciences sociales et l'Université. Bilan d'un semi-échec, in: *Revue française de sociologie* XVII, 2, 267-311.
– (1979): Stratégies de réussite et modes de faire valoir chez les durkheimiens, in: *Revue française de sociologie*, XX, 1, 49-82.
Karsenti, Bruno (2006): *La société en personnes. Etudes durkheimiennes*, Paris.

– (2013): Durkheims Theorie des Totemismus revisited, in: Tanja Bogusz/Heike Delitz (Hg.), *Émile Durkheim. Soziologie - Ethnologie – Philosophie*, Frankfurt/M., New York, 529-558.

Keck, Frédéric/Plouviez, Mélanie (2008): *Le vocabulaire d'Émile Durkheim*, Paris.

König, Matthias (2002): *Menschenrechte bei Durkheim und Weber. Normative Dimensionen des soziologischen Diskurses der Moderne*, Frankfurt/M., New York.

König, René (1976): Émile Durkheim – der Soziologe als Moralist, in: Dirk Kaesler (Hg.), *Klassiker des soziologischen Denkens*, Bd. 1, München, 312-364.

– (2013 [1931/32]): Bilanz der französischen Soziologie um 1930, in: Ders., *Emile Durkheim. Zur Bestimmung der französischen Soziologie in Deutschland. René König Schriften Band 8*, Wiesbaden, 23-64.

– (2013 [1958]): Emile Durkheim 1858–1917, in: Ders., *Emile Durkheim. Zur Bestimmung der französischen Soziologie in Deutschland, René König Schriften Band 8*, Wiesbaden, 89-117.

– (2013 [1973]): Nachwort zum ›Suicide‹, in: Ders., *Emile Durkheim. Zur Bestimmung der französischen Soziologie in Deutschland, René König Schriften Band 8*, Wiesbaden, 188-214.

Kroeber, A. L. (1935): History and Science in Anthropology, in: *American Anthropologist*, NS 37, 539-569.

Lapie, Paul (1979): Lettres de Paul Lapie à Célestin Bouglé, in: *Revue française de sociologie* XX, 32-42.

Latour, Bruno (2007): *Eine neue Soziologie für eine neue Gesellschaft. Einführung in die Akteur-Netzwerk-Theorie*, Frankfurt/M.

– (2012): Formes élémentaires de la sociologie; formes avancées de la théologie, Contribution pour le colloque du centenaire Collège de France, sous la direction de Frédéric Keck 8 juin 2012 [http://www.bruno-latour.fr/sites/default/files/127-DURKHEIM-FORMES_0.pdf]

Leibniz, Wilhelm Gottfried (2002 [1714]): *Monadologie und andere metaphysische Schriften*, Hamburg.

Lepenies, Wolf (1988 [1985]): *Die drei Kulturen. Soziologie zwischen Literatur und Wissenschaft*, Reinbek.

Lévi-Strauss, Claude (1954 [1947]): French Sociology, in: Georges Gurvitch (Hg.), *Twentieth Century Sociology 2*, New York, 503-537.

– (1965 [1962]): *Das Ende des Totemismus*, Frankfurt/M.

– (1973 [1962]): *Das wilde Denken*, Frankfurt/M.
– (1967 [1958]): *Strukturale Anthropologie*, Frankfurt/M.
– (1979a [1960]): Das Feld der Anthropologie. Antrittsvorlesung am Collége de France 1960, in: Ders., *Strukturale Anthropologie II.* Frankfurt/M., 11–44.
– (1979b [1960]): Was die Ethnologie Durkheim verdankt, in: Ders., *Strukturale Anthropologie II*, Frankfurt/M., 57-62.
Luhmann, Niklas (1988 [1977]): Arbeitsteilung und Moral: Durkheims Theorie, in: Emile Durkheim, *Über soziale Arbeitsteilung. Studie über die Organisation höherer Gesellschaften*, Frankfurt/M., 19-40.
Lukes, Steven (1985 [1973]): *Emile Durkheim: His Life and Work: A Historical and Critical Study*, Stanford.
Maffesoli, Michel (1986 [1982]): *Der Schatten des Dionysos. Zu einer Soziologie des Orgiasmus*, Frankfurt/M.
– (1991): Présentation, in: Émile Durkheim, *Formes élémentaires de la vie religieuse*, Paris, 5-36.
Maire, Gilbert (1935): *Bergson mon maitre*, Paris.
Malinowski, Bronislaw (1913): Les Formes Élémentaires de la Vie Religieuse. Le Système Totémique en Australie by E. Durkheim, in: *Folklore* 24, 4, 525-531.
– (1929): ›Social Anthropology‹, in: *Encyclopaedia Britannica*, 14th. ed., Vol. 20, London, 862–870.
Marcel, Jean-Christophe (2001): *Le durkheimisme entre les deux guerres*, Paris.
Massis, Henri (1931): *Evocations. Souvenirs. 1905-1911*, Paris.
Mauss, Marcel (1925): In memoriam. L'œuvre inédite de Durkheim et de ses collaborateurs, in: *L'Année sociologique* n. s., 1, 7-29.
– (1986 [1919]): Editorische Bemerkung, in: Hans Bertram (Hg.), *Gesellschaftlicher Zwang und moralische Autonomie*, Frankfurt/M., 50-53.
– (1989 [1905]): Über den jahreszeitlichen Wandel der Eskimogesellschaften. Eine Studie zur sozialen Morphologie (mit H. Beuchat), in: Ders., *Soziologie und Anthropologie 1*, Frankfurt/M., 183-270.
– (1989 [1923/24]): Die Gabe. Funktion und Form des Austauschs in archaischen Gesellschaften, in: Ders., *Soziologie und Anthropologie 2*, Frankfurt/M., 9-144.
– (1989 [1935]): Die Techniken des Körpers, in: Ders., *Soziologie und Anthropologie 2*, Frankfurt/M., 199-209.

– (2006 [1930]): Mauss' Werk, von ihm selbst dargestellt, in: Stephan Moebius/Christian Papilloud (Hg.), *Gift – Marcel Mauss' Kulturtheorie der Gabe*, Wiesbaden, 345-359.

– (2012): *Religionssoziologische Schriften*, hrsg. von Stephan Moebius, Frithjof Nungesser und Christian Papilloud, Berlin.

Mauss, Marcel/Fauconnet, Paul (1901): Sociologie, in: *Grande Encyclopédie: inventaire raisonné des sciences, des lettres et des arts*, Vol. 30, Paris, 165-176.

Mauss, Marcel/Hubert, Henri (1989 [1904]): Entwurf einer allgemeinen Theorie der Magie, in: Marcel Mauss, *Soziologie und Anthropologie 1*, Frankfurt/M., 43-179.

Meillet, Antoine (1905/06): Comment les mots changent de sens, in: *L'Année Sociologique* 1905-1906, 1-38.

Moebius, Stephan (2006): *Die Zauberlehrlinge. Soziologiegeschichte des Collège de Sociologie (1937-1939)*, Konstanz.

– (2012): Die Religionssoziologie von Marcel Mauss. Nachwort, in: Marcel Mauss, *Religionssoziologische Schriften*, Berlin, 617-682.

Moebius, Stephan/Nungesser, Frithjof/Papilloud, Christian (2012): Der Stellenwert der Religionssoziologie in Marcel Mauss' Leben und Werk, in: Marcel Mauss, *Religionssoziologische Schriften*, Berlin, 9-32.

Moebius, Stephan/Papilloud, Christian (Hg.) (2006): *Gift – Marcel Mauss' Kulturtheorie der Gabe*, Wiesbaden.

Mucchielli, Laurent (1995a): Heurs et malheurs du durkheimisme. Problèmes historiographiques, enjeux épistémologiques et pédagogiques d'une mémoire disciplinaire, in: *Politix* 8, 29, 55-79.

– (1995b): Pourquoi réglementer la sociologie? Les interlocuteurs de Durkheim, in: Massimo Borlandi/Ders. (Hg.), *La sociologie et sa méthode. Les Règles de Durkheim un siècle après*, Paris, 15-47.

Müller, Hans-Peter (1986): *Wertkrise und Gesellschaftsreform: Emile Durkheims Schriften zur Politik*, Stuttgart.

– (2009): Émile Durkheims Moralpolitik des Individualismus, in: *Berliner Journal für Soziologie* 19, 227-247.

Münch, Richard (1982): *Theorie des Handelns: Zur Rekonstruktion der Beiträge von Talcott Parsons, Emile Durkheim und Max Weber*, Frankfurt/M.

Nizan, Paul (1981 [1932]): *Wachhunde*, Leipzig.

Noël, François Pizarro (2009): *Du désaveu du social a la présentation nominaliste: le mouvement de la réception de durkheim (1893-1939)*, thèse Université du Québec à Montréal.
Piaget, Jean (1955): *Etudes sociologiques*, Genf.
Paoletti, Giovanni (1995): La réception des Règles en France, du vivant de Durkheim, in: Massimo Borlandi/Laurent Mucchielli (Hg.), *La sociologie el sa méthode. Les règles de Durkheim un siècle après*, Paris, 247-283.
Parodi, Dominique (1979), Lettres à Célestin Bouglé, in: *Revue française de sociologie*, 1, 43-44.
Parsons, Talcott (1967): *The Structure of Social Action. A Study in Social Theory with special Reference to a Group of Recent European Writers*, New York.
– (1979): Durkheim's contribution to the theory of integration of social systems, in: Kurt H. Wolff (Hg.), *Émile Durkheim, 1858–1917*, New York, 118-153.
Paugam, Serge (2007): Le sociologue face au *suicide* (Introduction à la réédition), in: Emile Durkheim, *Le suicide*, Paris, V-XLVIII.
Radcliffe-Brown (1952 [1929]): The sociological theory of totemism, in: Ders., *Structure and Function in Primitive Society. Essays and Addresses*, Glencoe, Ill., 116-134.
Rawls, Anne (2013): Durkheims Theorie der Moderne: Selbstregulierende Praktiken als konstitutive Ordnung sozialer und moralischer Tatsachen, in: Tanja Bogusz/Heike Delitz (Hg.), *Émile Durkheim. Soziologie – Ethnologie – Philosophie*, Frankfurt/M., New York, 559-578.
Reckwitz, Andreas (2012): *Die Erfindung der Kreativität. Zum Prozess gesellschaftlicher Ästhetisierung*, Berlin.
Rehberg, Karl-Siegbert (2001): Weltrepräsentanz und Verkörperung. Institutionelle Analyse und Symboltheorien. Eine Einführung in systematischer Absicht, in: Gert Melville (Hg.), *Institutionalität und Symbolisierung. Verstetigung kultureller Ordnungsmuster in Vergangenheit und Gegenwart*, Köln u.a., 3-52.
Richard, Gaston (1897): Emile Durkheim. Le suicide. Étude de sociologie, in: *Année sociologique* I, 397-407.
Sartre, Jean-Paul (1947): Un nouveau mystique, in: Ders., *Situations I. Essais critiques*, Paris, 133-175.
Seyfert, Robert (2011): *Das Leben der Institutionen. Aspekte einer Allgemeinen Theorie der Institutionalisierung*, Weilerswist.

Smith, Philip/Alexander, Jeffrey C. (2005): Introduction: The new Durkheim, in: Dies. (Hg.), *The Cambridge Companion to Durkheim*, Cambridge, 1-40.
Soulié, Stéphan (2012): Le débat philosophique autour des *Formes élémentaires* (1912-1914), in: *L'Année sociologique* 62, 447-463.
Stedman Jones, Susan (2001): *Durkheim Reconsidered*, Cambridge.
Steiner, Philippe (2005): *L'école durkheimienne et l'économie: sociologie, religion et connaissance*, Genf.
Stoetzel, Jean (1991 [1946]): L'esprit de la sociologie contemporaine, in: *Revue française de sociologie* 32-3, 443-456.
Strenski, Ivan (2006): *The New Durkheim*, Rutgers/New Jersey.
Suber, Daniel (2011): *Émile Durkheim*, Klassiker der Wissenssoziologie Band 12, Konstanz.
Tarde, Gabriel (1898a): *Études de Psychologie sociale*, Paris.
– (1898b): *Les Lois sociales. Esquisse d'une sociologie*, Paris.
– (2000): Contre Durkheim à propos de son *Suicide*, in: Massimo Borlandi/Mohamed Cherkaoui (Hg.), *Le Suicide un siècle après Durkheim*, Paris, 219-255.
– (2003 [1890]): *Die Gesetze der Nachahmung*, Frankfurt/M.
Tarot, Camille (1998): *De Durkheim à Mauss, l'invention du symbolique: sociologie et sciences des religions*, Paris.
– (2008): Problématiques maussiennes de la personne, in: *Cahiers internationaux de sociologie* 124, H. 1, 21-39.
Thévenot, Laurent (1995): New Trends in French Social Sciences, in: *Culture* 9, 2, 1-7
Tönnies, Ferdinand (1898): Jahresbericht über Erscheinungen der Soziologie aus den Jahren 1895 und 1896 (Schluß), in: *Archiv für systematische Philosophie* IV, 1, 483–507.
van Gennep, Arnold (1906): *Mythes et légendes en Australie. Étude d'ethnographie et de sociologie*, Paris.
– (1920 [1917]): *L'état actuel du problème totémique*, Paris.
von Brandenstein, Carl (1982): *Names and Substances of the Australian Subsection System*, Chicago.
Wacquant, Loïc (1995): Durkheim et Bourdieu: Le socle commun et ses fissures, in: *Critique*, 579/580, 646-660.
Weber, Max (2011 [1920]): *Gesamtausgabe II.10.2. Briefe 1918-1920*, Tübingen.
Worms, Frédéric (2009): *La philosophie en France au XX° siècle*, Paris.

Zeittafel

1858	David Émile Durkheim wird am 15. April in Épinal, Lothringen/Frankreich, als Sohn des Rabbiners Moïse Durkheim und der Kaufmannstochter und Hausfrau Mélanie Durkheim geboren.
1879–1882	Studium der Philosophie an der *École Normale Supérieure* in Paris.
1882	Agrégation de Philosophie
1882–1887	Gymnasiallehrer für Philosophie an den Lycées de Sens, Yonne, Saint-Quentin, Aisne, Troyes, Aube
1887–1894	Lehrbeauftragter der Sozialwissenschaft und Pädagogik an der Universität Bordeaux
1892	Dr. phil. an der Sorbonne mit der Thèse Française: *De la division du travail social, étude sur l'organisation des sociétés supérieures* und der Thèse Latine: *Quid Secundatus politicae scientiae instituendae contulerit*
1893	Buchpublikation der französischen Dissertation *De la division du travail social. Étude sur l'organisation des sociétés supérieures* (*Über soziale Arbeitsteilung: Studie über die Organisation höherer Gesellschaften*)
1894	*Les règles de la méthode sociologique* (*Die Regeln der soziologischen Methode*) erscheint, zunächst als Artikelserie in der *Revue philosophique de la France et de l'étranger*
1894–1895	Außerordentlicher Professor der Sozialwissenschaft und Pädagogik an der Universität Bordeaux
1895	Buchpublikation von *Les règles de la méthode sociologique*
1895–1896	Außerordentlicher Professor der Sozialwissenschaften in Bordeaux
1896–1902	Professor der Sozialwissenschaften in Bordeaux, auf einem eigens für ihn eingerichteten Lehrstuhl, dem ersten dieser Art in Frankreich
1897	*Le Suicide. Étude de sociologie* (*Der Selbstmord*)
1898	Gründung der *L'Année sociologique*

1902–1906	Lehrbeauftragter für Erziehungswissenschaften an der Sorbonne in Paris
1903	Aufsatz mit Marcel Mauss: *De quelques formes primitives de classification. Contribution à l'étude des représentations collectives* (*Über einige primitive Formen von Klassifikation. Ein Beitrag zur Erforschung der kollektiven Vorstellungen*)
1906–1913	Professor der Erziehungswissenschaft an der Sorbonne
1912	*Les formes élémentaires de la vie religieuse. Le système totémique en Australie* (*Die elementaren Formen des religiösen Lebens*)
1913–1914	Vorlesung *Pragmatisme et sociologie* (*Pragmatismus und Soziologie*)
1913–1917	Professor der Pädagogik und Soziologie an der Sorbonne (Umbenennung des Lehrstuhls auf seinen Wunsch hin; es ist dies der erste Lehrstuhl mit der Denomination »Soziologie«)
1917	Am 15. November stirbt Durkheim mit 59 Jahren infolge eines Schlaganfalls in Paris.

Sach- und Personenregister

Heike Delitz, ist Privatdozentin für Soziologie an der Otto-Friedrich-Universität Bamberg. Sie studierte Architektur sowie Philosophie und Soziologie an der Hochschule für Technik und Wirtschaft Dresden respektive an der Technischen Universität Dresden. Promotion 2009 an der Technischen Universität Dresden, Habilitation 2013 an der Otto-Friedrich-Universität Bamberg. Monografien: *Architektursoziologie,* Reihe Einsichten/Themen der Soziologie, Bielefeld 2009; *Gebaute Gesellschaft. Architektur als Medium des Sozialen*, Frankfurt/M., New York 2010; *Arnold Gehlen*, Reihe Klassiker der Wissenssoziologie, Konstanz 2011; *Bergson-Effekte im französischen soziologischen Denken. Aversionen, Attraktionen und ein Paradigma soziologischer Theorie*, Habilitationsschrift, Universität Bamberg 2013 (Publ. i.V.). Als Herausgeberin: *Die Architektur der Gesellschaft. Theorien für die Architektursoziologie*, Bielefeld 2009 (mit Joachim Fischer) und *Émile Durkheim – Soziologie, Ethnologie, Philosophie*, Frankfurt/M., New York 2013 (mit Tanja Bogusz).